베토벤 아홉 개의 교향곡

Beethoven's Nine Symphonies
By Nah Sung-In

Published by Hangilsa Publishing Co., Ltd., Korea, 2018

베토벤 아홉 개의 교향곡

자유와 환희를 노래하다

나성인 지음

My Little Library ✒ 5

한길사

할 수 있는 한 선한 일을 하고
자유를 모든 것보다 사랑하고
왕 앞에 불려가서도
결코 진리를 부인하지 말자
· 베토벤

일러두기

1 이 책의 '교향곡 제0번 깊이 읽기'에서는 각각의 악장을 자세히 설명하기 위해 하나의 연주 앨범을 선택하고, 설명에 해당하는 곡 시간을 팔분음표(♪)로 표시했다.

2 음반은 지휘자·악단·음반사·제작연도 순서로 소개했으며 제9번 교향곡(「합창」)은 예외적으로 악단 다음에 합창단과 성악가를 소개했다.

나의 영웅 베토벤

· 프롤로그

베토벤을 알게 된 것은 두 외삼촌 덕분이다. 녹음용 테이프를 데크에 넣고 LP판을 꺼내 먼지를 닦아내던 삼촌의 모습. 까만 레코드의 결을 따라 반짝이는 빛의 조각들과 바늘을 올려놓을 때의 숨소리, 조심스러운 손동작 그리고 거기 흐르는 묵직한 침묵. 초등학생이었던 나는 그 모든 게 꽤 근사해 보였다.

바작바작 잡음이 몇 번 튀어나오고, 이윽고 음악이 흐른다. 베토벤이다. 어둡고 느린 걸음걸이 위로 처연한 오보에 가락이 길고 가늘다. 호른은 뒤에서 숨죽여 울먹인다. 구슬픈 목관에게 응답하는 첼로는 떨리는 목소리로 따뜻하게 위로한다. 이따금 엄숙한 북소리가 반쯤 물먹은 듯 공간을 진동시킨다. 가사는 없지만, 음악은 분명 무엇인가를 말하고 있었다.

나는 그 속으로 완전히 빨려 들어가 십오 분이나 흘러가는 것도 느끼지 못했다. 내가 들은 것은 슬픔이었다. 하지만 그것은 소리 높인 감정의 토로가 아니었다. 엄숙하고 진중했다. 슬픔의 한가운데 드높은 경외감이 자리 잡고 있었다. 이렇게 격조 높은 슬픔이 있을 수 있구나. 대체 무슨 일이 벌어진 걸까? 아직 어려서 그게 무슨 감정인지 잘 표현할 수 없었지만, 어쨌든 그때 나는 슬픔이 무척 고귀하다는 걸 느낄 수 있었다. 음악은 개념을 통해 듣는 설명보다 훨씬 강력하다. 아무 말 없이도 마음을 움직이기 때문이다. 슬픔이 이토록 고귀하다면, 슬픈 사람의 목소리도 귀중하다는 것을 나는 깨달았다.

나중에 알고 보니 그 곡은 「영웅」$^{Sinfonia\ Eroica}$ 교향곡이었다. 내가 들은 부분은 전체 4악장 가운데 2악장으로 일명 '장송행진곡'이라고 부른다는 것도 알게 되었다. 베토벤이 나폴레옹을 위해 쓴 곡이지만, 그때 나는 나폴레옹이 누군지도 몰랐다. 그저 이름 정도 들어보았을까.

지금은 돌아가신 큰아버지의 웃지 못할 우스갯소리가 기억난다. 나씨 성을 가진 위인 중에 '폴레'라는 할아버지가 계셨다는 대체 알 수 없는 이야기였다. 하지만 나폴레옹이 누구건 장송행진곡이 뭐건 간에 나는 음악이 듣는 이에게 말을 걸어온다는 사실을 그때 처음 알게 되었다. 왜 그렇게 베토벤이 와 닿았을까.

나는 골목길과 운동장을 천방지축 누비지 못하던 사내아이였다. 뇌성마비를 앓은 내 두 발목은 모래주머니를 찬 듯 늘 무거웠고, 엇박자 리듬을 타며 질뚝거렸다. 신체가 성장하는 기쁨을 누려야 할 시기에, 나는 슬픈 유년을 보내고 있었다. 그런 나는 쉽게 다른 아이들의 놀림감이 되곤 했다. 때때로 울분이 터져 나왔다. 몸집 작은 꼬맹이였지만, 나를 놀리던 덩치 큰 녀석들을 향해 억한 심정이 실린 매운 주먹을 날렸다. 처음엔 얻어터졌어도 나중에는 내 서슬 퍼런 악다구니가 나처럼 아이에 불과한 그 덩치들을 질리게 만들었다. 그런 식으로 유년 시절을 살아낸 꼬맹이가 그날 베토벤을 처음 만난 것이다. 그렇게 싸움박질을 해도 위로가 되지 않던 마음을 베토벤의 슬픔이 어루만져주었다. 슬픔도 가치 있다는 사실을 깨닫게 되자 견뎌낼 힘이 생겼다.

누구든지 시공간을 넘어 예술이 자기에게 말을 걸어오고 있음을 경험한다면, 그에게는 새로운 세상의 문이 열린다. 전문적 지식은 나중 문제다. 마음을 열고 진정을 다해 만나는 것이 중요하다. 어린 시절 「영웅」 교향곡과 단 한 번의 만남으로 나는 클래식 음악과 영원한 친구가 되었다. 무엇보다 베토벤은 마음을 움직이는 예술의 힘을 느끼게 해주었고 그로 인해 세상을 바라보는 눈과 삶을 대하는 감수성이 달라졌다.

내가 만난 베토벤과 좋아하는 음악을 이제는 나도 다른 이들과 나누고 싶다. 내 마음 한쪽을 예술이 대신 말해주는 그 놀라움을 전하고 싶다. 아무 말 없이 마음을 낫게 해주는 예술의 힘이 아직도 유효하다는 낭만적 믿음을 여전히 품고 싶다.

이 마음을 어떻게 전달하는 게 좋을까. 말 너머에 있는 음악은 자칫 추상적으로 느껴진다. 그 막연함은 때로 어렵다는 느낌을 불러일으킨다. 거기에 우리가 어린 시절 받은 음악 교육이 비발디^{Antonio Vivaldi, 1678-1741}의 「사계」 한 악장을 틀어놓고 봄이냐 가을이냐를 맞춰야 하는 식이었기에 어려움이 더했다. 봄이 가을 같고 가을이 봄 같은 우리는 늘 오답을 말한 것 같아 꺼림칙하다. 그러다 보니 음악을 느끼고 누리는 '만남' 대신 별 중요할 것도 없는 '문제풀이'에만 골몰한 적이 많았다.

생각이 거기에 미치자 어떻게 글을 써야 할지 알 것 같았다. 문제풀이의 세계에서 벗어나 만남의 세계로 가자. 베토벤을 만난다는 것은 교향곡 안에 담긴 베토벤의 마음을 조금이나마 이해하고 공감한다는 의미가 아니겠는가. 교향곡은 하고 싶은 말을 음악을 이용해 공개적으로 전달하는 장르다. 다행히 베토벤은 하고 싶은 말이 아주 많은 작곡가였다.

베토벤이 무슨 말을 하고 싶었는지는 인문학으로 많은 것을 배웠다. 어떻게 표현했는지는 그의 음악과 음악학적 연구를 통해 알 수 있었다. 인문학은 추상적인 음악에 개념을 부여해주고, 음악은 차가운 개념에 감정을 불어넣는다. 나는 이 두 가지 분야를 이어가며 베토벤의 교향곡 한 편 한 편이 머리와 가슴을 이어주는 스토리텔링 story telling의 과정이었음을 전달하고자 했다.

베토벤이 들려주는 이야기 속에는 서양 사람에게는 익숙하지만 우리에게는 생소한 신화, 성경, 그밖에 민속적·문화적인 전통이 더러 들어 있다. 나는 그러한 생소한 요소가 가뜩이나 어렵게 느껴지는 음악을 이해하는 데 어려움을 가중시킬까 염려되었다. 그래서 미술과 문학의 도움을 받기로 했다. 이 책에 등장하는 다양한 회화와 조각 이미지, 시와 소설의 언어는 독자들이 베토벤 교향곡의 내용을 조금이나마 덜 추상적으로 느끼도록 도와줄 것이다. 베토벤 교향곡은 비단 음악만의 산물이 아니라 베토벤 시대 전체의 유산이요, 다양한 문화적인 전통과 예술 장르 사이의 교류의 산물이었기 때문이다.

그의 교향곡은 개성 있는 이야기다. 제1번 예술가로서 자기 세계를 구축하는 이야기, 제2번 청력을 상실하는 절망을 딛고 일어서 삶의 의미를 찾아낸 이야기, 제3번 자유로운 영웅의 창조 이야기, 제4번 사랑의 감정이 틔워낸 조화로움의 세계, 제5번 인생의 문을 두들기는 운명에 맞서 승리하는 이야기, 제6번 자연에서 만난 낙원의 경험, 제7번 영웅과 민중이 한데 벌이는 거대한 축제, 제8번 작곡가의 신랄한 자기 풍자 그리고 제9번 교향곡의 경계를 훌쩍 넘어 드넓은 인류애를 노래하는 이야기까지 그가 남긴 아홉 개의 이야기는 오늘날에도 우리에게 여전히 말을 걸어온다. 이제 그 이야기에 귀를 기울여보자.

오늘도 베토벤 교향곡을 꺼내 듣는다. 여전히 무엇인가를 말하는 호른, 첼로, 팀파니 소리를 들으니 문득 듣고 또 들어서 다 늘어져 버린 옛날 테이프가 그리워진다. 베토벤을 알게 해준 외삼촌들에게 특히 감사를 전한다. 베토벤이 내게 준 감동을 이제는 여러분과 나누고 싶다.

베토벤 아홉 개의 교향곡

1 새 시대의 새 음악

교향곡 제1번 다장조 Op.21

- **작곡 시기** 1799~1800년, 빈
- **헌정** 고트프리트 판 스비텐 남작
- **초연** 1800년 4월 2일, 빈 궁정 극장,
   베토벤의 첫 아카데미*
- **초판** 호프마이스터&퀴네, 라이프치히, 1801년
- **편성** 플루트2, 오보에2, 클라리넷2, 바순2,
   호른2, 트럼펫2, 팀파니, 현악
- **악장** 1악장 아다지오 몰토(4/4박자)-알레그로 콘 브리오(2/2박자)
   2악장 안단테 칸타빌레 콘 모토(3/8박자)
   3악장 미뉴에트·알레그로 몰토 에 비바체(3/4박자)
   4악장 알레그로 몰토 비바체(2/4박자)
- **연주 시간** 약 25분

혁명의 세기

베토벤 교향곡의 탄생은 새로운 세기의 시작과 맞물려 있었다. 변화의 징후는 곳곳에서 느낄 수 있었다. 그 시작점은 두말할 것도 없이 프랑스대혁명이었다. 계몽주의**가 백여 년에 걸쳐 깨우친 평

---

* 공연 수익을 작곡가 자신이 취할 수 있는 공공연주회를 말한다.
** 칸트는 「계몽이란 무엇인가」라는 수필에서
다음과 같이 적었다. "계몽주의는 자신에게 책임이 있는
미성년 상태로부터의 인간 탈출이다.
미성년 상태란 다른 사람의 인도 없이는 자기의 오성
(悟性, Verstand)을 사용하지 못하는 무능력을 말한다.
그런데 만약 그 무능력의 원인이 오성의 결핍에 있는 것이 아니라
다른 사람의 인도 없이 오성을 사용하려는 결의와 용기의 결핍에

등 이념은 혈통보다는 능력, 위계질서보다는 자유를 앞세우는 새로운 세상을 태동시켰다. 이러한 변화 앞에 출생 자체가 자격이라 믿어온 귀족은 점점 설 땅을 잃어가고 있었다.

디킨스Charles Dickens, 1812-70는 『두 도시 이야기』에서 혁명 이전의 귀족을 희화적으로 그려냈다. 후작 나리께서는 초콜릿을 잡수실 때 네 명의 하인이 필요했다. 초콜릿을 휘젓는 사람, 국자로 떠주는 사람, 쟁반을 들고 대기하는 사람, 마지막으로는 나리의 위엄 있는 수염에 묻은 초콜릿을 조심조심 닦아주는 사람까지.* 그런데 혁명은 이 네 명의 하인이 후작 나리에게 "아니, 자기는 손이 없나 발이 없나!" 하고 따지기 시작한 사건이었다. 계몽된 민중에게 귀족의 '고귀한' 피는 더 이상 귀족의 무위도식과 사치향락의 자유이용권이 될 수 없었다.

『레 미제라블』의 마리우스 퐁메르시 남작 또한 신성한 노동의 흔적 없이는 결코 코제트를 허락받을 수 없었다.** 그것은 꼭 거쳐야 하는 세례의식이었다. 그들의 행복한 결합이 '비참한 사람들'의 신성한 희생으로 가능했음을 뼛속 깊이 알아야 했기 때문이다. 이 이야기에서 핏줄이 별 역할을 못한다는 사실은 의미심장하다. 장발장과 코제트의 부녀 관계는 혈연이 아닌 박애로 맺어졌으며, 마리우스 또한 더 나은 가치를 위해 대대로 내려오던 귀족의 특전을 버렸다. 위고Victor Marie Hugo, 1802-85가 혁명 시대를 반추하며 그려낸 것

있는 것이라면 그러한 미성년 상태의 책임은 자신에게
있는 것이다. '알고자 하는 자는 용기를 가져라'
이것이 계몽주의의 표어다."
* 찰스 디킨스, 『두 도시 이야기』, 이은정 옮김, 펭귄
코리아, 2012, 151-152쪽.
** 빅토르 위고, 『레 미제라블』, 염명순 옮김, 비룡소,
2015, 246-249쪽.

들라크루아(Eugène Delacroix),
「민중을 이끄는 자유의 여신」(1830).
총검을 든 여신의 손은 투쟁을,
풀어헤친 가슴은 민중을 끌어안는 박애를
상징적으로 보여준다.

은 '혈통의 굴레를 벗어나 스스로의 힘으로 삶을 일궈내라, 자유·평등·박애의 정신은 피보다 진하다'는 것이다.

하지만 프랑스를 제외한 유럽은 여전히 신분세계에 머물러 있었다. 귀족은 시민이 배우는 것^{계몽}을 막을 수는 없었으나 그것이 정치적 각성^{혁명}으로 연결되는 것은 막고 싶어 했다. 그들은 일종의 타협책을 제시했다. 계몽군주에 의한 합리적 통치로 극단적 변혁을 유예하고 기득권을 지키려 했던 것이다. 프리드리히^{Friedrich, 1712-86} 대제와 마리아 테레지아^{Maria Theresia, 1717-80} 여제는 그 역할에 충실히 부응했다. 국민 교육에 힘쓰고 문화와 예술을 장려하며 농노제를 폐지하고 고문을 금지하는 등 성군^{聖君}의 면모를 만천하에 드러냈다. 프로이센과 오스트리아 시민들은 그들의 군주를 사랑했다. 그런 까닭에 프랑스대혁명의 이상에 공감하면서도, 왕의 목을 치는 과격한 변혁은 두려워했다. 혁명을 꼭 그렇게 야만적인 방식으로 해야 하는가? 지식인 사회를 지배한 것은 이 같은 이중 감정이었다. 프랑스 혁명가들을 계급적 '동지'로 받아들여야 할지, 아니면 자주성을 위협하는 '외세'로 보아야 할지 판단하기가 어려웠다. 그러나 반동과 유예에도 불구하고 새 시대는 계몽의 후계인 혁명을 새로운 시대정신으로 기름 부었다. 베토벤의 교향곡은 이 같은 시대정신의 산물이다.

매 맞는 소년

이처럼 베토벤의 시대는 격변기였다. 어떻게 살아가야 할지 불확실했다. 음악가의 삶도 그러했다. 궁정에 취직하는 것이 가장 좋아 보였지만, 모차르트^{Wolfgang Amadeus Mozart, 1756-91}같이 스타가 되는 길도 버릴 수 없었다. 베토벤의 아버지 요한^{Johann van Beethoven, 1739-92}이 베토벤의 나이를 속여 가면서까지 제2의 모차르트로 포장한 일은 유명하다. 이름이 나야 궁정악장이 될 수 있다고 여긴 것이다. 그러나 그런 강박이 비뚤어지자 베토벤은 곧 매 맞는 신세가 되었다. 매를 맞은 이유는 그가 모차르트와 달랐기 때문이다. 베토벤이 베토벤이라는 이유로 매를 맞았다. 그런데 그런 베토벤의 처지는 시대 자체의 부조리와 무척 닮아 있었다. 본래 자유로운 인간이 자유를 주장한다는 이유로 압제를 당하고 있었으니 말이다.

하지만 베토벤은 꺾이지 않았다. 궁정가수였던 아버지가 알코올 중독으로 일자리를 잃자 꿋꿋이 소년 가장 노릇을 했다. 고통은 음악에 대한 사랑을 변질시키지 못했다. 애초에 시켜서 한 게 아니라 스스로 선택한 일이었기 때문이다. 그렇기에 소년은 아름다움을 사랑하는 자기다움을 잃지 않았다. 어두운 유년 시절은 이렇게 한 예술가를 단련시키고 있었다.

모차르트의 정신과 하이든의 손에서

베토벤을 단련시키는 데는 고통뿐 아니라 계몽의 빛도 한몫했다. 베토벤의 고향 본^{Bonn}은 제국의 수도 빈^{Wien}의 축소판이었다. 본의 선제후 막시밀리안 프란츠^{Maximilian Franz, 1756-1801}는 계몽군주 마리아 테레지아 여제의 아들답게 문화와 예술을 열성적으로 애호했다. 베토벤의 할아버지 루트비히^{Ludwig van Beethoven, 1712-73}는 이런 도시의 존경받는 궁정악장이었고 아버지 요한도 그만은 못하지만 어쨌든 테너 가수로 일했으므로 본 궁정은 베토벤의 재능을 일찌감치 알아보았다. 이미 1782년 전문 음악가로 데뷔한 그는 곧 네페^{Christian Gottlob Neefe, 1748-98}의 지도 아래 작곡 수련을 시작했다. 네페*는 1783년 이렇게 썼다.

"루이 판 베토벤은 … 11세의 소년이며 가장 촉망되는 재능의 소

라두(Amelius Radoux), 「베토벤의 할아버지
루트비히」(1773).
베토벤은 할아버지의 이름과 음악적 재능을 그대로
닮았다.

유자다. … 이 어린 천재는 여행을 위한 지원을 받을 자격이 있다. 시작할 때처럼 계속하기만 한다면 그는 틀림없이 제2의 볼프강 아마데우스 모차르트가 될 것이다."**

스승의 추천과 선제후의 후원으로 베토벤은 1787년 초 처음으로 빈을 방문했다. 모차르트에게 배우기 위해서였다. 비록 어머니의 건강이 급격히 나빠져 2주 만에 귀향했지만, 성실하게 수련한 베토벤에게 곧 두 번째 기회가 찾아왔다.

1792년 봄, 런던에서 엄청난 성공을 거두고 금의환향***하는 하이든Joseph Haydn, 1732-1809이 흥행사공연의 흥행을 직업으로 하는 사람 잘로몬Johann Peter Salomon, 1745-1815과 함께 본에 들른 것이다. 이 자리에서 선제후는 하이든에게 베토벤의 스승이 되어줄 것을 요청했고 하이든은 그 제의를 즉각 받아들였다. 이렇게 해서 베토벤은 빈에 도착하기도 전에 최고의 작곡가를 스승으로 모시게 되었다. 그밖에도 선제후는 베토벤이 뛰어난 피아니스트라는 소문을 빈 상류사회에 퍼뜨렸다.

1792년 가을, 베토벤은 다시 빈으로 떠났다. 이미 경력 10년차

---

* 베토벤의 스승 네페는 개인적으로 카를 필리프
에마누엘 바흐(Carl Philipp Emanuel Bach,
1714-88, 음악의 아버지 바흐의 둘째 아들)로
대표되는 북독일 스타일을 선호했으나
공정한 태도로 음악 양식과 관습들을 시대적 필요에 따라
판단하는 열린 시각을 제공해주었다.
** 메이너드 솔로몬, 『루트비히 판 베토벤』 1,
김병화 옮김, 한길아트, 2006, 103쪽.
*** 당시 런던의 신문은 하이든을 "음악계의
셰익스피어"라고 칭했다. (데이비드 비커스, 『하이든,
그 삶과 음악』, 김병화 옮김, 포노, 2010, 105쪽.)

▲ 작자 미상. 「어린 베토벤」(1783).
▼ 베토벤의 스승 네페. 그는 어린
베토벤에게 관습과 형식에 치우치지
않는 계몽주의적 태도를 전수해준
중요한 인물이다.

의 궁정음악가였던 스물셋의 청년은 귀족을 상대하는 감각과 상당한 생활력을 갖추고 있었다. 발트슈타인[Ferdinand Ernst von Waldstein, 1762-1823] 백작은 따뜻한 격려의 말을 베토벤에게 남겼다.

"친애하는 베토벤, 그대는 이제 오랫동안 불확실해 보이던 그대의 소망을 이루려 빈으로 떠납니다. 모차르트에게 머물렀던 창조의 영이 여전히 자기 총아의 죽음을 애도하며 눈물을 흘리고 있습니다. 그 영은 이제 지칠 줄 모르는 하이든에게서 잠시 동안 피난처를 찾은 듯하나, 다시 활동을 한 것은 아닙니다. 그저 하이든을 통해 다른 누군가와 다시 결합하기를 바라고 있겠지요. 부지런한 근면함으로 나는 그대가 이어받기를 바랍니다. 모차르트의 혼을, 하이든의 손에서요!"*

이 말은 베토벤의 장래에 관한 가장 의미심장한 '예언'이 되었고 청년은 이 '예언'을 가슴속 깊이 간직했다.

악마와 손잡은 피아니스트

제2의 모차르트. 사람들이 베토벤에게 건 기대였다. 하지만 처음부터 베토벤은 모차르트와는 다른 유형이었다. 명백한 차이가 피아노 연주에서 먼저 나타났다. 베토벤의 제자이자 피아노 교본의 저자 체르니[Carl Czerny, 1791-1857]는 베토벤과 모차르트의 연주 스타일을 다음과 같이 비교했다.

* Max Braubach, "Die Stammbücher Beethovens und der Babette Koch," *Die Musikforschung*, 26(3), 1973, S.19.

문화와 예술을 사랑한 본의 선제후는 베토벤을
적극적으로 후원했다. 그의 궁전은 현재 본 대학
건물로 사용되고 있다.

모차르트는 깨끗한 소리를 위해 음악이 다소 끊어지더라도 페달을 적게 사용한다. 하지만 베토벤은 페달 울림을 통해 음악을 이어가면서 역동적이고 극적인 대비 효과를 일으킨다.*

모차르트가 우아한 종마라면 베토벤은 야생마쯤 되는 것이다. 이런 베토벤 스타일은 피아노의 정식 명칭인 '피아노포르테pianoforte, 처음은 약하게 차츰 강하게'에 완전히 부합하는 연주법이었다. 피아노는 이전 시대의 건반악기인 쳄발로Cembalo에 비해 음량이 더 커졌고 셈여림을 자유자재로 조절할 수 있었다. 그럼에도 아직 대부분의 연주자는 여전히 단정하고 우아한 옛 취향에 머무르며 새 악기를 소극적으로 다루고 있었다. 하지만 베토벤은 특유의 폭풍 같은 연주로 포르테는 충분히 포르테답게, 피아노는 충분히 피아노답게 연주하여 전혀 새로운 감성을 표현해냈다.** 그의 연주가 당시 청중에게 충격적이었던 이유가 여기에 있다. 당시 즉흥연주 경연에서 베토벤에게 패한 겔리네크Abbé Gelinek, 1758-1825은 말했다.

"그는 분명히 악마와 손을 잡은 게 틀림없어."***

중요한 것은 훨씬 커진 셈여림의 폭이 엄청난 역동성을 가져왔다

* 스티븐 존슨, 『클래식, 고전 시대와의 만남』,
김지량 옮김, 포노, 2012, 86쪽.
** 베토벤은 실제로 그 격렬한 연주로 인해
당시 빈에서 피아노 현을 가장 많이 끊어뜨린
피아니스트였다. (H.C. 쇤베르크, 『위대한 피아니스트』,
윤미재 옮김, 나남, 2008, 108-109쪽.)
*** Carl Czerny, "Recollections from My Life,"
The Musical Quartely, 1956, 42(3), p.304.

는 사실이다. 이전 시대와는 수준이 다른 감정적 폭, 곧 명상적 고요와 폭풍 같은 휘몰이 사이를 오가는 다채로운 감정의 스펙트럼이 그의 작품에 모습을 드러내기 시작했다. 이처럼 베토벤은 피아니스트로서 자신을 알리는 데 성공했다. 그러나 그 명성은 모차르트와 아주 달랐기에 얻어진 것이었다.

대체 불가능한 개성

베토벤은 하이든과도 달랐다. 하이든은 당대 최고의 대가로 통했지만 어쨌든 18세기 사람이었다. 아내와 평생 불화하면서도 절대로 이혼은 못하고, 에스테르하지 궁전에서 답답해하면서도 절대로 박차고 나오지 못하는 사람이었다. 그가 이룬 위대한 성취는 18세기적 미덕의 산물이었다. 그는 주인을 성심껏 섬겼고 직업윤리를 철두철미하게 지켰다. 그의 음악은 유머와 지혜로 가득했는데* 이는 주인을 즐겁게 해주려는 하인의 충직함에서 비롯된 것이었다. 하지만 베토벤은 하인으로 살고 싶지 않았다. 음악가의 자립이 곧 손에 잡힐 것 같았기 때문이다.

계몽사상은 음악을 즐기는 방식에 변화를 일으켰다. 마치 낭독 내용을 듣는 데 만족하지 않고 직접 읽으려는 사람들이 생겨난 것처럼, 연주회장을 벗어나 자기 집에서 음악을 즐기려는 음악대중이 형성되었다. 더구나 피아노가 보급되면서 사람들은 이제 악보라는

---

* 이와 관련된 가장 유명한 사례는 교향곡 제45번 「고별」일 것이다. 연주를 마친 단원들이 촛불을 끄고 슬프게 퇴장하는 퍼포먼스를 통해 하이든은 악단의 휴가를 이끌어냈다. 아랫사람의 불만을 품위 있게 전하면서도 상관의 체면을 지켜준 그의 재치가 빛을 발한 순간이다.

새로운 상품에 돈을 지불하기 시작했다.*

연주 시장도 규모가 커지고 있었다. 교회나 궁정에서 하는 연주와 달리 대중 연주회는 상당한 경제적 잠재력을 가지고 있었는데, 수완이 있고 대중의 선택을 받을 수 있다면 교회나 궁정 월급보다 더 많은 수입이 보장되었다. 하이든의 런던 공연 수익이 에스테르하지 궁정에서 받은 총 월급의 20배에 달했다는 사실은 의미심장하다.** 산업과 자본의 혁명은 프랑스대혁명보다 더 극적으로 삶을 바꿔놓고 있었다.

당연히 작곡에도 변화가 일어났다. 더는 궁정이나 교회, 특정 후원자의 취향에 매일 필요가 없었다. 예를 들어 하이든은 에스테르하지^{Nikolaus II Esterházy, 1765-1833} 공작을 위해 200여 곡의 바리톤*** 삼중주를 작곡했지만 금세 잊고 말았다. 취향과 난이도를 주문자에게 맞춘 터라 앞으로 연주할 가망이 없었기 때문이다. 중요한 것은 작곡가의 개성을 어떻게 드러내느냐였다. 이를 해결한다면 작품은 곧바로 수입원이 될 수 있었다.

베토벤은 철저하게 새로운 작품을 쓰려 했다. 같은 양식을 반복하지 않았고 특정 스타일을 완성했다고 여기면 곧바로 새로운 스타일을 탐구했다. 베토벤의 작품에는 저마다 대체 불가능한 개성이

---

* 도널드 서순, 『서양 문화사』 1, 오숙은 외 옮김,
뿌리와이파리, 2012, 412-415쪽.
** 데이비드 비커스, 앞의 책, 134쪽.
*** 지금은 도태된 현악기로서 여섯 줄이고 첼로와
기타를 합쳐놓은 것 같은 모양이다. 이 악기는 사실
한번도 대중적으로 널리 사용된 적이 없다.
하이든이 이런 악기를 위해 삼중주를 그렇게 많이
작곡했다는 것은 에스테르하지 공작이 그만큼 이 악기에
관심이 있었음을 말해준다.

새겨졌다. 특히 교향곡들은 베토벤의 내면에서 탄생된 아홉 개의 서로 다른 분신과도 같았다.

작곡가로서의 자의식

하이든의 손에서 모차르트의 정신을 이어받으라는 것은 '최고가 되라'는 말이지 결코 그들과 같아지라는 뜻이 아니었다. 달라진 시대만큼 음악의 내용도 새로워야 했다. 시민들이 선망하는 자유와 풍요로움뿐 아니라 고통과 투쟁, 인고의 시간도 진실하게 다뤄야 했다. 예속된 자가 자유를 얻으려면 응당 그런 시련이 따를 것이기 때문이다.

그러나 당시 예술가가 시대의 비전을 표현한다는 것은 무척 혁명적인 생각이었다. 전통에 따라 곡을 생산하는 음音의 수공업자나 여흥에 '소비'되는 악사의 자의식으로는 어림없는 일이었다. 강력한 신념과 리더십이 필요했다.

베토벤은 예술가를 일종의 선지자로 여겼다. 다시 말해 사회가 미처 도달하지 못한 정치적 자유를 정신적 차원에서나마 미리 경험하게 해주는 것이 그의 임무라고 생각했다. 이 점에서 베토벤은 과거의 음악가와 차별성을 지닌다. 이미 베토벤은 1793년 5월 23일 다음과 같은 짤막한 메모를 남긴 바 있다.

할 수 있는 한 선한 일을 하고
자유를 모든 것보다 사랑하고
왕 앞에 불려가서도 결코 진리를 부인하지 말자.*

* Dieter Rexroth, "Beethovens Symphonien,"
ein musikalischer Werkführer, München, 2005, S.17.

에를리히(Felix Ehrlich), 「악사」(1895).
베토벤 이전 시기 악사의 지위는 낮았다.
정신적 창조와는 무관한 기능인으로 취급받았기 때문이다.

베토벤은 음악에 자유와 진보를 담고자 했다. 그에 가장 적합한 장르는 교향곡이었다.

새 시대의 음악, 교향곡

여러 악기가 무대에서 함께 소리를 내는[sym+phony] 교향곡은 이미 사회[공동체]를 상징하는 음악으로 받아들여지고 있었다. 이 '음향적 사회'를 지배하는 질서는 주선율과 보조선율 간의 위계—마치 과거 시대의 신분질서처럼—가 아니라 조화로운 전체를 이루려는 다양한 역할의 협력과 경쟁에서 나온다. 이 '음향적 사회'의 목적은 '조화로운 전체'가 합리적인 작곡법에 의해 점점 발전하여 더 고양되고 숭고한 감정에 이르는 것이다. 이처럼 교향곡은 '합리적인 사회는 진보한다'는 신념의 표현이었다.

작곡가들은 이 같은 상징적 의미를 적절히 옮겨낼 방법을 찾기 위해 노력했다. 형식을 탐구했고, 내적 원리를 확립하기 위해 애썼으며 다양한 감정과 발전양상을 실험했다. 이 같은 선구자들의 노력은 베토벤 교향곡의 근간이 되었다. 마치 자동차가 미국, 프랑스, 독일의 합작품인 것처럼 초기의 교향악 또한 유럽 여러 지역에서 동시다발적으로 발전되고 있었다. 그 거점은 중부 독일의 만하임과 북독일의 함부르크, 제국의 수도 빈이었다.

새로운 악기와 연주기법—오케스트라와 만하임 악파

만하임에서는 교향곡을 위한 악기 곧 '오케스트라'를 준비하고 있었다. 오케스트라란 여러 개별 악기가 모여 이룬 하나의 '새로운 악기'였다. 바이올리니스트는 바이올린을, 타악주자는 팀파니를 연주하지만 지휘자가 연주하는 악기는 오케스트라다.[*]

1772년, 영국의 저명한 음악사가 버니[Charles Burney, 1726-1814]는 이

오케스트라의 새로운 음악을 상세히 전한다.

"그들^{만하임 오케스트라}은 마치 전쟁에서 장군의 명령에 움직여 작
전을 실행하는 군대처럼 일사불란하게 연주합니다. … 슈타미츠
^{Johann Stamitz, 1717-57, 만하임 악파의 시조}는 과거 무대예술에서 보조 역
할만 했던 오페라 서곡*을 최대한 효과적으로 표현하였는데, 이
는 과연 천재성의 산물입니다. 이곳 만하임은 크레셴도^{crescendo, 점}
^{점 세게}와 디미누엔도^{diminuendo, 점점 여리게}의 발상지며, 피아노^{piano,}
^{여리게}와 포르테^{forte, 세게}의 음색이 효과적으로 활용되는 곳입니다.
이 같은 셈여림은 마치 화가의 손에 그려진 빨간색과 파란색같이
서로 잘 대비를 이루는 것과 같습니다."**

'군대처럼 일사불란'함은 당시의 오케스트라로서는 도달하기 어
려운 목표였다. 이전 시대 바로크 음악에서는 베이스가 정해주는
일정한 코드 내에서^{이를 통주저음Generalbass이라고 한다} 상당한 수준의 즉
흥성이 허용되었다. 때문에 아직 연주자들은 상대적으로 솔로 성향
이 강한 소규모 앙상블에 익숙했다. 또한 기악의 기교가 성악에 비
해 그리 높은 수준도 아니었다. 영화 「파리넬리」^{Farinelli}에는 전설의

---

* 지휘자는 직접 악기를 다루지는 않지만 하나로 모인
개별 악기들의 관계를 다룸으로써 관현악이 단순한 개별
악기들의 총합 이상이 되도록 만드는 새로운 개념의 연주자다.
* 신포니아(Sinfonia, 오페라나 오라토리오의 맨 앞에
연주되는 순수기악곡)를 말한다. 교향곡은
원래 오페라 서곡에서부터 발전했다.
** 이성률, 「18세기 독일의 만하임 악파」,
『연세음악연구』제11권, 2004, 114쪽.

작자 미상, 「요한 슈타미츠」.
슈타비츠를 악장으로 하는 만하임 오케스트라는
새로운 연주법과 효과적인 교육법으로 유럽 최고의
오케스트라가 되었다.

카스트라토^{castrato}* 브로스키^{Carlo Broschi, 1705-82}가 길거리 연주 대결에서 트럼펫 연주자를 간단히 제압하는 장면이 나온다.

결국 새로운 개념의 합주를 위해서는 좀더 새로운 연주법과 효과적인 교육법이 필요했다. 슈타미츠는 바로 이 지점의 혁신자였다. 그는 관현악 합주의 정확성을 향상시키고, 악기들을 조합하여 다양한 음색을 실험했다. 각 악기의 특성에 맞는 특정 표현법을 개발하기도 했다. 그는 또한 최고의 교육 기관을 키워냈다.

만하임의 명성은 전 유럽에 알려졌다. 연주력이 좋은데 규모도 컸으니 연주 효과가 뛰어났음은 당연한 일이다.** 독일의 작가요 문필가였던 슈바르트^{Christian Friedrich Daniel Schubart, 1739-91}***는 다음과 같이 썼다.

"세상의 어떤 오케스트라도 만하임이 보여주는 것 같은 소리의 장식을 들려준 바 없다. 그들의 포르테는 천둥소리이고 그들의 크레셴도는 폭포수이고, 디미누엔도는 먼 곳에서 찰랑거리며 사라져가는 수정 물결이고, 그들의 피아노는 봄의 숨결이다."****

* 카스트라토는 변성기 전에 거세하여 소년의
목소리를 유지시킨 남성 가수를 통칭하는 말이다.
여성의 공연을 금지한 중세 전통 때문에 생겨났으며
소프라노와 알토의 음역을 맡았다.
** 1770년경 만하임의 오케스트라는 총 인원이
46명이었다. (이성률, 앞의 책, 123쪽.)
*** 그는 슈베르트(Franz Peter Schubert,
1797-1828)의 가곡 「송어」의 시인이며
직접 작곡을 하기도 했다.
**** Gerald Drebes, "Die 'Mannheimer Schule':
ein Zentrum der vorklassischen Musik und Mozart," in:
Rhein-Neckar-Dreieck, 1992, S.16.

모차르트는 만하임의 훌륭함을 고향 잘츠부르크의 빈약함과 비교하면서 다음과 같이 한탄한다.

"아, 이 오케스트라는 너무나 훌륭하고 강력하군요. 잘츠부르크에도 클라리넷이 있으면 얼마나 좋을까요! 당신은 플루트, 오보에, 클라리넷을 갖춘 교향곡이 얼마나 장려한 효과를 내는지 상상도 못 하실 거예요!"*

이러한 명성에 힘입어 만하임 악파의 연주기법들—'만하임 로켓'**, '만하임 한숨'***, 새소리 모티프, 개막의 모티프, 팡파르 모티프 등—은 초기 교향악의 관용구처럼 자리 잡으면서 유럽 오케스트라의 발전에 지대한 영향을 미쳤다.

새로운 대립감정과 합리성—북독일

북독일의 작곡가들도 새로운 교향악에 접근하고 있었다. 그들은 서로 상반되는 감정들의 균형과 긴장 관계를 교향악 속에 표현했는데 이는 향후 교향곡의 내적 형성 원리가 된다. 이 그룹의 대표자는 음악의 아버지 요한 제바스티안 바흐^{Johann Sebastian Bach, 1685-1750}의 둘째 아들 C.P.E. 바흐****였다. 프로이센의 궁정악장이었던 그는 계

---

* 같은 책, S.16.
** 크레셴도를 동반하여 빠른 속도로 상승하는
멜로디 라인을 일컫는다.
*** 악구의 말미에서 단2도 진행으로
주저하는 듯이 약해지는 표현을 말한다.
**** 바흐는 계몽사상의 집산지와도 같았던 베를린에서
『현자 나탄』의 작가 레싱(Gotthold Ephraim Lessing,
1729-81, 독일 계몽주의 극작가)과 친구 사이가 되었고

몽주의적 합리성을 음악에 구현하고자 애쓴 인물이다.*

그의 관현악교향곡 제1번 D장조$^{Wq\ 183\ Nr.1}$는 시대를 앞선 걸작이다. 현악 파트의 날렵한 움직임이 인상적인 곡의 첫머리는 곡의 조성과 진행 방향을 가늠할 수 없도록 교묘하게 짜여 있다. 반복된 전조와 예고 없이 터져 나오는 긴장감 있는 합주에서는 18세기답지 않은 참신한 의외성이 느껴진다. 더욱이 모티프의 조합과 발전이라는 새로운 창작 원리도 분명히 느껴진다.

바흐는 정력적인 1악장과 고즈넉한 2악장을 대비시키면서도 중단 없이 곡을 이어간다. 3악장에서도 일관된 모티프, 상반된 감정의 대비, 명확한 구조적 질서를 확인할 수 있다. 이처럼 바흐의 관현악교향곡에는 두 가지 대립감정이 효과적으로 나타난다. 폭풍이 몰아치는 듯한 격렬함은 '질풍노도'$^{슈투름\ 운트\ 드랑,\ Sturm\ und\ Drang**}$의 정

당대의 유명한 문인 겔러트(Christian Fürchtegott
Gellert, 1715-69) 및 존경받는 유대인
계몽철학자이자 작곡가 펠릭스 멘델스존(Felix
Mendelssohn, 1809-47)의 할아버지 모제스
멘델스존(Moses Mendelssohn, 1729-86)과도 교우했다.
* 바흐는 프리드리히 대제의 반주자였다.
대제는 스스로 플루트를 연주할 만큼 음악에 열성적이었지만,
취향이 다소 조야하고 보수적이어서
혁신적인 음악을 시도할 여지가 없었다. 바흐는 함부르크의
악장 텔레만(Georg Philipp Telemann, 1681-1767)
서거 후 그 자리로 옮긴 뒤에야 교향곡을
쓸 수 있었다. 교향곡이 '자유의 음악'임을 말해주는
하나의 일화다.
** 본래 문학사적 개념인 '질풍노도'는 합리성과 규범을
강조하는 계몽주의에 대한 반작용으로
자유로운 감정표출과 여과되지 않은 충동을 강조한 사조였다.
중요한 시인은 클롭슈토크(Friedrich Gottlieb Klopstock,
1724-1803), 뷔르거(Gottfried August Bürger, 1747-94),
횔티(Ludwig Heinrich Christoph Hölty, 1748-76),

서를 연상시킨다. 반면 섬세한 2악장에서는 깨질 듯이 여린 '감상주의'Empfindsamkeit*의 정서가 다분하다. 질풍노도와 감상주의는 아주 상반된 표현이지만, 감성의 가치를 옹호한다는 면에서는 방향성을 공유한다.

이념상 대립적인 것들이 감성의 차원에서는 공존, 아니 더 나아가 조화를 이루는 경우가 있다. 바흐의 교향곡도 그러하다. 작품은 질풍노도와 감상주의의 정서를 들려주면서도 여전히 계몽적이다. 악상의 논리적 전개가 전체를 아우르기 때문이다. 비록 바로크적인 3악장 구조에 머무르고 있지만 바흐의 탁월한 사례는 커다란 시사점을 주었다. 다양한 대립 감정들을 통합하고 발전시키는 힘은 곧 합리성의 원칙이었던 것이다.

형식 실험─빈 악파의 교향곡들

제국의 수도 빈 또한 교향곡의 발전에 보조를 같이했다. 빈의 음악가들은 소나타 형식과 교향곡의 악장 구성을 확정하는 데 특히 기여했다. 중요한 작곡가는 이탈리아인 삼마르티니Giovanni Battista Sammartini, 1700-75**였다. 그는 순환적인 두 도막 형식을 기초로 교향

클라우디우스(Matthias Claudius, 1740-1815) 등이며
젊은 괴테(Johann Wolfgang von Goethe, 1749-1832)와
실러(Friedrich Schiller, 1759-1805)
또한 이 문학운동의 대표자다.
* 감상주의는 미술사의 로코코와 부합하는 사조로서
예민하고도 애상적인 감성을 다소 상투적이고
관습화된 방식으로 표현하는 과도기적 취향이다.
** 밀라노 출신인 그는 위대한 오페라 개혁자 글루크
(Christoph Willibald Gluck, 1714-87)와
만하임 악파의 작곡가 카나비히(Christian Cannabich,
1731-98)의 스승이다.

교향곡의 악장 구성과 특성

	형식	빠르기/조성	특성
1악장	소나타 형식	빠름(알레그로) /으뜸조	두 주제의 대립, 경쟁 및 발전
2악장	소나타 형식 변주곡 형식 가요(노래) 형식	느림 (안단테, 아다지오 등) /딸림조	서정적이고 내면적인 성격
3악장	춤곡 형식	중간 빠르기 미뉴에트 또는 스케르초 /으뜸조	세도막 형식, 움직임 강조
4악장	소나타 형식 론도 형식 변주곡 형식	빠름(알레그로) /으뜸조	전체 악상의 정리

곡의 1악장을 구성하였다. 이는 첫 부분 A, 그리고 유사한 재료로 구성되지만 다르게 발전하는 둘째 부분 B, 이후 다시 첫 부분 A로 돌아가는 형식이다. 삼마르티니의 시도는 주제의 제시와 재현으로 나뉘는 소나타 형식의 원시적 형태가 되었다는 점에서 중요하다.

삼마르티니의 영향 아래 빈에서는 몬Georg Matthias Monn, 1717-50, 바겐자일Georg Christoph Wagenseil 1715-77, 디터스도르프Karl Ditters von Dittersdorf, 1739-99, 반할Johann Baptist Vanhal, 1739-1813 등이 교향곡을 계속 작곡했다. 이 중에 디터스도르프는 눈에 띄는 아이디어의 소유자였다. 그는 오비디우스Publius Ovidius, B.C.43-A.D.17의 『변신 이야기』를 모티프로 12개의 교향곡을 남겼고, 작곡가들의 고리타분한 매너리즘을 꼬집는 교향곡 「작곡가들의 망상」을 쓰기도 했다. 초기 빈의 교향곡 작곡가들은 대체로 우아하고 절제된 궁정적인 취향을 들려

그는 약 70여 개의 교향곡을 남겨서
교향곡의 선구자가 되었다.

준다. 특히 이들은 기존의 '빠르게 – 느리게 – 빠르게' 구조에 우아하고 귀족적인 춤곡 미뉴에트*를 추가하여 4악장 구조의 교향곡을 일반화시켰다.

이 같은 발전사를 거쳐 빈 고전주의는 교향곡이 어떤 것인지에 대한 답을 내놓고 있었다. 베토벤이 빈에 입성하기 불과 몇 해 전 모차르트는 불멸의 걸작인 삼대 교향곡제39번, 제40번, 제41번 「주피터」을 세상에 남겼다. 또한 하이든은 평생 일궈온 교향곡의 정수를 여섯 개의 「파리」 교향곡제82-87번과 열두 개의 「런던」 교향곡 시리즈제93-104번에 담아내고 있었다.

모차르트와 하이든의 '최종적' 교향곡들은 공통적으로 4악장 구조를 보여준다. 두 주제가 서로 대립하며 발전하는 빠른 1악장, 서정적인 노래 같은 느린 2악장, 중간 빠르기의 춤곡인 3악장, 전체 악상을 장대하게 마무리하는 피날레 악장으로 교향곡의 구조가 확립된 것이다. 이는 오랜 교향곡의 형식 실험이 최종 마무리 단계에 이르렀음을 의미한다.

다양한 교향악의 지형을 섭렵하다

베토벤의 눈앞에 펼쳐진 교향악의 지형은 이처럼 다양했다. 18세기에 나온 교향곡만 해도 1만 6천여 편에 이른다.** 다행히 베토벤은 비교적 이른 시기부터 다양한 교향곡을 접할 수 있었다. 본은 만하임 악파의 직접적인 영향권에 들어있었고 빈과도 긴밀히 연결되어

---

* 미뉴에트는 프랑스어의 형용사 'menu'(작다)에서 나온 말로 루이 14세 치하에서 공식 궁정무용이 되었다.
** 앤드루 후스, 『교향곡과의 만남』, 김병화 옮김, 포노, 2013, 12쪽.

있었다. 한편 C.P.E. 바흐의 북독일 양식은 스승 네페를 통해 접할 수 있었다. 빈에 정착한 후 베토벤은 빈 고전주의의 유산을 빠르게 제 것으로 소화시키고 있었다.

이렇게 동시다발적인 장르의 발전사를 조망해가면서 베토벤은 교향곡의 미학적 가능성과 사회학적 상징성을 이해하게 되었다. 통일성 속의 다양성, 부분의 총합보다 더 큰 전체, 대립적 요소 사이의 긴장과 균형은 교향곡의 음악적 원리일 뿐 아니라 새로운 사회의 규범이기도 했다.

교향곡의 아버지 하이든

베토벤 교향곡에 가장 큰 영향을 미친 것은 스승 하이든이었다. 하이든이 꼼꼼하게 가르친 것은 아니지만 그의 작품 자체가 선생 노릇을 할 만큼 광범위한 업적을 제자에게 물려주었다.

먼저 하이든의 교향곡은 뛰어난 묘사력을 자랑한다. 덕분에 듣는 이들은 작품 각각의 '캐릭터'를 알아챌 수 있었다. 「수탉」제83번이나 「놀람」제94번, 「군대」제100번, 「시계」제101번, 「북치기」제103번 등과 같은 별명을 계속 얻게 된 것도 그 때문이다. '음을 통한 연상 작용'은 이후 베토벤 교향곡에서도 중요한 역할을 한다.

하이든은 끝없는 실험으로 관현악의 새로운 효과를 탐구했다. 그는 교향곡 제22번 「철학자」에서 잉글리쉬 호른을 오보에 대신 기용한다. 제30번 「알렐루야」에서는 그레고리안 부활절 성가를 인용한다. 제31번 「사냥 나팔」에서는 호른의 숫자를 네 개까지 늘려 사용한다. 교향곡 제39번에서는 연속되는 당김음syncopation*과 트레몰로

* 당김음은 선율의 진행 중에 센박과
여린박이 뒤바뀌어 셈여림이 바뀌는 것을 의미한다.

하디(Thomas Hardy), 「요제프 하이든」(1792).
하이든이 남긴 뛰어난 묘사력과 실험정신은 베토벤
교향곡에 가장 큰 영향을 미쳤다.

tremolo*, 가파른 대비의 효과, 낭송적인 가창recitativo**등 오페라의 어법을 교향곡에 수용한 흔적이 엿보인다. 제49번 「수난」 교향곡에서는 느린 악장으로 시작하고 조성 변화가 없는 옛 교회 소나타 형식을 활용하기도 한다. 또 「런던」 교향곡 시리즈에서 하이든은 교향곡에 생소했던 악기 클라리넷, 트럼펫, 팀파니 등을 적극적으로 활용하여 다채롭고도 신기한 음향을 만들어내는 데 온 역량을 쏟아부었다. 그밖에도 하이든은 악장의 수와 균형, 속도, 스타일, 선법, 악기 편성과 형식 등을 끝없이 실험했다.*** 이 같은 장인 정신은 베토벤이 새로움을 탐구하는 과정에서 중요한 자극제가 되었다.

그러나 가장 중요한 하이든의 공로는 하나의 모티프를 체계적으로 발전시키는 음악적 사고였다. "위대한 작곡가는 교향곡 악장 하나에다 수많은 악상을 기어이 집어넣고야 말겠다는 사람이 아니라, 하나의 구조 속에서 몇 안 되는 기본 악상을 확장하고 발전시킴으로써 전체 악장을 구축할 수 있는 사람"****이다. 이 같은 확장과 발전의 모범을 보여준 이가 곧 하이든이었다. 훗날 주제-동기 작곡법thematisch-motivische Arbeit이라 불리게 된 이 방식에 대해 하이든은 이렇게 말한다.

이러한 당김음은 센박에 쉼표가 오거나 여린박이 길어지는 등 다양한 형태로 만들어지며 리듬에 변화를 주는 데 유용하게 활용된다.

* 트레몰로는 어떤 음이나 화음을 규칙적으로 같은 속도로 반복 연주하는 주법을 말한다. 음악에 격렬한 동적 에너지를 부여하는 데 유용하게 활용된다.

** 레치타티보는 오페라 등에서 주로 극의 내용 전달에 치중하는 보고적인 창법으로서 감정 전달에 치중하는 아리아(aria)와 대조를 이룬다.

*** 데이비드 비커스, 앞의 책, 182-183쪽.

**** 앤드루 후스, 앞의 책, 28쪽.

"나는 … 악상 하나가 떠오르면 온 힘을 다하여 그것을 예술의 법칙에 맞추어 발전시키고 유지하려고 노력한다. 나는 이런 식으로 혼자 힘으로 구축해나가는데, 수많은 신참 작곡가들이 실패하는 것이 바로 이 지점이다. 그들은 작은 작품 하나를 또 다른 작품에 이어붙이고 아직 제대로 시작도 하지 못했으면서 손을 털고 떠나 버린다. 그런 작품은 듣고 나서도 마음에 남는 것이 아무것도 없다."*

교향곡과 소나타 형식

지금까지 우리는 초기 교향곡의 역사를 짤막하게 돌아보았다. 이 과정에서 생겨난 형식이 곧 소나타 형식Sonatensatzform이다. 소나타 형식은 고전주의 교향곡의 핵심 요소다. 사실 소나타 형식이란 음악을 구성하기 위한 사고방식에 가깝다. 작곡가들은 무엇을 어떻게 전달하고자 했을까.

작곡이란 개개의 음에 질서를 부여하여 하나의 음악적 건축물을 만드는 과정이다. 때문에 작곡가는 건축가처럼 길이, 균형, 높낮이, 비중, 강약 등을 고려하여 가장 아름다운 선율과 화성의 조합을 찾아낸다. 그러나 음악은 시간에 속한 예술이기 때문에 변화 자체 또한 재료로 다뤄야 한다. 고전주의 시대에 음악의 변화를 다루는 방식은 안정적인 으뜸화음[1도]과 불안정한 딸림화음[5도] 사이에 발생하는 긴장감과 그 해결이었다.

음악적 긴장감은 어떤 말을 다 끝내지 못하고 중간에서 끊었을 때 나타나는 궁금증과 비슷하다. 예를 들어 어떤 남자가 여자 친구에게 이런 말을 했다고 해보자. "내가 아는 여자 중에 네가 제일 예

---

* 앤드루 후스, 앞의 책, 29-30쪽.

소나타 형식

	세부	조성	특징
도입부			의무사항 아님
제시부	제1주제	1도	단조의 경우 조 옮김 시 나란한조 전조
	연결구	조 옮김	
	제2주제	5도	
	종결구	5도	
발전부	주제 및 동기의 자유로운 변화·발전	조성적으로 자유로움	베토벤 교향곡에서 비중이 좀더 강조됨
재현부	제1주제	1도	제시부와 다른 변화 가능
	연결구	조 옮김 없음	
	제2주제	1도	
	종결구	1도	
코다	전체 악곡의 마무리	조성적으로 자유로움	베토벤 교향곡에서 비중이 좀더 강조됨

쁜 것은 아니지만……." 듣는 이는 여기서 뒤에 어떤 내용이 나올지 궁금해진다. '긴장'이 발생한 것이다. 만일, "마음은 제일 예뻐"라고 하면 조금 상투적이다. 얼굴, 외모 등을 단순히 마음으로만 바꾸었기 때문이다. 하지만 "알수록 예뻐지는 여자는 너 하나뿐이야"라고 하면 그럴듯한 언어유희가 된다. 적절한 변화를 주어 상투성을 벗어나면서도 즐거움을 주는 것이다. 한편 "나도 딱히 훈남은 아니니까 비긴 걸로 하자" 하면 조금은 시니컬한 블랙유머가 된다. 어쨌든 남자는 호기심을 불러일으키면서 말의 목적을 전달한다.

이처럼 작곡가도 궁금증을 유발시켜야 한다.* 그런 긴장감이 있

---

* 독일어에서 악장을 가리키는 '자츠'(Satz)는
원래 문장을 의미한다. 음악의 주제를 문장에 비유하는 것은

어야 청중의 귀를 사로잡고 작곡가가 의도한 감정 상태를 경험시켜 줄 수 있다. 결국 작곡법은 어떤 감정을 흥미진진하게 경험하도록 고안해놓은 '소리의 수사학'이다. 소나타 형식은 이런 '소리의 수사학' 가운데 대립과 균형, 그리고 발전과정을 가장 효과적으로 들려주는 작법이다. 앞서 언급했던 것처럼 소나타 형식은 '합리적 사회의 진보'라는 메시지를 전달하려는 목적으로 생겨나 고전주의 음악의 대표적인 형식이 되었다.

소나타 형식은 크게 세 부분으로 구성된다. 제시부, 발전부, 재현부가 그것이다. 작품 말미에는 마무리 부분인 코다^{coda}가 붙는다.

제시부에서는 주제, 즉 중심내용이 나타난다. 주제는 통상 1주제, 2주제 두 개인데 이 둘은 서로 대립적인 성격으로 구성된다. 또 각 주제 사이에는 이 둘을 구분 짓는 연결구가 존재한다. 발전부에서는 제시된 주제가 다양하게 변형·발전되면서 음악적으로 고조된다. 이때 많은 화성 변화를 겪으므로 곡에서 가장 불안정하고 악상 또한 다채롭다. 재현부에서는 다시금 주제가 반복 제시된다. 발전부에서 높아진 긴장은 다시 안정을 찾는다. 그런데 이때 재현되는 주제는 다소간 변형을 겪는다. 처음과는 달리 발전부 과정을 거쳐온 것이기 때문이다. 코다는 지금까지의 '음악적 발언'을 마무리하겠다는 표시로서 곡의 종결부에 위치한다. 코다 이후 곡은 악상을 정리하며 마무리된다.

이 같은 과정은 마치 변증법의 정반합 과정을 연상시킨다. 1주제와 2주제는 각각 하나의 주장^정과 그것의 반대 주장^반이다. 이들이 만나 열띤 토론을 벌이고 나면 논리적으로 더 단단한 종합^합에 이른다. 음악적 사고는 소나타 형식이라는 상징적 구조를 통해 보다

음악의 논리적 전개를 설명하는 전통적인 방식이다.

고양된 상태에 이르게 되는 것이다.

베토벤은 고전적인 소나타 형식에서 발전부와 코다의 비중을 확연히 늘렸다. 이 두 부분은 모두 조성이 자유롭고 악상의 변화 폭이 크다. 또한 그는 소나타 형식의 세부 요소들을 창의적으로 활용했다. 연결구나 종결부처럼 순전히 기능적인 부분에도 인상적인 악구를 배치하고 전체 악상의 발전에 효과적으로 활용했다. 한마디로 그는 형식을 답습하는 대신 새로운 표현과 의미를 찾아냈다. 자유의 정신을 음악으로 나타내려는 베토벤다운 방식이었다.

베토벤 교향곡 제1번의 초연

1800년 4월 2일, 베토벤 교향곡 제1번의 역사적인 초연은 그를 빈 고전주의의 적통으로 인증하는 자리와도 같았다. 프로그램에는 모차르트의 교향곡 한 곡*과 하이든의 오라토리오 「천지창조」의 아리아가 들어있었고 베토벤의 작품으로는 7중주곡$^{Op.20}$과 피아노 협주곡 제1번$^{Op.15}$이 함께 들어있었다. 다소 의아하지만, 베토벤 자신의 즉흥연주도 공식 프로그램에 들어있었다.

베토벤이 신중하게 준비한 교향곡 제1번은 성공을 거두었다. 빈 음악계는 열광적인 찬탄은 아니지만 흐뭇한 마음으로 '하이든의 제자'에게 박수를 보내주었다. 그것은 "새로운 아이디어가 풍부하고 매우 기술적인 작품"**이었다. 외적으로 베토벤 교향곡 제1번은 빈 고전주의 양식을 성실히 따른다. 1악장 앞의 느린 도입부는 이미 하

---

* 1800년 4월 2일 콘서트 프로그램에는
그저 '모차르트의 교향곡 한 곡'(eine Sinfonie von
W.A. Mozart)이라고만 표시되어 있어 어떤 곡이
연주되었는지는 명확하지 않다.
** Dieter Rexroth, 앞의 책, S.69.

이든이 즐겨 사용하던 방식이었다.* 느린 2악장과 3악장의 미뉴에
트, 재미있는 몸짓과 활기를 잃지 않는 피날레 악장 등은 모두 빈
고전주의의 특징을 생생하게 들려준다. 편성 또한 하이든이 「런던」
교향곡 시리즈 후반부에 선보인 2관 편성을 따른다.**

하이든과 모차르트를 넘어서

당시 사람들은 베토벤의 첫 교향곡을 듣고 하이든과 모차르트를
떠올렸다. 하지만 이 곡을 두고 '거친 하이든'이라거나 모차르트의
「주피터」와 비슷하다고 할 수 있을까? 저명한 음악학자 리슬러[Walter
Riezler, 1878-1965]는 다음과 같이 선을 그으며 베토벤의 독자성을 옹호
한다.

"이 작품들이 아직 하이든과 모차르트의 교향곡에서 벗어나지 못
했다고 결론 내리는 것은 옳지 않으며, 무엇보다 베토벤의 교향
곡 제1번 1악장의 첫 번째 주제와 모차르트의 교향곡 「주피터」의
1악장 1주제를 비교하는 것은 적절치 않다. 모차르트의 주제에서

---

* 12개의 「런던」 교향곡에는 단 한 번의 예외(제97번)를
제외하면 모두 1악장에 느린 도입부가 있다.
모차르트도 제36번 「린츠」나 제38번 「프라하」 등에서
느린 도입부를 사용했다.
** 1790년대 초반만 해도 목관 편성은 플루트 1대와
오보에 2대, 바순 2대의 조합이었다.
그렇다 보니 베토벤으로서는 참고 사례가 많지 않았다.
하이든의 12개의 「런던」 교향곡 중에서 목관악기를
두 대씩 갖춘 것은 다섯 곡, 즉 제99·100·101·103·
104번뿐이었다. 이러한 상황 때문에 그로브(George
Grove, 1820-1900) 경은 베토벤이 클라리넷의
사용법에 대해 모차르트의 오페라에서 더 많은 것을
얻었을 것이라고 추측하기도 한다.

는 베토벤의 주제에서 나타나는 추진력 있는 긴장감이 전혀 감지
되지 않기 때문이다."*

'추진력 있는 긴장감'이라는 표현은 베토벤 음악의 개성을 잘 보
여준다. 조금 바꿔 말하면 베토벤은 음악을 추진시키기 위하여 긴
장감을 조성하고 활용한다. 모차르트의 「주피터」 주제가 비교적 같
은 자리에 머물러 있는 느낌이라면, 베토벤 제1번의 주제는 원래 자
리를 벗어나 다른 곳으로 진행하는 느낌을 준다. 이처럼 베토벤은
대립과 상승 과정을 만들어 듣는 이들을 음악적 '목적지'로 거침없
이 데려간다. 이 같은 추진력은 당대 청중들에게 다소 거칠게 느껴
졌을 것이다. 하지만 이는 미리 연출된 것이었다.

교향곡 제1번 깊이 읽기: 베토벤 교향곡 제1번의 혁신

1악장 느린 도입부 · 아다지오 몰토: 초연 당시에 모두를 놀라게
한 1악장 서주 부분^{아다지오 몰토}은 베토벤식 연출이 어떤 것인지 잘
보여준다. 당시에는 각 조성이 나름의 성격을 지닌다는 통념이 존
속하고 있었다. 아무 조표가 없는 다장조는 바흐의 「평균율 클라비
어곡집」 이래 늘 시작점의 조성으로 받아들여졌고 이후에는 계몽주
의적인 명징함을 상징했다. 그래서 사람들은 '새로운 시작'에 걸맞
은 관습적 표현을 기대했다. 다장조의 팡파르가 울리거나 도-미-솔
화음으로 시작해야 상식적이었다.

하지만 베토벤 교향곡 제1번은 불협화음**으로 시작♪^{처음 부분}한

---

* 발터 리츨러, 『베토벤』, 나주리 · 신인선 옮김,
음악세계, 2007, 201-202쪽.
** 첫 화음은 다장조의 버금딸림음계인
바장조의 속7화음이다.

- 존 엘리어트 가디너
- 혁명과 낭만의 오케스트라
- 아르히브
- 1993

다. 이게 무슨 난센스인가! 관객들은 그 뒤로도 계속 얼떨떨해한다. 불협화음과 협화음을 오가는 느린 도입부가 기대했던 다장조 대신 바장조에서 주저하는 듯 가단조로 빠졌다가 딸림조인 사장조로 옮아간 뒤에야 원래 조성인 다장조에 이르기 때문이다.

　이것은 작품의 주요 모티프를 친절하게 소개하며 관객의 주의를 집중시키는 하이든식의 서주와 다르다. 주의를 끌기는 하지만 일부러 감추면서 궁금증을 유발해 더 강한 몰입을 일으키기 때문이다. 이처럼 불협화음의 시작은 당시 기악음악에서 매우 이례적이었다.*

　1악장 본 악장 · 알레그로 콘 브리오: 1악장의 1주제♪1분 12초 이하와 2주제♪1분 55초 이하는 베토벤의 작곡 기술이 얼마나 탁월한지 잘 보여준다. 이 두 주제는 근본적으로 4도 단위로 된 동일한 음 재료로 되어 있다.** 하지만 베토벤은 같은 재료를 다르게 구성해 서로 상반된 효과를 낸다. 즉 1주제의 선율이 올라가는 도약이라면 2주제는 완만히 내려오는 흐름이고, 1주제의 리듬이 마치 정체된 듯이 진행된다면, 2주제의 리듬은 물 흐르듯 자연스럽다. 또 1주제가 같은 화

---

* 간혹 성악곡에서는 그런 사례가 있었다.
이를테면 바흐의 칸타타 제54번 「그러나 죄악에는 맞서거라」의
첫머리에는 불협화음이 등장한다.
이것은 죄가 일으키는 고통을 표현한다는 측면에서
용인될 수 있었다.
** Renate Ulm, *Die 9 Symphonien Beethovens*,
München·Kassel, 1994, S.62-63.

성 내에 머무른다면 2주제는 화성 변화가 잦고, 1주제를 주로 한 악기로 연주한다면 2주제는 여러 악기가 번갈아가며 연주해* 음색을 달리한다.** 이처럼 유사한 음 재료로 된 두 주제는 선명하게 대비된다. 강렬한 대비 효과는 하이든, 모차르트와는 다른 베토벤의 대표적 특징이다. 발전부의 모방과 대조 효과♪5분 23초 이하 또한 귀 기울여 들어볼 만하다.

1악장 마지막 부분은 확신에 찬 다장조의 합주다. 느린 도입부의 불확실한 느낌과는 정반대의 분위기다. 전체 관현악이 포르티시모fortissimo, 매우 세게로 다장조의 으뜸화음♪7분 49초 이하을 반복한다. 아무리 음악에 문외한이라도 원래 조성과 성격을 분명히 들을 수 있도록 강조하는 것이다. 이 모든 것은 듣는 이의 경청과 몰입을 유도하고 음악적 효과를 증폭시키려는 베토벤의 전략이었다.

2악장 안단테 칸타빌레 콘 모토: 2악장에서도 혁신은 이어진다. 악상 표현의 방점은 칸타빌레cantabile, 노래하듯이보다는 콘 모토con moto, 움직임을 가지고에 찍혀 있다. 통상 2악장에서 기대되는 서정적인 노래 대신 운동성을 유지하는 쪽을 택한 것이다. 1주제 시작 부분에 나타나는 도약이나 다양하게 활용되는 부점 리듬,*** 활기찬 현악의 수식 등이 그런 점을 잘 보여준다.♪처음 부분 하지만 1악장에 비해서

---

* 이 같은 방식을 분절작법(durchbrochene Arbeit)이라 한다.
원래 만하임 악파에서 개발한 것이지만
베토벤 교향곡의 주요 특징으로 자리 잡는다.
** Renate Ulm, 같은 책, S.62-63.
*** 부점은 본음표 길이의 반을 나타내므로
부점 음표는 본음표보다 1.5배 길다. 부점 리듬은 앞음표가
점음표로 되어 있어 앞이 길고 뒤가 짧은 리듬이며
두 음표가 통상 3:1의 비율을 이룬다.

는 반복성이 강하고 추동력은 덜하다. 음역과 셈여림의 폭을 제한하여 잠시 자기 울타리에서 머물며 쉬는 듯하다. 또 서로 대화하는 현악과 목관은 다정하고 친밀한 서정을 드러내준다.

1주제 뒤에 등장하는 팀파니 솔로 ♪1분 18초, 2분 52초 이하는 무척 독특하다. 보통 팀파니는 긴장감을 고조시키는 사이드 효과로 사용되곤 했다. 하지만 베토벤은 보통 선율악기가 맡는 리딩 역할을 타악기인 팀파니에게 맡긴다. 팀파니의 주도로 전체 곡은 행진곡 느낌으로 전환된다. ♪3분 10초-4분 2초 팀파니가 이처럼 주도적으로 사용된 경우는 흔치 않다. 더욱이 베토벤은 이 부분을 위해 팀파니를 2악장의 조성인 바장조 대신 다장조에 맞춰 c음과 g음 조율했다. 이 또한 거의 전례가 없던 일이었다.* 이러한 파격적인 조율을 통해 2악장은 전체 곡의 조성인 다장조와 더 긴밀하게 연결되었다.

3악장 미뉴에트: 3악장은 미뉴에트 Menuett로 되어 있지만 알고 보면 스케르초 Scherzo**다. 보폭이 작은 궁정식 춤 미뉴에트는 우아함이 핵심이다. 예복을 입고 추는 춤이니만큼 동작이 작고 품위 있다. 반면 장난이나 해학을 어원으로 하는 스케르초의 핵심은 과장된 몸짓이다. 동작이 크고 우스꽝스러운 일종의 음악적 '몸개그'인 것이다. 베토벤 교향곡 제1번의 3악장은 피아니시모 pianissimo, 매우 여리게에서 출발하여 금세 포르티시모 fortissimo, 매우 세게까지 커지는 거침없는 움직임이다. ♪처음 부분 그래서인지 '미뉴에트'라는 이름은 거의 반어적

---

* George Grove, *Beethoven and his nine symphonies*, London, 1896, p.9.
** 스케르초는 해학곡을 뜻한다. 강한 셈여림과 움직임을 강조하여 과장된 효과를 낸다. 독일어로 장난을 뜻하는 '셰르츠'(Scherz)와 어원이 같다.

으로 들린다.

한편 미뉴에트나 스케르초는 모두 세도막 형식$^{A-B-A}$을 취하는데 가운데 부분^{B}인 트리오는 보통 활달한 스케르초와 달리 목가적인 느낌을 주는 경우가 많다. 여기서도 목관의 서정적인 울림은 앞부분과 좋은 대조를 이룬다.♪¹분 27초 이하 하지만 현은 음량을 줄여 재빠르게 움직이며 첫 부분과의 통일성을 유지한다. 마치 질풍노도와 감상주의가 한 악곡에 붙어 있는 듯한 이 미뉴에트는 이 곡에서 가장 베토벤다운 악상이자, 작곡가 베를리오즈$^{Hector\ Berlioz,\ 1803-69}$의 말대로 "탁월하게 만들어진, 살아있는 음악"*이다.

4악장 아다지오 – 알레그로 몰토 에 비바체: 피날레 악장은 1악장 도입부의 마지막 부분을 연상시키는 일곱 마디짜리 '아다지오'^{adagio,} 천천히·매우 느리게로 시작된다.♪처음 부분 비록 짧지만 곡의 첫머리, 곧 느린 도입부와 피날레 악장을 논리적으로 이어주는 역할을 한다.

리츨러에 따르면 이 피날레 악장은 "베토벤의 악장으로는 유일하게 하이든이 설정해놓은 표현의 한계 속에 머물러 있다."** 아직 베토벤다운 결말로 나아가지는 못하고 하이든의 유머와 밝음을 이어받고 있기 때문이다. 1주제♪²0초 이하와 2주제♪59초 이하가 짧은 간격으로 등장하는 것이나 악기 간의 모방이 자주 사용되는 것도 하이든스럽다.

하지만 이 악장은 선배들이 확립한 음악어법을 능수능란하게 다루는 베토벤의 숙련성을 잘 보여준다. 익살스럽게 음계를 타고 상

---

* Martin Geck, *Die Sinfonien Beethovens*, Hildesheim, 2015, S.68.
** 발터 리츨러, 앞의 책, 202-203쪽.

본에 있는 베토벤 생가.

본에 있는 베토벤 동상.

승하는 바순에 현악이 벌떼처럼 합세하는 장면♪51초 이하이나 트레몰로와 타격이 두드러지는 부분♪1분 13초-1분 30초에서 베토벤다운 활달한 에너지를 들을 수 있다.

교향곡 제1번의 남은 이야기

이 곡은 원래 본의 선제후 막시밀리안 프란츠에게 헌정될 예정이었다. 하지만 1801년 7월 26일, 선제후가 갑자기 서거하자 네덜란드 출신의 외교관이자 빈 최고의 음악후원자 스비텐Gottfried van Swieten 남작이 새 헌정대상자가 되었다. 이 일은 베토벤의 작곡 여정에 상징적인 의미를 지니게 된다.

스비텐 남작은 여러모로 자격을 갖춘 사람이었다. 빈 황실 도서관장이었던 그는 르네상스 및 바로크 음악의 열성적 수집가이자 공연기획자였다. C.P.E. 바흐에게 교향곡 작곡을 독려하고, 모차르트에게 바흐의 「평균율 클라비어곡집」을 소개했으며 하이든의 대작 오라토리오 「천지창조」와 「사계」의 대본을 직접 썼다. 말 그대로 그는 음악계의 거물이었다. 바흐, 모차르트, 하이든의 후원자가 베토벤의 후원자가 되었다는 사실은 곧 베토벤이 그들의 후계가 되었음을 뜻한다.

베토벤은 음악의 수도 빈에 정착했다. 원래 베토벤은 하이든과의 수업을 마친 뒤 다시 본으로 돌아와 할아버지의 뒤를 잇는 궁정악장이 되고 싶었다. 하지만 1794년 나폴레옹이 라인동맹국에 주둔하고 1801년 2월, 쾰른 선제후국이 뤼네빌 협정에 의해 와해되자 그 계획은 실현 불가능한 것이 되어버렸다.

그것은 일련의 고향 상실의 경험이었다. 1787년 첫 번째 빈 여행 후 어머니가 별세했다. 두 번째 빈으로 떠난 1792년에는 아버지가 세상을 떠났다. 이제 나라와 궁정악장 자리마저 없어졌으니, 고향

본과 베토벤을 연결하는 끈이 희미해져가고 있었다.

베토벤의 첫 교향곡은 그런 면에서 말 그대로 '새로운 시작점'이었다. 베토벤은 마음속에 그리던 본을 완전히 뒤로 하고 새로운 고향을 받아들였다. 새로운 고향은 베토벤을 양자 들일 준비가 기꺼이 되어 있었다.

2 하일리겐슈타트

교향곡 제2번 라장조 Op.36

- **작곡 시기**   1801-1802년, 빈과 하일리겐슈타트
- **헌정**   카를 폰 리히노프스키 공작
- **초연**   1803년 4월 5일, 안 데어 빈 극장,
  베토벤 자신이 직접 지휘
- **초판**   예술산업국, 빈, 1804년
- **편성**   플루트2, 오보에2, 클라리넷2, 바순2,
  호른2, 트럼펫2, 팀파니, 현악
- **악장**   1악장 아다지오 몰토(3/4박자)-알레그로 콘 브리오(4/4박자)
  2악장 라르게토(3/8박자)
  3악장 스케르초·알레그로(3/4박자)
  4악장 알레그로 몰토(2/2박자 알라 브레베)
- **연주 시간**   약 35분

스타의 성공 가도

모든 것이 잘되어 가는 듯했다. 1800년의 첫 아카데미 이후 베토벤의 주가는 눈에 띄게 높아졌다. 특히 발레음악 「프로메테우스의 창조물」^{Op. 43}은 큰 반향을 일으키며 1801-1802년 사이 스물세 차례나 공연되었다. 피아노 음악 또한 최고의 찬사를 듣고 있었다. 베토벤의 명성은 이제 국제적인 것이 되기 시작했다.

베토벤의 가장 충실한 친구가 된 리히노프스키^{Karl von Lichnowsky, 1761-1814} 공작은 이때부터 베토벤에게 연금을 제공하기 시작했고*

---

* 그들 부부는 다락방을 전전하던 베토벤을
자기 집으로 불러들여 허물없이 대했고,

그때부터 베토벤의 사정은 극적으로 나아졌다. 뛰어난 재능에 대한 감식안을 지니고 있었던 그들에게 베토벤의 촌스러움이나 건방짐은 그리 문제될 게 없었다. 그런 '귀여운' 결점은 오히려 이 천재에게 자신들의 너그러운 보호가 필수적임을 정당화해주었기 때문이다.

이 시기 베토벤의 처지를 가장 잘 말해주는 기록은 친한 친구 베겔러Franz Gerhard Wegeler, 1765-1848에게 보낸 1801년 6월 29일자 편지다. 편지의 첫머리는 고향과 친구에 대한 그리움으로 시작된다.

1801년 6월 29일, 빈에서

나의 착한 베겔러, 나를 생각해주어 얼마나 고마운지 몰라. 그럴 만한 사람도 못 되고 별로 애쓴 것도 없는데 너는 늘 내게 호의를 보여주니까. 나의 용서받기 어려운 나태함이나 그밖에 다른 아무 것도 너를 방해하지 못하지. 너는 언제나 진실하고 우직한 친구로 남아 있을 거야. 내가 너를, 아니 그 시절 내게 너무나 사랑스럽고 소중했던 너의 가족 전부를 잊어버렸다고 생각하지만. 아니야! 너와 함께 머물던 그 시간을 순간순간 나 역시 그리워하고 있어. 내 조국, 내가 세상의 빛을 처음 보았던 그 아름다운 지방은 내 마음속에 늘 아름다워. 마치 떠나올 때처럼 여전히 내 눈 앞에 선해. 친구들을 만나고 우리 조국의 라인강을 다시 볼 수 있다면

빈 귀족사회의 후원자들을 소개해주었다.
일찍이 공작부인의 어머니 툰 백작부인(Maria
Wihelmine von Thun, 1744-1800)은
글루크와 하이든, 모차르트의 후원자였고 리히노프스키 공작은
그 덕에 모차르트에게 직접 피아노를 배웠다.
장성한 공작 내외는 그러한 가풍을 따라 자연스럽게
베토벤의 후원자가 되었다. (메이너드 솔로몬, 『루트비히
판 베토벤』 1, 김병화 옮김, 한길아트, 2006, 172-179쪽.)

괴델(Goedel), 「카를 폰 리히노프스키 공작」(1810).

나는 그 시간을 내 삶에 주어진 가장 행복한 시간이라 여기게 될 거야. 언제나 그게 가능할까? 정확히 모르겠다.

베토벤은 곧 화제를 돌려 빈에서의 생활과 그간 이룬 성취를 자세히 전한다. 여기에는 베토벤이 빈에 계속 머무르기로 결심했음이 분명히 드러난다. 경제적인 안정을 기대할 수 있었기 때문이다.

너희들이 제대로 성장하고 있는 나를 보게 될 거라는 사실에 대해서는 해줄 말이 많아. 단순히 예술가로서뿐만 아니라 한 인간으로서도 더 나아지고 더 완전해진 모습을 볼 수 있을 거야. 사실 내 처지도 고향에 있을 때보다 더 나아졌어. 내 예술은 가난한 이들에게 보여주는 것이 가장 좋을 거야. 오! 행복한 순간이여, 내가 너를 이리로 데려올 걸 생각하면 얼마나 좋은지 몰라. 아니면 네가 직접 와도 좋을 거야. 내 사정이 어떤지 너는 궁금하겠지. 말한 대로 내 사정은, 그래, 그리 나쁘지 않아. 네가 믿기 어려울지도 모르지만, 작년부터 리히노프스키 공작이 600플로린에 달하는 금액을 보장해주었어. 그는 점점 더 따뜻한 우정을 나누는 친구가 되었고 지금도 그래—사소한 다툼이야 있었지만 바로 그게 우리 사이의 우정을 더 단단하게 해준 게 아닐까?—어쨌든 그 후원금은 내가 내게 어울리는 안정적인 직위를 찾을 때까지 당겨 쓸 수 있는 고정적인 지원금이야.

베토벤의 형편이 나아진 것은 전적으로 귀족의 시혜 때문만은 아니었다. 이때 빈과 유럽의 출판사들은 베토벤이라는 새로운 스타를 붙잡으려 경쟁하고 있었고 그는 이 상황을 잘 이용하여 상당한 수익을 올렸다. 그는 향후 유럽 제일의 악보상이 될 호프마이스터 사

크리스티안 호르네만(Christian Hornemann),
「루트비히 판 베토벤」(1803).

^{페터스 사의 전신}에 자기 요구를 대부분 관철시켰고, 스스로 최고가 아니라고 생각하는 작품은 선심 쓰듯 싼 가격을 제시하는 여유까지 부렸다.* 어쨌든 출판을 통한 경제적 자유는 자신의 예술적 자유를 지키기 위한 기반이 될 수 있었기에 매우 중요했다.

내 작품도 내게 많은 것을 줄 수 있게 되었어. 사실 내가 쓸 수 있는 것보다도 작곡 위촉이 더 많이 들어오고 있다고도 말할 수 있을 거야. 게다가 작품마다 예닐곱 출판사가 달라붙는데, 내가 좀더 신경을 쓰면 더 많을 수도 있어. 이제는 내게 흥정을 붙이는 사람은 없어. 내가 요구하면 그들은 지불하지. 네가 보다시피 내 상황은 괜찮아. 이를테면 내가 곤경에 처한 친구를 하나 보았다 치자. 마침 내 주머니 사정이 곤란을 겪어 당장은 그를 도울 수 없어도 내가 그저 궁둥이를 붙이고 앉아 있으면 얼마 지나지 않아 그를 도와줄 수 있어. 게다가 나도 여느 때보다 더 아껴서 생활하고 있어. 내가 여기 계속 머물러 있기로 한다면, 매년 열리는 아카데미를 계속 이어갈 수도 있을 거야. 벌써 몇 번 열었지.

베토벤은 이때 언제든지 작곡만 하면 돈을 벌 수 있는 상황이었다. 빈에 정착한 지 10년이 채 못 되어 가장 각광받는 음악가로 자리 잡은 것이다. 한마디로 그는 자신감에 차 있었다.

때아닌 불청객, 난청

여기까지의 편지는 젊은이다운 희망과 성취에 대한 긍정적 전망

---

* 음악 출판업자 호프마이스터(Franz Anton Hoffmeister, 1754-1812)에게 보내는 1801년 1월 15일자 베토벤의 편지 참조.

으로 가득하다. 하지만 갑작스럽게 어두운 그림자가 드리워진다. 기운찬 발걸음에 끼어드는 고통의 타격. 이 편지는 마치 베토벤의 여러 음악과 비슷한 울림을 준다.

하지만 질투심 많은 악마가 고약한 돌멩이를 널판에 던져놓은게 흠이야. 건강이 안 좋아. 사실 내 청력이 지난 3년 이래로 점점 약해지고 있어. 아마 내 아랫배 문제 때문에 그런 것일 텐데, 너도 내가 그때 얼마나 고생했는지 잘 알잖아. 그런데 빈에 온 뒤로는 더 심해져서 설사가 그칠 날이 없고 기운이 없었거든. 프랑크Johann Peter Frank, 1742-1821, 베토벤의 주치의는 강한 약을 써서 내 몸에 정상적인 음률을 되돌려주려 했지. 청력을 위해서는 아몬드 기름을 썼고 말이야. 하지만 뭐가 달라질 게 있었겠어. 내 청력은 점점 더 나빠졌고, 아랫배는 지난번 처방 이후에도 작년 가을까지 그대로여서 나는 가끔 절망스럽기까지 했어. 어떤 돌팔이 의사는 내가 이런 상태인데 냉수욕을 권하기까지 했어. 하지만 좀더 생각 있는 의사는 미지근한 도나우강에서 목욕을 하라고 권했어. 그랬더니 복통은 좀 가라앉았지만 청력은 여전히 안 좋았고 오히려 더 나빠지는 것 같았어. 이번 겨우내 나는 정말로 비참했어. 끔찍한 복통이 찾아왔고 다시 예전 상태로 되돌아간 것만 같았지. 그렇게 4주를 보냈어. 그 뒤 나는 페링Gerhard Ritter von Vering, 1755-1823을 찾아갔지. 이런 상태라면 외과의사에게 보여주어도 좋을 것 같았어. 나는 그 사람을 늘 신뢰하기도 했고 말이야. 아니나 다를까 그는 이 격렬한 설사를 멎게 하는 데 성공했어. 그는 미지근한 도나우 온천욕을 처방했고 목욕 때마다 나는 건위제 한병을 물에 쏟아부어야 했지. 처음에는 약을 주지 않다가 4일 전위에는 알약을, 귀에는 차를 처방해줬어. 나는 좀더 나아지고 건

강해진 기분이야. 하지만 귀는 여전히 밤낮없이 쐬쐬, 웅웅거리는 소리가 들려. 내가 말할 수 있는 건 그저 평생토록 이런 고통을 겪을지도 모르겠다는 것 정도야.

의사에 대한 불평과 처방 효과에 대한 논평이 조금 수다스럽게 늘어져 있는 이 이야기의 전말은 호전된 위장 상태와 대비되는 청력의 악화다. 베토벤은 난청이 영속적인 것이 될 수도 있다는 불안을 마주하게 된다. 작곡가에게 귀가 들리지 않는다는 사실은 얼마나 치명적인가. 그런데 이 편지에 나타나는 불안감을 자세히 살펴보면 조금 의외의 사실을 발견할 수 있다. 베토벤은 귓병이 유발할지도 모르는 음악적 불능 상태보다는 그로 인한 사회적 고립을 더욱 불안해하고 있다.

사실 2년 전부터 나는 모든 모임을 꺼려왔어. 사람들에게 "나는 귀가 먹었어요"라고 말하는 건 있을 수 없는 일이거든. 다른 직업을 가지고 있다면 진즉에 그렇게 했겠지만, 음악가 세계에서 이건 고약한 일이야. 나를 적대하는 이들이—그 수가 결코 적지 않은데—무슨 말을 더 갖다 붙일지 몰라. 귀가 먼다는 게 얼마나 기가 막힌 장애인지 예를 들어 설명해볼게. 나는 극장에서 오케스트라 앞자리에 바싹 붙어 앉아야만 배우가 무슨 말을 하는지 알아들을 수 있어. 악기나 성악의 높은 소리는 조금 떨어진 곳에서는 전혀 들리지 않아. 그런데 아직 사람들에게 들통나지 않았으니 정말 놀라운 일이지. 내가 자주 딴생각을 하느라 산만하니까, 그냥 그런가보다 생각하나봐. 가끔씩 사람들의 말이 들리기도 하지만, 나직한 목소리는 전혀 들리지 않아. 소리 자체는 들리는데 내용은 안 들린다고 하면 정확할 거야. 그리고 누군가가 소리를 지르면 견디기 어려울 정도로 힘들어. 이 일이 이제 어떻게 진행될지 그건 하늘만 아실 일이지. 페링은 비록 완전히 나아지지는 않더라도 분명히 더 좋아질 거라고 말하지만 나는 벌써 여러 번 창조주와 내 존재 자체를 원망했어.

이상한 일이다. 연주나 작곡을 못 하게 될까봐 두렵다는 말은 없다. 그것이 일차적이고도 근본적인 문제일 텐데 말이다. 생계에 대한 고민도 없다. 오히려 그는 다른 사람들이 이상하게 볼까봐, 다시 말해 난청이 음악가 이미지에 해를 입힐까봐 두려워한다. 어쩌면 그는 아직까지 예술적 능력의 상실을 걱정하지 않았는지도 모른다. 베토벤의 청력이 급속히 나빠지는 것은 1812년 이후이기 때문이다. 그럼에도 음악 역량의 감소보다 난청이 몰고 올 의혹에 대해 먼저 걱정하는 것은 조금 특이하다. 어쨌든 베토벤은 자신의 영웅적 기질을 드러내며 다음과 같이 편지를 이어간다.

플루타르코스Plutarchos, 46-120 추정, 『영웅전』을 쓴 고대 그리스 철학자는 나를 체념으로 이끌어주었지. 하지만 다른 게 가능하다면 나는 기꺼이 내 운명에 저항하고 싶어. 비록 지금 이 순간 내가 신의 피조물 가운데 가장 불행한 자라 할지라도 말이야. 부탁한다. 아무에게도, 로르헨베겔러의 아내에게도 내 상태에 관한 이야기를 하지 말아줘. 오직 너에게만 비밀로 털어놓는 거니까. 내 상태가 어떻게 되어가는지 알고 싶으면 나중에 페링과 편지를 주고받는 게 더 좋을 거야. 그리고 내년 초쯤 내가 한번 너에게 갈게. 네가 어디 괜찮은 시골에다 집을 좀 알아봐주면 좋겠다. 그러면 나는 한 반년쯤 뒤에는 농부가 되어 있겠군. 어쩌면 그로 인해 뭔가 좀 바뀔지도 모르지. 체념이라. 이 무슨 비참한 도피책이란 말인가. 그런데 내게 남아 있는 것이 오직 그것 하나뿐이라는 말인가.

이 고백에는 베토벤 음악의 핵심이 담겨 있다. 체념하면서도 운명에 맞서 싸우려는 기질이 여기에서 드러난다. 난청의 괴로움을 최초로 고백한 이 시기에 베토벤은 그 어느 때보다 정열적으로 작곡에 임했다.

어떻게 듣지 못하면서도 쓸 수 있었을까. 저명한 심리학자 색스 Oliver Sacks, 1933-2015 는 이를 '음악적 심상 능력'이라는 말로 설명한다.

"전문 음악가들은 일반적으로 놀라운 음악적 심상 능력을 소유하고 있다. 실제로 많은 작곡가가 작곡을 시작할 때 악기가 아니라 마음으로 하며 음악 전체를 머릿속에서 작곡하기도 한다. 대표적인 예가 베토벤이다. … 그의 음악적 심상 능력은 청각장애로 한층 강화되었다고도 볼 수 있는데, 정상적인 청각 입력이 중단되면 청각 피질이 극도로 민감해지고 음악을 마음속으로 떠올리는 능력─때로는 음악 환청도─이 강화되기 때문이다."*

색스의 말대로 베토벤은 뛰어난 상상력으로 청각장애를 극복했으며 오히려 난청 상태는 독창성의 밑거름이 되었다. 베토벤은 훗날 후원자이자 제자인 루돌프 Rudolph Johann Joseph Rainer von Österreich, 1788-1831 대공에게 이렇게 말하기도 했다.

피아노를 사용하지 않고 작곡하는 것이 필요합니다. 고귀한 사람

* 올리버 색스, 『뮤지코필리아』, 장호연 옮김, 알마, 2012, 62-63쪽.

들에게 본질적으로 요구되는 것이지만, 우리가 바라고 느끼는 것을 머릿속에 그려볼 수 있는 능력은 차츰차츰 생기게 마련입니다.*

장애를 뛰어넘는 음악적 상상력. 그것이 베토벤이 운명에 맞서는 방법이었을 것이다. 그렇다면 사회적 고립에 대한 불안은 더 이상 음악으로 직접 소통할 수 없다는 좌절감 때문인지도 모른다. 작곡이라는 간접 활동은 가능하지만, 연주라는 직접 소통은 불가능해진 절름발이 상태. 완성형 음악가였던 베토벤에게 이는 말할 수 없는 고통이었으리라.

3개월 후, 베토벤은 빈 근교의 하일리겐슈타트에서 유서를 쓴다. 이 글에는 두려워하는 영혼의 떨림과 불굴의 용기가 모순을 일으키면서도 한 몸을 이루고 있다. 내면에서 벌어진 치열한 전쟁과 그 최종 결론이 바로 이 글의 주제다.

하일리겐슈타트에서 쓴 유서

나의 동생 카를과 ○○** 베토벤을 위해
오 그대들, 나를 적대적으로 뒤틀린 사람이라 여기고 인간혐오에 빠진 이라 말하는 사람들아, 그게 나에게 얼마나 부당한 일이었는지 그대들은 모른다. 너희들은 내가 그렇게 보일 수밖에 없는 숨겨진 이유를 짐작도 못 한다. 나의 마음과 생각은 어린 시절부

* 로맹 롤랑, 『베토벤의 생애』, 이휘영 옮김,
문예출판사, 1998, 130쪽.
** 베토벤의 자필 유서에는 두 번째 수신자의 이름이
공란으로 비워져 있다.

터 줄곧 스스로 위대한 일을 해내겠다는 선한 의지의 온정 어린 감정을 향했고, 언제고 그걸 생각하면 가슴이 두근거렸다. 하지만 지난 6년 동안 내게 닥쳐온 회복할 길 없는 상태에 대해 내 입장에서 생각해보아라. 지각없는 의사들 때문에 앞으로 더 나아질 거라는 헛된 희망에 기만당한 채 나는 결국 이 질병이 영영 지속될 수밖에 없다는 사실을 인정할 수밖에 없구나. 이 병이 낫는 데까지는 아마도 수년이 걸리거나 아예 낫지 못할지도 모른다.

이 유서의 첫머리는 조금 이상하다. 먼저 수신자의 이름 가운데 카스파르 안톤 카를 판 베토벤Kaspar Anton Karl van Beethoven, 1774-1815의 이름은 나오지만 막냇동생 니콜라우스 요한 판 베토벤Nikolaus Johann van Beethoven, 1776-1848의 이름은 고의적으로 누락되어 있다. 이 문제에 관해서는 솔로몬Maynard Solomon, 1930- 이 정신분석학적인 견지에서 베토벤의 가족사를 분석하며 상세하게 설명한 바 있다. 막냇동생 요한의 이름이 아버지 요한과 관련된 트라우마를 연상시키기 때문에 무의식적으로 그 이름을 회피하고자 했다는 것이다.*

한편 수신자를 가리키는 전치사 '-에게'an를 지우고 '-를 위해'für로 고친 점도 일반적이지 않다. 이 경우 유서의 직접적인 수신인이 다소 모호해진다. 게다가 유서의 첫마디는 엉뚱하게 동생들이 아니라 불특정한 다수를 향한 말이고 내용 또한 자신이 받아온 '인간혐오자'라는 오해에 관한 해명이다. 또한 이 글이 실제로 부쳐진 적이 없으며 베토벤 사후 서류 뭉치에서 발견되었다는 것도 의혹을 던져준다.

베토벤은 대체 누구에게, 왜 이 유서를 남긴 것인가. 유서의 다음

＊ 메이너드 솔로몬, 앞의 책, 290-300쪽.

은 사회적 고립에 대한 불안이 격정적이고 극적인 언어로 이어진다.

불같이 활발한 천성을 타고나 가벼운 심심풀이 모임도 기꺼이 받아들이는 편이지만, 나는 일찍이 그런 관계를 끊고 혼자만의 삶을 보내야만 했다. 나도 가끔씩은 모든 것을 떠나 바깥으로 나가고 싶었지만, 오 얼마나 가혹한가, 나빠진 청력 때문에 겪는 두 배로 우울한 일들은 나를 걷어차 도로 제자리에 처박아 놓는구나. 그렇다고 사람들에게 "더 크게 말해주세요, 아예 소리를 지르세요, 나는 귀가 먹었으니까요"라고 말하는 건 불가능하다. 아, 차라리 내 오감 중 하나가 퇴화되었다는 것을 말해도 괜찮다면 얼마나 좋을까. 다른 이들보다 더 나아야 하고 완전한 수준이어야 하는 그 감각을, 내가 한때 내 분야에서도 단지 몇몇만이 가지고 있을 그런 완벽한 상태로 지니고 있었던 그 감각을! 오 그런데 나는 이제 그렇게 들을 수가 없다.

그러니 나를 용서해다오. 내가 기꺼이 너희들 틈에 섞여야 할 때 움찔움찔 뒤로 물러나더라도 말이다. 그때마다 나는 오해를 사지 않을 수 없으니 나의 불행은 내게 두 배의 고통을 안겨준다. 사람들과의 만남에서 오는 위안이나 섬세하고 미묘한 담소의 즐거움, 서로가 주고받으며 흐르는 풍성한 감정의 교류 따위는 내게 일어나지 않는다. 완전히 홀로 떨어져 있으니 아무리 많아 봐야 꼭 필요한 경우에만 그런 모임 속에 들어갈 수 있겠지. 마치 추방당한 사람처럼 살아야 할 거야. 내가 그런 모임에 가까이 갈 때마다 불길처럼 공포가 나를 엄습해온다. 내 상태가 폭로될 위험에 처할까 두려워서다. 지난 반년간도 그랬지. 분별 있는 의사가 내 청력을 되는대로 보호해야 한다며 처방을 내린 대로 나는 시골에서 지냈다. 그건 지금의 내 타고난 성격에 맞는 조치였어. 가끔씩 사람들을 만나고 싶다는 충동에 마음을 빼앗겨 그리로 이끌려가기도 했지만, 하지만, 얼마나 기가 꺾이던지! 누군가 내 옆에 서서 멀리서 들려오는 플루트 소리를 듣는데, 나는 아무것도 듣지 못한다면, 혹은 옆 사람이 목동의 노랫소리를 듣는데, 나는 이번에도 아무것도 듣지 못한다면. 그 같은 사건을 겪으며 나는 점점 절망하게 되었다.

이것은 베겔러 편지에서 나타나는 것과 비슷한 '청력 상실의 서사'다. 솔로몬은 이 글을 베토벤이 충동에 의해 우발적으로 쓴 게 아니라 자기 검열과 개작 과정을 거친 '정서된 필사본'임을 강조한 바 있다.* 확실히 이 글은 베겔러 서신보다 단정하게 정돈되어 있고 다소 상투적인 문학적 격정도 군데군데 배치되어 베토벤이 모종의 의도를 가지고 첨삭했음을 알 수 있다. 그 같은 의도적인 개작은 아마도 다음 부분을 강조하기 위한 문학적 장치였을 것이다.

내가 내 손으로 내 삶을 끝내는 데 별로 모자란 것은 없어 보이지만 오직 예술, 그것이 나를 다시 붙들어주었다. 아, 내게 두근거림을 느끼게 해준 이 모든 것을 이루기 전에 세상을 뜬다는 건 내게 불가능해 보인다. 그래서 나는 이 비참한 삶의 기한을 연장하기로 했다. 진정 비참한 것은 최고로 좋다가도 금방 최악의 상태로 곧잘 빠져드는 이런 예민한 신체다. 인내, 말하자면 이제 나는 인내를 내 인도자로 삼아야겠다. 그게 곧 나의 결심이지만, 인내를 품고 오래도록 견딜 수 있기를 바라야겠다. 자비를 모르는 저 운명의 여신들 눈에 들어 내 명줄이 끊어지기까지 말이다. 잘 될지

* 메이너드 솔로몬, 앞의 책, 294-295쪽.

안 될지 모르지만, 이제 난 체념한 상태다. 겨우 스물여덟의 나이에 철학자 되기를 강요당하다니, 다른 누구보다도 예술가에게 이건 쉽지 않은 일이다.

베토벤다운 반전이 이 부분에서 나타난다. 유서는 보통 죽음에 앞서 남기는 글인데 베토벤은 삶을 연장하겠다고 한다. 때문에 죽음을 염두에 두고 이 글을 읽는 사람은 조금 혼란스럽다. 하지만 베토벤은 살고 싶어서 죽음을 회피한 게 아니라 죽음을 잠시 미뤄둔 것에 가깝다. 그로서는 더 비참한 쪽―즉 들을 수 없는 삶―을 선택하는 것이니 말이다. 죽음보다 더 비참한 삶을 받아들임으로써 죽음 또한 이미 받아들였으나, 아직은 그 실현을 유예해 둔 것이다. 이처럼 이미 찾아온 죽음을 아직 유예한다는 생각은 기독교적 세계관과 근본적으로 맞닿아 있다. 이를테면 하나님을 떠난 인간은 교리적으로 이미 죽은 상태이지만, 하나님의 은혜로 아직은 최종적인 죽음을 연기받은 채로 살아가고 있다는 설명이 그와 같은 종류의 것이다.* 이와 비슷하게 귓병에 걸린 베토벤도 이미 죽은 것과 같다. 그가 살아 있는 것은 오직 그에게 남아 있는 예술적 사명 때문이다.

결국 베토벤은 이미 찾아온 죽음의 유예 기간에 예술가로서의 사명을 이루겠다고 선언한다. 그런 면에서 이 글은 독일어 '테스타멘트'^{Testament}의 일반적인 뜻인 '유서'라기보다는 '구약성서'^{Alte}

---

* 예를 들어 사도 바울은 갈라디아서 2장 20절에서
복음 전파의 사명을 받은 자신의 삶을 다음과 같이 설명한다.
"내가 그리스도와 함께 십자가에 못박혔나니 그런즉 이제는
내가 산 것이 아니요 오직 내 안에 그리스도께서 사신 것이라
이제 내가 육체 가운데 사는 것은 나를 사랑하사
나를 위하여 자기 몸을 버리신 예수 그리스도를 믿는
믿음 안에서 사는 것이라."

Testament나 '신약성서'Neue Testament 등의 단어에서처럼 '서약'의 의미로 읽힐 수도 있다. 그렇다면 다음 부분에서 신의 이름을 부르는 것은 자연스러운 사고의 흐름이라고 할 수 있다.

신이시여, 당신은 내 마음속을 굽어보시오니, 당신은 보아 아시고 또 겪어 아십니다. 내 마음속에 인간에 대한 사랑과 선행을 하려는 열망이 자리 잡고 있음을. 오 그대 인간들이여, 만일 그대들이 언젠가 이 글을 읽거든, 그대들이 나에게 공정하지 않았다고 여겨주길 바란다. 혹 그 불행한 남자는 그와 처지가 비슷한 어떤 이를 찾아내고 스스로 위로받을지도 모를 일이다. 그는 정말로 존엄한 예술가와 인간들 사이에 받아들여지기 위해 모든 본성에 결함이 있는데도 자기 능력껏 할 수 있는 모든 것을 다하였노라고.

베토벤은 신과 동료 인간들 앞에 자신의 체념을 토로한다. 사랑과 선행에 대한 열망 곧 사람들 사이에 받아들여지기 위한 그의 모든 노력은 그의 '죽음'과 더불어 실패로 돌아갔다. 베토벤은 바로 이 지점에서 인간적으로도 훌륭하고 사회적으로도 존경받는 인간이 되기를 포기했다. 다르게 말하면 인간 베토벤은 죽고 예술가 베토벤만이 살아남았다. 하지만 이는 베토벤이 인간적 의무를 도외시하고 예술 속으로 도피했다는 의미가 아니다. 귓병이라는 운명, 다른 말로 하면 섭리가 그를 그런 고난의 길로 이끌었다는 의미다. 베토벤은 이제 그러한 섭리를 받아들이고 다른 차원의 예술가로 거듭나게 되었다. 뒤에 이어지는 내용은 다음과 같다.

너희들 내 동생 카를과 ○○아, 내가 죽으면, 슈미트Johann Adam Schmidt, 1759-1809, 베토벤의 주치의 교수에게 청하여 내 병에 대한 진단명을 적고 내 병력에 관한 내용을 이 글에다 첨부해라. 그렇게 하면 적어도 내 죽음 뒤에라도 가능한 대로 세상과 내가 화해하는 일이 되지 않겠느냐. 나는 너희 둘을 여기 내 작은 유산의 상속자로 선언한다. 그걸 그렇게 부를 만하다면 말이다. 그것을 공정하게 나누고 잘 관리하고 서로 도우며 지내라. 너희들이 날 거스른 일은 너희도 알겠지만 이미 진즉에 용서했다. 내 동생 카를에게 고맙다는 말을 해야겠구나. 최근 내 마지막 나날들에 네가 보여준 애정 어린 우의에 대해 감사한다. 나는 너희들이 나보다는 좀더 낫고 걱정거리 없는 삶을 살았으면 한다. 그게 내 소원이다.

이 부분은 유서에 꼭 포함되어야 할 사후 처리를 넣은 듯하다. 이글을 그럴듯한 것으로 보이게 하려는 의도가 있었을 것이다. 하지만 더 중요한 것은 죽어서라도 세상에 기여하고 싶다는 집착에 가까운 욕구다. 마치 자신에게 남은 성한 장기를 남김없이 기증하려는 말기 환자처럼 베토벤은 자기 귓병도 세상을 이롭게 하는 방향으로 쓰일 수 있다고 믿은 것이다. 누군가의 지독한 고통이 다른 이에게는 유익이 되는 일. 그가 말한 '화해'는 이런 것이었을까.

너희 아이들에게 덕 있는 삶을 살라고 가르쳐라. 그것만이 행복을 주니까 말이다. 돈이 중요한 게 아니다. 다 겪었기에 하는 말이다. 나 자신을 곤궁에서 건져준 것은 미덕, 그것이었다. 그 덕분에, 또 나의 예술 덕분에 나는 내 삶을 자살로 끝내지 않을 수 있었다.
잘 있거라. 서로 사랑하며 살아라. 내 벗들, 특히 리히노프스키 공작과 슈미트 교수에게 감사의 말을 전한다. 리히노프스키 공작이 준 피아노는 너희 중 한 사람이 가졌으면 하는 마음이지만, 그것

때문에 너희가 싸우는 일이 생긴다면, 차라리 그것을 뭔가 요긴한 데 사용해라. 그러니까 그냥 팔아버려도 나는 기쁠 것이다. 무덤 아래서도 너희들에게 도움을 주는 셈이니까 말이다. 그 일이 닥쳐온다면 나는 죽음을 기쁘게 반기며 마중 나갈 것이다. 아직 내 모든 예술적 능력을 펼칠 기회를 얻기도 전에 죽음이 찾아온다면, 내 잔혹한 운명에도 불구하고 그건 너무 빨리 닥쳐오는 일일 것이다. 그래서 나는 조금만 더 늦게 오기를 바랄 것이다. 하지만 죽음이 빨리 찾아온다 해도 받아들일 것이다. 죽음이 이 끝없는 시련의 상태에서 날 풀어주려는 것 아니겠는가.

오라, 죽음이여. 그대가 원할 때, 나는 그대에게 용기 있게 마중 나가겠다. 잘 있거라. 그리고 내가 죽더라도 날 아주 잊지는 말아다오. 살아오면서 너희를 자주 생각했고 행복하게 해주려고 고민을 많이 했으니 그럴 자격은 있는 것 같다. 행복하길.

루트비히 판 베토벤

하일리겐슈타트에서

1802년 10월 6일

유서의 마지막 부분은 미덕에 대한 예찬이다. 존엄과 사랑 같은 주제가 베토벤을 지탱해주는 중요한 지향점이었음을 다시 강조한다. 이어 베토벤은 생의 마지막 시간에 와 있는 듯한 전지적 시점으로 올라가 자신이 자살로 생을 마치지 않았다고 재차 선언한다. 이제 그에게 죽음의 의미가 바뀐다. 사명을 다한 뒤 찾아오는 죽음은 해방, 곧 죽음과 다름없는 고통으로부터의 해방을 뜻한다. 그래서 베토벤은 낭만주의의 어법을 따라 죽음을 '안식'이라 말했다. 베토벤은 나흘 뒤 또 하나의 짤막한 글을 적어 함께 동봉한다.

이렇게 나는 그대에게 작별인사를 남긴다. 이제는 정말 슬퍼지는 구나. 내가 사랑하던 희망이여, 나는 너를 여기까지 데려왔구나. 적어도 어느 정도까지는 나을 수 있으리라 생각하면서. 이제 그런 희망은 나를 완전히 떠나야 한다. 가을날의 잎사귀들이 떨어져 빛이 바래듯이, 그렇게 내게서 희망도 시들어버렸다. 여기에 어떻게 왔었는지. 나는 계속한다. 드높은 용기. 저 아름다운 여름날 동안 그게 내 영혼에 생명을 불어넣어 주었는데 그마저도 사라져버렸다. 오, 섭리여, 환희의 순수한 하루를 한 번만 제게 보여주소서. 진정한 기쁨의 내밀한 잔향이 사그라들어 제게 낯설게 된 지가 벌써 오래전이 되었습니다. 오, 언제, 오, 언제가 되어야, 오, 신이여. 제가 자연과 또 인류의 신전에서 그 잔향을 다시 한 번 느낄 수 있을까요? 영영 안 된다고요? 아뇨! 그건 너무 잔인합니다!

하일리겐슈타트에서

1802년 10월 10일

베토벤은 다시 수신인을 바꿔 말한다. 베토벤이 말하는 대상은 동생들이나 집합적인 사람들이 아니라 의인화된 '희망'이다. 그 희망은 한편으로는 귓병이 나을 것에 대한 희망이지만, 다른 한편으로는 사람들에게서 영감을 얻을 것에 대한 희망이다. 사회적으로 죽은 것이나 다름없는 베토벤은 이제 외부의 창조적 자극을 기대하지 못하고 완전히 홀로 남아 예술적 사명을 감당해야 한다. 이런 운명을 깨달았을 때 베토벤은 얼마나 두려웠을까.

베토벤은 자신의 실존적 처지를 깊이 헤아리고 병과 함께 사는 삶을 선택했다. 하일리겐슈타트의 유서는 결국 베토벤이 운명을 받아들이는 과정에서 겪은 영혼의 사투를 문학의 형식을 빌려 표현한 베토벤의 하일리겐슈타트의 유서.

고백록이다. 편지에 나타나 있던 원망은 이제 섭리에 대한 겸허한 인정으로 바뀌었다. 선뜻 따라나서지 못했던 체념의 순례 여정을 그는 유서를 쓰면서 시작하게 되었다. 솔로몬의 표현대로 베토벤은 자신의 병과 '화해'*하기 시작한 것이다.

다가올 비극을 예감하다

베토벤의 교향곡 제2번은 이 같은 '유서의 시기'에 완성되었다. 유서에는 불안과 고통이 가득한데 음악은 밝고 상쾌하다. 얼핏 보면 청각장애의 트라우마가 거의 흔적을 남기지 않은 것 같다. 사람들은 이를 의아해한다. 물론 고전주의 시대에는 작품을 작곡가 개인이 아닌 좀더 보편적인 인간 감정의 기록이라 여겼으므로 인생의 고달픔이 반드시 작품에 투영되는 것은 아니었다.** 하지만 이 곡을 그처럼 '삶과 분리된' 음 현상의 기록물로 단정하는 것은 옳지 않다. 베토벤이야말로 개인의 목소리를 작품에 각인시킨 장본인이기 때문이다. 그래서 듣는 이들은 이 작품의 생생한 악상 아래 혹시 고통스러운 내면의 목소리가 숨어 있지는 않은지 살펴보게 된다. 프랑스 소설가이자 평론가 롤랑Romain Rolland, 1866-1944이 교향곡 제2번에 대해 남긴 인상적인 묘사도 그런 맥락에서 이해할 수 있다.

교향곡 제2번도 라인Rhein이 낳은 작품으로 자기의 꿈을 향해 미소 짓고 있는 젊은이의 시다. 이 교향곡은 즐겁고 간지럽다. 거기에는 사람들을 기쁘게 하려는 욕망과 희망이 엿보인다. 어떤 대

---

* 메이너드 솔로몬, 앞의 책, 307쪽.
** 예를 들어 모차르트는 숱한 고통의 순간을 지났음에도
단조 교향곡을 두 개(제25번, 제40번)밖에 남기지 않았다.

목에서는, 가령 '도입절'이라든가 은은한 베이스의 '명암조'라든가 환상적인 '스케르초'에서 우리는 참으로 커다란 감동으로 이 젊은 모습 안에 장차 나타날 천재의 시선을 볼 수 있다. 그것은 보티첼리^{Sandro Botticelli, 1445-1510}가 성^聖가족을 그린 그림에서 볼 수 있는 어린 그리스도의 눈이다. 가까운 미래에 닥쳐올 비극을 벌써부터 그 속에 담고 있는 듯한 어린이의 눈인 것이다.*

'미래에 닥쳐올 비극을 예견하는 눈'이란 표현은 하일리겐슈타트의 유서와 절묘하게 맞아떨어진다. 예견이란 근본적으로 '이미'와 '아직'의 긴장 속에 놓여 있는 일이기 때문이다. 유서가 인간으로서 죽음의 선언과 예술가로서 죽음의 유예를 말하고 있듯이 교향곡 제2번 또한 제1번에서 이미 성취한 고전적 밝음과 아직 다가오지 않은 비극적 세계 사이에 위치한다. 유서를 작성한 이후 베토벤에게 이 같은 긴장 상태는 더 이상 이론이 아니라 실제가 되었다. 이를테면 제1번에서 베토벤은 같은 모티프에 다른 음악적 원리를 적용시켜 상반된 성격의 주제들을 '쉽게' 얻어냈다. 그러나 그가 삶에서 느끼는 실제적인 긴장 상태는 오선지 위의 실험으로 간단히 표현할 수 있는 것이 아니었다. 죽음의 골짜기 같은 시간을 지나온 베토벤의 음악에는 이제 고통이 흔적을 남기기 시작했다.

교향곡 제2번 깊이 읽기: 고백과 돌파

그로브 경은 베토벤 교향곡 제2번의 가장 큰 도약은 '길이'라고 말한다.** 그리려는 장면이 클수록 더 거대한 캔버스가 필요한 것처

---

* 로맹 롤랑, 앞의 책, 34쪽.
** George Grove, *Beethoven and his nine*

보티첼리,
「어린 성 세례 요한과 함께 있는 성모자」(1470-75).
보티첼리는 아직 어린 아기 예수의 눈을
슬프게 그렸다.

- 라파엘 쿠벨리크
- 암스테르담 콘세르트헤바우
  오케스트라
- 도이치그라모폰
- 1976

럼, 더 크고 심오한 악상을 위해서는 그에 걸맞은 음악적 공간이 필요하기 때문이다. 이를테면 제2번의 1악장은 제1번과 마찬가지로 느린 도입부로 시작되는데, 그 길이는 전작보다 세 배 정도 길다. 제1번의 열두 마디짜리 도입부가 듣는 이에게 신선한 시작을 알리는 역할을 했다면, 제2번의 서른세 마디짜리 도입부에서는 벌써 서정적인 선율♪처음-2분 52초이 나타난다. 그런데 도입부에서부터 '노래'를 넣은 것은 작품에 고백적인 성격을 부여하려는 작곡가의 의도 때문이다. 열두 마디 정도로는 그런 의도를 전달하기 어려웠을 것이다. 듣는 이는 작곡가가 무엇인가 내면의 이야기를 시작한다는 강한 인상을 받게 된다.

1악장 느린 도입부·아다지오 몰토: 제2번의 시작은 라장조 으뜸화음의 못갖춘마디♪처음 부분의 모티프다. 전체 오케스트라의 강한 타격 뒤에는 바순과 오보에가 앞서 언급한 서정적인 선율을 연주하여 제1번에서보다 대비효과가 더 선명하다.

또 하나 주목할 만한 곳은 두 번째 '타격' 이후에 나오는 '트릴' trill*♪28초-43초이다. 이 '트릴'은 단순한 장식음을 넘어 '두려움'과 '설렘'에 대한 상징이 될 수 있다. 가혹한 운명 속에서 초월적인 존

symphonies, London, 1896, p.23.

▌ * 떤꾸밈음이라고도 한다. 2도 차이나는 두 음 사이를 떨 듯이 빠르게 오가며 연주하는 것을 말한다.

재를 만난 베토벤이 그 신비로운 외경심의 감정을 음악적으로 나타 낸 것이다.* 베토벤은 종종 고통스러운 운명이나 신께 바치는 감사 를 트릴로 표현했는데 현악사중주 제15번 3악장'병에서 나은 사람이 신에게 바치는 거룩한 감사의 말'이라는 부제가 붙어 있다'이나 최후의 피아노 소나타 Op.111 등이 그런 예다. 교향곡 제2번에서도 트릴은 그와 같은 내면 적 고백의 인상을 물씬 전해준다.

한편 이 도입부의 중간 부분에서 나타나는 라단조로의 갑작스러 운 전조♪1분 58초 이하 또한 곡의 성격을 드러내준다. 이 곡은 마냥 밝 지만은 않다. 삽시간에 엄습하는 어두운 운명의 그림자가 이같이 스케치되어 있는 것이다. 그로브 경은 이 부분을 두고 교향곡 제9번 의 첫머리를 예견케 하는 대목이라 지적했다.** 어두움과 밝음의 교 차는 물론 베토벤 음악의 일반적 특징이지만, 여기에서 듣는 이는 롤랑이 언급한 것처럼 '닥쳐올 비극을 예견하는 눈'을 충분히 느낄 수 있다.

1악장 본 악장 · 알레그로 콘 브리오: 1주제는 역동적인 트레몰 로의 수식을 받는 '구르는' 음형♪2분 53초 이하으로 되어 있다. 이 구 르는 음형은 곡에 에너지를 불어넣는 동력 역할을 한다. 이 모티프 는 때로는 외따로, 때로는 여러 개가 연쇄적으로 사용되면서 다양 한 음악적 '사건'을 연출한다. 그 가운데 가장 인상적인 장면은 1주

---

* 독일의 저명한 종교학자 오토(Rudolf Otto, 1869-1937)는 초월자를 만날 때 인간이 겪는 감정을 '누미노제'(Numinose)라는 말로 설명했다. 누미노제란 권위를 지닌 신비로운 존재가 사람에게 불러일으키는 두려운 외경심을 말한다.
** George Grove, 앞의 책, p.25.

제와 2주제의 연결구에서 나타나는 현악의 거침없는 돌진이다.♪3분 30초 이하 이 부분은 "나폴레옹의 군대가 로코코 스타일로 꾸민 빈의 응접실로 당장 밀고 들어올 것 같은 느낌"*을 전해준다.

이어지는 2주제는 부점으로 각을 한껏 잡은 상승 음형느린 도입부의 못갖춘마디의 음형을 뒤집은 형태, ♪3분 47초 이하인데 상당히 군악軍樂적으로 들린다. 목관에 의해 제시된 이 주제는 현악이 이어받으며 갑자기 단조로 전조되는데 이처럼 명암이 바뀌는 장면은 하이든 교향곡「군대」2악장을 연상시킨다. 한편 2주제 반복 시 현악이 들려주는 트레몰로♪3분 59초 이하도 인상적이다. 마치 에너지가 응집된 트릴처럼 들리는데 구르는 음형과 더불어 곡에 생기를 불어넣는 중요한 역할을 한다. 이후 제시부 끝부분에서는 제1바이올린과 첼로의 이중대위법이 진행되고, 제2바이올린이 그 속에 당김음 모티프를 짜넣어♪4분 9초-4분 30초 곡의 역동성을 끌어올린다.

발전부에서는 두 주제를 구성하는 여러 모티프들, 즉 '구르는 모티프', '스타카토staccato** 모티프', '당김음 모티프', '트레몰로 모티프' 등이 여러 악기로 등장하며 전체 음악적 공간을 다채롭게 채운다.♪7분 46초 이하 베토벤다운 분절 작법이 여기서도 재치 있게 빛을 발하고 1주제와 2주제 사이에 등장했던 돌진 장면♪9분 11초 이하이 새로운 빛깔로 다시 등장한다.

재현부 이후와 종곡 부분에서는 다양한 형태로 활용되는 당김음 모티프가 원래의 악구를 새로운 리듬 단위로 분할하여♪11분 55초 이하 마지막으로 치닫는 역동적인 흐름을 조성하고, 현의 격렬한 트레

---

* 스티븐 존슨,『클래식, 고전 시대와의 만남』,
김지량 옮김, 포노, 2012, 88쪽.
** 음을 하나하나 짧게 끊어 연주하라는 표시로
음표 위에 점을 찍는다.

몰로♪12분 1초 이하가 이 에너지를 최고조로 증폭시킨다. 이 과정의 마지막 순간 곡은 다시 악장 처음의 모티프, 즉 관현악 총주로 연주되는 포르티시모의 못갖춘마디 모티프♪12분 50초 이하로 연결된다. 음악적 긴장감을 한데로 응축시키면서도 논리적 완결성을 획득하는 베토벤의 작곡 기술이 빛을 발하는 장면이다.

2악장 라르게토: 베토벤의 모든 느린 악장 가운데 이 '라르게토'의 아름다움에 비길 만한 작품은 많지 않다. 경건한 노래가 들려주는 깊이 있는 마음의 떨림은 작품을 불멸의 반열에 올렸다.「로렐라이」의 작곡가 질허Friedrich Silcher, 1789-1860는 이 아름다운 선율을 그냥 지나치지 못하고 소프라노 솔로 성악곡으로 편곡하기도 했다.*

이 멜로디가 처음으로 발견된 베토벤의 스케치북에는 교향곡 제5번이나 제9번 느린 악장의 편린들도 함께 들어있었다. 스위스의 저명한 베토벤 연구자 골트슈미트Harry Goldschmidt, 1910-86는 이 '라르게토 악장'을 모차르트의「마술피리」교향곡 버전이라 부르기도 했다. 지극히 서정적인 멜로디는 주인공 파미나와 타미노의 사랑의 듀엣을 연상시키고, 가운데 드라마 같은 에피소드는 어둡고 날카로운 밤의 여왕을 연상시킨다는 것이다.** 사실 1악장의 구르는 음형도「마술피리」서곡의 1주제와 닮았고 교향곡 제2번의 다른 부분에도 드라마틱한 제스처가 많아 이런 주장은 꽤 설득력이 있다. 사실「마술피리」의 대본작가 시카네더Emanuel Schikaneder, 1751-1812는 이 시기 새로 개관한 안 데어 빈Theater an der Wien 극장의 작업실을 베토벤에

* Georg Grove, 앞의 책, p.33.
** Dieter Rexroth, "Beethovens Symphonien," *ein musikalischer Werkführer*, München, 2005, S.80.

작자 미상, 안 데어 빈 극장.

게 제공하면서 신작 오페라 작곡을 권했다. 얼마 후 교향곡 제2번이 같은 극장에서 초연되었다. 이를 종합해보면 시카네더의 제안이 베토벤을 자극했을 가능성은 충분하다.

하지만 대작의 향기를 품고 있는 이 악상에는 「마술피리」의 영향만으로는 설명하기 어려운 무게가 들어있다. 즉 이 아름다운 음악은 투쟁의식과 짝을 이루는 베토벤 정신의 또 다른 면, 곧 신비를 대하는 영혼의 겸허함을 들려준다. 더 큰 섭리에 제 몸을 맡기는 진실한 자세는 이후 베토벤 음악의 핵심으로 자리 잡는다.

소나타 형식으로 되어 있는 이 악장의 1주제는 트릴이 딸린 따뜻하고 서정적인 노래 선율♪처음 부분이다. 여덟 마디 단위의 선율 두 개로 이뤄져 있는데 두 번째 부분♪47초-1분 32초에는 부점 음형과 당김음 모티프가 들어있어 첫 부분보다 리드미컬하다. 이 부분은 뒤에서 의미 있는 재료로 활용된다.

현악과 목관 사이의 짤막한 대화 장면이 이어진 뒤 나타나는 2주제♪2분 13초 이하는 높은 음역대에서 미끄러지듯 움직이는 상냥한 목소리다. 하지만 여기서도 당김음♪2분 33초이 끼어들면서 선율은 순간순간 멈칫하는 느낌을 준다. 가고 싶은 대로 내달리는 대신 조금씩, 조심스레 나아간다.

현악 파트의 머뭇거리는 듯한 진행도 같은 인상이다. 이 부분은 1주제의 단2도 부점 음형이 활용된 것이지만 움직임은 제한되어 있다. 전체적으로 볼 때 이 악상이 들려주는 이미지는 인도자를 따라가는 발걸음이다. 마치 장님이 그러하듯 그의 발자취를 더듬으며 모방하며 '반 발자국씩' 따라간다.

어쩌면 이것이 베토벤의 무의식에서부터 떠오른 앞으로의 삶의 모습이 아닐까. 바깥세상을 들을 수 없는 자는 내면에서 울려 퍼지는 소리를 들어야 한다. 베토벤 자신이 말한 대로 '신이 들려주시는 것'을 받아 적어야 하는 것이다.*

발전부에서 곡은 1주제의 앞 소절을 단조♪4분 36초 이하로 제시한다. 이윽고 불길한 목소리가 저음의 현과 바순의 음성으로 들려오고 먹먹한 트레몰로가 빽빽하게 차올라♪4분 58초-5분 22초 곡에 어두운 그늘을 드리운다. 단조의 오보에, 바순, 저음의 현이 이를 이어받으며 원래의 '노래' 주제를 부르지만, 노래는 첫머리에서 끊긴다. ♪5분 50초 이하 마치 노래가 턱턱 막히는 고통의 시간을 그려내듯 전체 음악적 공간을 두터운 부점 음형이 점점 잠식♪6분 11초 이하한다.

그 뒤 들려오는 것은 아까 들었던 '조심스러운 발걸음'♪6분 15초 이하이다. 이번에는 어두운 단조로, 점점 신비로운 전조를 거치며 고조되어 전 현악기군의 트레몰로로 모습이 바뀐다. 조심스럽게 더듬거리던 발걸음이 이제 속도가 붙어 뚜벅뚜벅 걷는 듯한 느낌이다. 그 걸음의 방향은 위쪽이다. 마치 하늘로 올라가고 싶다는 듯이, 비록 몇 걸음 못 가 한계에 다다르지만, '걸음'의 최고조에서 호른과 목관이 동시에 간절한 포르티시모♪6분 48초로 터져 나온다. 그 순간 그는 체념한다. 다시 제자리로 돌아온 곡은 마치 '하늘을 향해 가는 듯한' 스타카토의 상승 음형♪6분 58초 이하을 들려주고 다시 1주제로 연결된다.

재현부는 꾸밈과 수식을 조금씩 달리하며 두 주제와 주요 모티프를 반복한다. 고통의 순간을 지나온 뒤에도 여전히 울려 퍼지는 내면의 노래는 극히 아름답다. 곡이 마무리되기 직전 다시 한번 등장하는 주제에는 트릴 대신 플루트의 스타카토 상승 음형♪11분 57초이 들어가 있다. 이것은 고통의 시간을 지나던 베토벤이 하늘을 우러르며 올렸던 마음속 기도가 아니었을까. 어쩌면 하일리겐슈타트의

* 로맹 롤랑, 앞의 책, 163-164쪽.

유서 속에 적힌 내면의 갈등과 미처 표현하지 못했던 아름다운 꿈이 여기에 다 녹아들었는지도 모를 일이다.

3악장 스케르초 · 알레그로: 교향곡 제1번의 가장 큰 혁신이었던 스케르초 악장은 제2번에서는 앞선 두 악장의 볼륨 때문에 상대적으로 비중이 작아 보인다. 음악학자이자 유명 음악가들의 전기작가 게크^{Martin Geck, 1936-}는 교향곡 제1번 '미뉴에트' 악장이 사실은 '스케르초'였던 것과는 반대로 제2번의 스케르초는 오히려 더 미뉴에트 같다고 지적한다.* 표현의 강도와 움직임의 범위가 덜하고 더 단정하므로 그런 인상을 주는 것이다.

하지만 a부분보다 긴 '스케르초'의 b부분♩20초-34초에는 베토벤다운 독창성이 분명해 귀를 즐겁게 한다. 당김음이 불쑥 끼어들어 날랜 현의 움직임으로 연결되는 것이나, 첼로와 베이스가 짐짓 으르렁대는 듯이 반음계로 상승하며 커지는 부분♩48초-1분 2초이다. 한편 '트리오' 부분도 b부분이 더 길게 확장되어 있다. 목가적인 a부분 주제♩1분 43초 이하와 달리 b부분에서는 갑자기 과장된 현악의 트레몰로가 나타나♩1분 55초 이하 단순하지만 탁월한 대비 효과를 들려준다. 거칠지만 악의 없는 베토벤다운 음악적 유머다.

4악장 알레그로 몰토: 피날레 악장에서 베토벤은 상대적으로 하이든의 세계에 머물러 있었던 제1번에 비해 결정적인 진보를 이뤄냈다. 하이든 역시 피날레를 강조하는 다양한 방식을 실험했지만, 어쨌든 그의 교향곡은 균형미를 더 중시한다. 그러나 베토벤의

---

* Martin Geck, *Die Sinfonien Beethovens*, Hildesheim, 2015, S.76.

제2번은 드디어 결론에 방점을 찍기 시작했다.

한 편의 영화를 왜 끝까지 보게 되는지 떠올려보면 피날레의 중요성을 좀더 쉽게 이해할 수 있다. 사람들은 이야기의 결말에 대한 호기심을 억누르기 쉽지 않다. 이것은 인간의 본성이다. 그렇지 않다면 문자와 미디어가 없던 시절에 어떻게 이야기가 전해질 수 있었겠는가. 거창하게 시작된 어떤 이야기가 용두사미 격으로 끝나는 것보다는 소소해 보이던 이야기가 점입가경을 거듭하며 놀라운 결말에 이를 때 사람들은 환호한다.

만일 베토벤이 이 교향곡에 자기 내면의 이야기를 담았다면, 피날레에도 그에 걸맞은 무게감 있는 결론이 필요하다. 물론 당시 관객들은 단정한 고전주의 양식의 마무리를 기대했겠지만, 베토벤은 아랑곳 않고 지금까지는 존재하지 않았던 새로운 피날레를 만들어 냈다.

전체적으로 보아 교향곡 제2번의 피날레 악장은 활달하고 기운 넘치는 소나타 형식이지만, 발전부와 코다 앞에서 주제가 반복되어 론도Rondo*와 매우 유사한 형태를 지닌다. 이 곡은 그저 편안하게 돌고 도는 원운동이 아니다. 마치 앞서 지나온 여러 음악적 여정을 돌아보면서 조금씩 변화를 겪으며 결말을 향해 올라가는 느낌, 즉 나선을 그리며 상승하고 있다.

피날레의 1주제♪처음 부분는 장식적으로 들린다. 이 주제는 사실 1악장 느린 도입부의 못갖춘마디 모티프와 트릴 모티프를 결합시켜 만든 것이다. 이 작은 단위는 1악장의 구르는 음형처럼 엄청난

* 주제부 A 사이에 삽입부(挿入部) B·C를 끼고
되풀이되는 형식으로, A·B·A/C/A·B·A의 형식을 취하는 것이 원칙이다.
반복적 후렴구를 가지는 프랑스의 옛 시 형식
'롱도'(rondeau)에서 유래했다.

생기와 잠재적 에너지를 가지고 있다.

반면 목관이 제시하는 2주제♪46초 이하는 좀더 선율적이다. 이 주제는 곧 단조로 전조되어 우울한 느낌이 든다. 바순, 오보에, 다시 플루트가 합세하는 쓸쓸한 선율을, 현악의 밝은 트레몰로와 기운찬 상승 음형♪1분 14초이 막아서고 곡은 다시 익살스럽게 음을 흩뿌리는 유희적인 스타카토 악구특히 바순로 연결된다. 이곳에서는 밝음이 어두움을, 의지가 고독을, 상승이 하강을 압도한다.

1주제를 짧게 반복한 뒤 이어지는 발전부에서 곡은 다시 단조로 넘어온다. 특징적인 것은 트릴 모티프가 외따로 반복되면서 행진하는 느낌♪1분 44초 이하으로 바뀐다는 것이다. 목관에서는 못갖춘마디 모티프를 반복적으로 울려준다. 현악에서는 당김음으로 에너지를 더한다. 전체 관현악을 지배하는 것은 어두운 단조이지만, 동시에 뚫고 나오는 에너지가 이를 상쇄시키고도 남는다.

단조의 기운을 일거에 몰아내는 예상치 못한 전조♪2분 39초를 통해 곡은 재현부에 들어선다. 주제가 반복된 다음 아마도 이 곡에서 가장 창의적 대목이라 할 수 있는 코다에 접어든다. 포르티시모의 관현악 총주에는 긴 늘임표♪4분 51초가 붙어 있다. 여기서 악곡은 잠시 멈춰 호흡을 가다듬는다. 이런 휴지부 없이 곧바로 곡을 마무리한 교향곡 제1번과 달리 여기서는 전체의 의미를 되살리는 아름다운 악상이 삽입된다.

종종 걸음을 걷는 듯한 현악과 이를 부드럽게 이어주는 클라리넷과 오보에, 못갖춘마디 모티프를 반복하는 플루트의 움직임♪4분 59초 이하은 모두 밝지만 조심스럽고 완만하게 상승한다. 형태는 다르지만 라르게토 악장에서 들었던 '발걸음'을 연상시킨다. 이 움직임은 고요하지만 아름다운 화음 속으로 곧 용해된다.♪5분 15초-5분 25초 그로브 경은 이 대목을 "순전한 베토벤"의 목소리라고 말하면서 "마치 석양빛이 너른 대양을 아래서부터 물들여놓는 것처럼 마법의 광휘가 아른거리는 장면"*이라고 평했다. 피아니시모의 현악 트레몰로가 폭풍 전야의 분위기를 자아내고 이제 오케스트라는 숨죽인 채 전체 교향곡의 결말을 기다린다.

1악장의 돌진 장면과 3악장 트리오 부분의 과장된 몸짓을 합쳐놓은 듯한 마지막 부분♪5분 26초 이하은 그야말로 엄청난 돌파의 달음박질이다. 마치 결박당했던 거인이 거대한 몸짓으로 사슬을 끊어내고 마구 달려나가는 듯한 장면이다. 이 거인이 바로 베토벤이라고 말한다면 지나친 단정일까? 고통의 속박에 그저 갇혀 있지 않겠다는 게 그의 대답이었다. 그는 1악장의 에너지와 2악장의 진정한 고백, 3악장의 유머를 가슴에 품은 채 고통의 시간을 돌파하며 살아갈 것이다. 그렇게 베토벤은 유서의 절망을 딛고 일어선 것이다.

교향곡 제2번의 남은 이야기

플로리다 주립대 심리학과 교수이자 자살행동연구자 조이너Thomas Joiner, 1965- 는 자살하는 사람이 유서를 남길 것이라는 통념은 오해라고 밝힌다. 오히려 네 명 중에 세 명은 유서를 남기지 않는다고 한다. 자살하는 사람은 타인과의 연결고리가 뿌리째 뽑혀버렸다고 느끼기 때문에 굳이 유서를 통해 소통하려 하지 않는다는 것이다. 어떤 이가 유서를 남긴다면 그것은 자살할 결심만큼이나 그의 소속 욕구가 강력하다는 암시다. 그런 욕구가 직접적으로 유서에 드러나는 경우는 드문데 그 이유를 조이너는 다음과 같이 설명한다.

우리는 사람들이 유서를 남길 때 스스로 자신의 목숨을 끊는 무

---

* George Grove, 앞의 책, 39쪽.

시무시한 짓을 실행할 만큼 단절감을 느끼고 있다는 사실을 기억해야 한다. 그러므로 유서 뒤에 남겨진 사람과의 감정적 유대를 나타내는 내용이 쓰여 있다면 그것대로 놀라운 일일 것이다. 실제로 수많은 유서는 감정에 치우치지 않고 내용을 사무적인 말투로 전달한다. … 『자살 연구 기록』 2007년 4월호에 실린 연구에서는 유서의 사무적 말투와 관련된 한 가지 변수를 밝혀냈다. 바로 문장의 길이다. … 실제 자살한 사람이 남긴 유서는 문장이 짧은 것으로 나타났다. 유서의 짧은 문장은 일상적인 문제에 대해 지시하는 사무적 말투와도 일관될뿐더러 인지제한이라 알려진 현상과도 일치한다.

강렬한 부정적 감정을 겪은 사람의 인지력은 바로 눈앞의 구체적인 생각이나 목표, 감각, 행동에만 집중된다. 이런 인지제한현상이 일어나게 되면 수준 높은 사고의 회로가 끊긴다. 이를테면 현재 하고 있는 행동에서 발생할 결과를 예측하지 못하게 된다. 이런 심리 상태는 자살을 준비하는 사람에게서 나타나는 가장 중요한 특징이다. 자살을 준비하는 데 드는 심리적이고 물리적인 노력 때문에 주의력이 고갈되어, 자살하려는 사람은 유서를 남길 생각조차 하지 못하거나, 유서를 남긴다 해도 먼 미래의 감정적 문제에 주의를 기울일 여유가 없기 때문에 열쇠나 청구서 같은 상대적으로 낮은 사고 수준에서 비롯되는 하찮은 일에만 집중하게 된다.*

조이너의 설명을 따라가 보면 하일리겐슈타트의 유서는 오히려

---

* 토머스 조이너, 『자살에 대한 오해와 편견』, 정여울 옮김, 베이직북스, 2011, 199-200쪽.

베토벤이 자살할 확률이 별로 없었으리라는 좋은 증거가 된다. 앞서 살펴본 것처럼 이 글에는 짧고 사무적인 말투 대신 감정적 유대와 관심, 고차원적인 철학적 사고가 반영되어 있다. 결국 베토벤의 유서 쓰기는 고통을 자기 예술의 일부로 받아들이는 일종의 의식이었고 이로써 고통과 예술은 분리될 수 없는 일체가 되었다. 솔로몬은 다음과 같이 적는다.

우리는 베토벤의 위기와 그의 비상한 창조성이 뭔가 연관되어 있지 않나 하고 의심하기 시작하게 된다. 심지어 위기가 창조력의 필수적인 전제조건이 아닌가 하고 말이다.*

베토벤의 유서와 비슷한 예를 괴테에게서도 찾아볼 수 있다. 그의 유명한 소설 『젊은 베르테르의 슬픔』**의 집필 동기는 친구를 자살로 몰아간 비운의 사랑과 괴테 자신이 겪은 쓰라린 실연의 경험이었다. 만년의 괴테는 자신이 죽음의 충동에 빠져 침대맡에 비수를 놓고 잠자리에 들곤 했다고 회고한다. 그것은 "펠리칸처럼 가슴의 피를 먹여가며"*** 새끼를 낳는 혹독한 산고였으나 위기를 이겨내고 살아남기 위한 정신적 돌파구이기도 했다. 괴테는 거의 신들린 상태에서 이 명작을 불과 4주 만에 탈고했다. 『젊은 베르테르의 슬픔』은 결국 작가 자신을 위한 치유의 과정이었다. 비록 베르테르는

---

* 메이너드 솔로몬, 앞의 책, 287쪽.
** 흔히 '슬픔'이라고 번역하지만 원어의 'Leiden'은
감정적 슬픔보다는 실존적 고뇌를 가리키는 말이다.
*** 괴테가 1824년 1월 24일, 그의 대화들을 정리하여
출간한 에커만(Johann Peter Eckermann, 1792-1854)에게
한 말이다.

요하놋(Tony Johannot),
괴테의 『젊은 베르테르의 슬픔』 삽화(1846) 중
베르테르(오른쪽)와 로테.

죽었지만, 그의 죽음을 통해 괴테 자신은 살아날 수 있었던 것이다. 괴테는 베르테르의 입을 빌려 다음과 같이 말한다.

이것은 절망이 아닙니다. 스스로 참고 견뎌냈다는 것, 당신을 위해 스스로 몸을 바쳐 희생하겠다는 것에 대한 확신입니다.*

『젊은 베르테르의 슬픔』이 큰 성공을 거둔 것은 금지된 사랑이나 권총 자살 같은 자극적인 소재 때문만이 아니다. 자신의 순수한 감정에 솔직했다는 이유로 낙오자가 된 이들, 관습을 벗어난 창의적인 생각을 했다는 이유로 패배자·병자·비정상인으로 몰린 이들을 베르테르가 열렬한 어조로 변호했기 때문이다. 비인간적 관습에 억눌려 가능성을 발탁당했던 사람들은 『젊은 베르테르의 슬픔』에서 자신의 이야기를 발견했고 열광했다. 그들은 베르테르와 함께 죽음을 겪었으며, 베르테르에게 이해받은 덕분에 살아갈 희망을 찾을 수 있었다.

베토벤의 유서와 교향곡 제2번에서 일어난 일도 그와 같다. 그가 겪은 고통과 죽음의 선언은 그의 음악을 듣는 모든 사람에게 살아갈 희망을 주는 인류애적 공감의 시작점이었다.

* 요한 볼프강 폰 괴테, 『젊은 베르테르의 슬픔』,
박찬기 옮김, 민음사, 1999, 178쪽.

3 창조자 프로메테우스

교향곡 제3번 「영웅」 내림마장조 Op.55

- **작곡 시기**   1803-1804년, 빈
  (첫 주제 및 수정까지 포함 1798-1806년)
- **부제**   영웅 교향곡
  어느 위대한 인물을 기리는 기념으로 작곡
- **헌정**   요제프 프란츠 막시밀리안 폰 로브코비츠 공작
- **초연**   1804년 1월, 로브코비츠 공작의 라우드니츠 성, 보헤미아
  1805년 4월 7일, 안 데어 빈 극장, 첫 공개 연주
  바이올리니스트 프란츠 클레멘트의 아카데미
- **초판**   예술산업국, 빈, 1806년
- **편성**   플루트2, 오보에2, 클라리넷2, 바순2, 호른3,
  트럼펫2, 팀파니, 현악
- **악장**   1악장 알레그로 콘 브리오(3/4박자)
  2악장 장송행진곡·아다지오 아사이(2/4박자)
  3악장 스케르초·알레그로 비바체(3/4박자)
  4악장 피날레·알레그로 몰토(2/2박자 알라 브레베)
- **연주 시간**   약 55분

새로운 길

죽음의 골짜기를 지나온 베토벤은 새로운 정체성을 획득했다. 예술에 모든 것을 걸었으므로 이때부터 작품은 그의 삶과 동일시되기 시작했다. 음으로 묘사된 영혼의 초상은 진실하고도 순수했다. 하나하나 써내려간 음표가 자신의 삶과 다름없다는 무거운 진실 앞에 과장이나 꾸밈, 유행에 맞추려는 호들갑은 끼어들 틈이 없었다. 곡을 쓴 사람이 자기가 쓴 곡과 닮았을 때 나오는 진정성은 힘이 있다. 그런 힘을 갖춘 작품은 시간의 풍파를 견디고 살아남는

다. 베토벤은 자기 삶의 갱생을 마주하며 자신의 음악도 새롭게 바꾸어야 함을 느꼈다. 그는 이미 교향곡 제2번의 시기에 바이올리니스트 크룸폴츠Wenzel Krumpholz, 1750-1817에게 이렇게 말했다.

"나는 지금까지 내 작업에 별로 만족하지 않습니다. 오늘부터 새로운 길을 가기 시작할 것입니다."

이런 자각과 동시에 베토벤은 점점 모차르트와 하이든에게서 벗어나 새로운 음의 세계로 나아갔다. 그 같은 탐구의 결정적 기념비가 오래지 않아 세워졌다. 이 음향적 기념비의 주제는 다름 아닌 '자유'였다. 자유로운 예술가를 닮은 자유로운 음악. 그것이야말로 베토벤이 자신의 삶과 시대 앞에 진실하게 표현해야 할 내용이었다. 진정한 자유는 쉽게 휘발해버리는 일시적인 악흥이 아니었다. 주인들이 허락한 잠시간의 휴식을 자유라 이름 붙인다면 그것은 예속 상태를 인정하는 것이나 다름없다. 따라서 그가 그려낼 자유는 명실상부한 자유자의 자유, 창조자의 자유여야 했다. 그것이 교향곡 제3번의 주제다.

저항자 프로메테우스

쾅! 쾅! 거인이 무지막지한 주먹을 내리친다. 교향곡 제2번의 피날레 악장에서 사슬을 끊고 달음박질한 거인이 우뚝 서 있다. 두려움을 모르는 거인, 벌을 받을지언정 진실한 감정을 외면 못 하는 거인, 그는 해방된 프로메테우스*다. 한때 불을 훔쳤던 그의 손에 이번

---

* 프로메테우스는 '먼저 생각하는 사람'이라는 뜻으로 그리스·로마 신화에 나오는 거인이다. 흙을 빚어

맬러(Joseph Willibrord Mähler),
「루트비히 판 베토벤」(1804-1805).
이 초상화에서 베토벤은
로마 집정관 자세를 취하고 있다.
공화주의자였던 젊은 베토벤의 모습이
나타난 그림이다.

에는 습기 어린 흙덩이가 들려 있다. 엄청난 굉음으로 대지를 내리친 그 주먹에서 이제 그의 피조물들을 숨 쉬게 할 끝 모를 에너지가 뭉게뭉게 피어오른다.

프로메테우스는 시대의 이미지였다. 저항과 자유, 고결함과 희생, 창조와 기쁨이 이미지 하나에 겹쳐 있었다. 제우스가 먹을 고기보다 사람들이 먹을 고기가 더 맛있어야 한다고 여겼던 프로메테우스는 제우스가 꽁꽁 숨겨둔 불을 훔쳐 인간에게 전해준 장본인이다. 자신이 옳다고 여기는 일이면 신 앞에서도 굽힘이 없었고, 낡고 협잡을 일삼는 권위에 저항하고 분개했다. 더 연약한 자를 돌보려다 새로 돋아나는 신선한 간을 매일같이 독수리에게 뜯겼다. 괴테는 일찍이 이러한 저항적 영웅의 이미지를 새로 해석해 장대한 찬가 속에 담아냈다.

구름 안개로 덮어라 너의 하늘 따윈
제우스여!
어디 사내아이가
엉겅퀴를 똑똑 꺾듯이
높은 산 참나무에 너도 한 번 해보거라
하지만 내 땅은 나에게
그냥 놔둬!
네가 짓지 않은 내 오두막도,
내 불 때문에
너 배 아파하는

인간을 만든 창조자이자, 신의 불을 훔쳐 인간에게 전해줌으로써
인간에게 문명을 처음 가르친 인물이다.

내 화덕도 그냥 놔둬!

나는 태양 아래 너희 신들보다
더 불쌍한 걸 도무지 모르겠구나
너희는 겨우겨우 먹여 살리지,
제사로 받는 한 푼 한 푼
기도 입김으로
네 죽어가는 권위를!
아마 쫄쫄 굶주렸겠지,
아이들 거지들이
희망에 찬 바보가 아니었다면!

나 아이였을 적,
어디서 나고 어디로 들 줄 모를 적,
내 갈 곳 없는 눈을 태양에게
돌렸었지, 그 위에 혹시나
내 탄식 들을 귀 하나
내 마음 같은 마음 하나
내몰린 자 감싸 안을 그런 마음 있나 하고.

뉘 날 도왔더냐
거인들의 거만에 맞서
뉘 날 죽음에서 건졌더냐.
노예 생활에서?
네 자신이 그 모든 걸 완성하지 않았느냐.
그 거룩하게 이글대는 심장을.

루벤스(Peter Paul Rubens),
「프로메테우스」(1636).

퓌거(Heinrich Friedrich Füger),
「인간에게 불을 전해준 프로메테우스」(1817).
루벤스는 프로메테우스가 신에게서 불을 훔쳤음을
강조하고 있는 데 반해 퓌거는 그 불을 인간에게
전해주었음을 더 강조한다.
혁명의 시대인 19세기 초, 프로메테우스의 불은
만인이 함께 누려야 할 자유를 뜻한다.

젊고 선한 너는 불타지 않았더냐.
속은 채, 구원의 감사를
저 위에서 잠든 자에게 돌리며.

널 존경해? 뭣 때문에.
네가 억눌린 누군가의
고통이나 덜어준 적 있던가.
네가 불안에 떠는 누군가의
눈물이나 닦아준 적 있던가.
나를 단련해 남자로 만들어준 건
전능한 시간이 아니었던가,
내 주인인 동시에 네 주인인
그 영원한 운명이 아니었던가.

혹시라도 착각하는 건가,
내가 삶이 싫어
광야로 도망칠 거라고.
소년의 온갖 꽃피는 꿈이
쉬 익어가지 않는다 해서.

여기 나는 앉아 사람을 빚노라.
내 형상을 따라,
나와 같은 족속을!
아파하고, 울고
즐거워하고, 기뻐하고
그리고 너를 상관도 않으리라.

나처럼.

괴테의 시에서 프로메테우스는 머리끝까지 화가 나 있다. 그의 태도가 얼마나 비장하고 단호한지 제우스가 날리는 천둥과 번개도 그의 분기를 덮어버리지 못한다. 무엇에 그리 화가 났을까? 억눌리고 내몰린 자를 돌아보지 않는 무심함, 다른 이의 슬픔에 공감할 줄 모르는 메마름, 한마디로 비인간적인 권위에 미친 듯이 화를 내고 있다. 비난의 화살은 제우스를 향하고 있지만 실은 모든 비인간적인 지도자와 그의 비겁한 하수인들, 인간 위에 군림하는 제도와 틀, 각박한 풍조가 그의 분노를 들끓게 만든다. 괴테가 이 시에서 성경의 상징과 표현—'엉겅퀴', '네가 짓지 않은', '광야', '노예 생활', '내 형상을 따라' 등등—을 많이 차용한 것은 신화 속 프로메테우스를 '기독교 독일'로 온전히 불러내기 위함이다. 그렇게 괴테는 다가올 시대가 좀더 사람답기를 희망했다.

혁명 이전에 탄생한 괴테의 프로메테우스는 아직 제 발걸음이 어디로 향하게 될지 모르는 거인과 같았다. 그는 주로 감정의 해방을 말하고 있었다. 유능함, 합리성, 사회 질서를 앞세우느라 짓밟힌 개인의 주관적 감정을 다시 힘주어 강조하는 것이 그의 임무였던 것이다.

하지만 정신적 차원의 해방이 그렇게 빨리 실제적 자유로 터져 나올 줄은 괴테도 미처 몰랐다. 그 뒤 불과 십여 년 만에 혁명이 터지고 이후 현실 세계에도 프로메테우스가 나타난 것처럼 보였다. 비록 작은 키에 피부는 그을렸지만, 사람들은 그를 거인처럼 보고 있었다. 사람들이 거리로 나와 외쳐 부른, 그의 이름은 나폴레옹 보나파르트^{Napoléon Bonaparte, 1769-1821}였다.

작자 미상, 「결박된 프로메테우스와 아틀라스」
(B.C. 550, 바티칸 미술관)

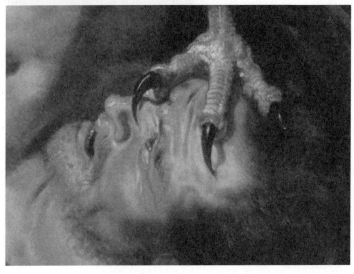

루벤스, 「결박된 프로메테우스」(1618).
왼쪽의 그림은 결박된 프로메테우스가 독수리에게
간을 뜯어먹히는 고통을 전하고 있다. 반면 오른쪽
루벤스의 그림에서는 눈을 부릅뜨고 저항하는 모습이
생생하게 포착되어 있다.

보나파르트 프로메테우스

저명한 미술사학자 곰브리치$^{\text{Ernst H. Gombrich, 1909-2001}}$는 나폴레옹의 등장을 신기한 일이라고 평했다.* 그가 매우 시대착오적인 일을 저질렀기 때문이다. 시대는 이미 계몽되었고 왕권은 더 이상 '절대적'이지 않았다. 저 먼 옛날처럼 유럽 땅이 비어 있거나 어수룩한 야만 부족들이 웅크리고 있던 것도 아니었다. 그런데도 어떻게 그는 맨손으로 제국을 이룰 수 있었을까. 도무지 역사의 수레바퀴와 향방이 맞지 않는 일이었다.

대부분의 시대착오적인 인물은 그저 시간의 흐름에 밀려 도태되기 마련이다. 그랬다면 나폴레옹도 또 하나의 돈키호테에 지나지 않았을 것이다. 그러나 나폴레옹은 초인적인 능력으로 '과거'를 소환해 자유·평등·박애를 향해 달려가는 역사의 수레바퀴를 멈춰버렸다. 사람들은 그런 역사적 연금술을 막판까지 알아채지 못했다. 그가 대내적으로는 위대한 프랑스라는 기치를, 대외적으로는 혁명과 자유라는 대의를 교묘히 이용했기 때문이다. 실제로 전 유럽은 그가 프랑스대혁명을 전파하고 있다고 믿었다. 그런 까닭에 영국의 역사가 칼라일$^{\text{Thomas Carlyle, 1795-1881}}$은 『영웅숭배론』에서 나폴레옹이 새로운 시대를 몸소 보여주었다고 말했다.** 명석한 두뇌와 깨끗한 처신으로 그는 일개 포병 장교에서 한 나라의 수장에까지 오른 것이다. 과연 혁명 이전에도 이런 일이 가능했겠는가? 그의 찬란한 성공 스토리는 새 시대의 가능성 그 자체였다. 귀족의 자제가 아니라도 능력과 노력만 있다면 누구나 더 나은 삶을 꿈꿀 수 있다는

* 에른스트 H. 곰브리치, 『곰브리치 세계사』,
박민수 옮김, 비룡소, 2010, 369쪽.
** 토마스 칼라일, 『영웅숭배론』,
박상익 옮김, 한길사, 2008, 362쪽.

작자 미상, 「루이 16세의 참수」(1793).
한 나라의 국왕을 단두대에서 무참히 처형한 일은
다른 유럽 나라들에게 충격과 공포를 안겨주었다.
이 일로 혁명의 대의에는 공감하지만
방법에는 반감을 가지는 사람이 늘어났다.

것을, 사람들은 나폴레옹을 보면서 그것이 공상이 아니라 실제임을 느끼고 있었다.

나폴레옹은 프랑스대혁명의 완성자이자 유럽 평화의 수호자이기도 했다. 혁명은 혼란스러웠다. 혁명 그 자체가 제어되지 않는 단두대가 된 것 같았다. 평민이 왕의 목을 친다는 충격이 아직 가시지도 않았는데 로베스피에르^{Maximilien Robespierre, 1759-94}는 적과 동지, 국민의 목을 끝없이 치고 있었다. 갑작스럽게 자유와 권력을 동시에 얻게 된 이들은 난생처음 겪어보는 그 둘을 감당하지 못했다. 과격한 자들은 폭력을 일삼았고 온건한 자들은 무능했으며 그 둘 모두 방종과 비리로 얼룩졌다. 피와 공포로 점철되어 있었던 프랑스는 마치 판도라 상자를 열고 온갖 재앙을 뒤집어 쓴 것 같았다.

바로 그때 나타난 것이 나폴레옹이었다. 그는 표류하던 프랑스대혁명에 질서를 부여했다. 사람들의 자유를 한데 모아 더 커다란 힘을 만들어냈고, 그 힘을 유능하게 제어해 혁명의 모든 폭력성을 프랑스 바깥으로 돌려놓았다. 나폴레옹의 유럽 원정은 힘의 분출구가 되었다. 그가 이런 일을 할 수 있었던 까닭은 개개인의 욕망을 자극하여 구체적인 목표를 제시할 줄 알았기 때문이다.

결국 메시지는 '나폴레옹을 따라가면 원하는 것을 얻을 수 있다'는 것이었다. 자신의 자유를 나폴레옹에게 위임하면 융숭한 보상을 받을 수 있다는 의미다. 어차피 어떻게 써야 할지 모르는 자유라면 그것을 하나로 모아 더 큰 힘을 만드는 편이 나았다. 게다가 여기에는 '나의 이익' 이상의 숭고함, 곧 자유·평등·박애의 신세계 건설에 참여할 수 있다는 의미도 있었다. 사람들은 이전에는 몰랐던, 가치 있고 존엄하다는 느낌을 받았다. 그렇게 점점 더 많은 사람이 나폴레옹에게 힘을 실어주기 시작했다. 동기부여가 된 군대는 나폴레옹의 천재적인 전술을 훌륭히 수행하며 연전연승을 거듭했다.

다비드(Jacques-Louis David),
「그랑 생 베르나르 대협곡을 넘는 보나파르트」(1802).

이 같은 나폴레옹의 행보를 전 유럽이 함께 지켜보고 있었다. 그것은 민족 국가 간의 단순한 전쟁이 될 수 없었고 혁명 프랑스와 구체제 유럽 간의 전쟁, 즉 민족과 이념이 서로 뒤섞인 복합적인 전쟁이었다. 칸트^{Immanuel Kant, 1724-1804}는 프랑스대혁명에 대해 다음과 같이 말했다.

"이 혁명은 이를 구경하고 있는 모든 사람의 마음속에 참가하고 싶다는 욕망을 불러일으키고 있고, 그러한 욕망은 열광에 가깝다."*

칸트의 이 말에서 이미 프랑스니 독일이니 하는 국경은 희미하게 지워져 있다. 대다수의 교양 시민들은 프랑스대혁명을 계몽사상이 정치에서 실현되는 과정으로 바라보았다. 그렇기에 반^反프랑스 국가의 시민들은 '적'들이 벌이는 혁명전쟁의 대의에 내심 공감하고 있었다. 외부의 적이 가져온 올바른 가치가 내부의 적인 소수 지배 계층을 궤멸시키거나 교화시키기를 바랐다. 그들 가운데는 프랑스식 개혁을 지지하는 이들도 상당히 있었다. 이를테면 프랑스와 동맹을 맺은 라인 동맹^{프로이센과 오스트리아를 제외한 모든 독일 영방} 참가국들은 헌법 제정, 행정기구 근대화와 더불어 시민국가의 법적 기초를 확립한 나폴레옹 법전을 채택했다. 이들 국가들은 얼핏 주권을 잃어버린 듯 보였지만 개혁 조치를 통해 구체제 국가들보다 더 진보적이고 자유로운 국가가 되었다.**

* 하겐 슐체, 『새로 쓴 독일 역사』,
반성완 옮김, 지와사랑, 2000, 106쪽.
** 같은 책, 114-115쪽.

이처럼 나폴레옹의 유럽 원정은 분명한 영향력을 보여주고 있었다. 당시 사람들이 그의 모습에서 프로메테우스를 느끼기에 충분했다. 잘못된 권위에 저항하며 특권층의 전유물이었던 자유를 빼앗아 보통 사람들에게 선물하고자 한 것처럼 보였다. 그는 실로 영웅다워 보였다.

나폴레옹의 변절

나폴레옹에게 남아 있던 마지막 시험은 미덕을 보이는 일이었다. 혁명은 그동안 타인의 자유를 넘치도록 소유한 이들에게 그것의 반환을 명령한 사건이므로 되찾은 자유는 원래 주인에게로 돌아가야 했다. 그러나 나폴레옹은 중간에서 그것을 가로챘다. 1804년 스스로 황제의 자리에 오른 것이다. 배신이었다. 제1통령과 나폴레옹 1세 사이에는 어마어마한 차이가 있었다. 혁명의 결과로 다시금 나폴레옹 '왕조'를 받아들이란 말인가. 나폴레옹은 자신에게 결집된 만인의 능력을 자기 것으로 착각함으로써 무수한 이들의 자유와 희생을 농락했다. 칼라일은 이것을 '사기꾼 기질'*이라 불렀다.

나폴레옹이 사기꾼이 된 이유는 인간에 대한 신뢰를 결여했기 때문이다. 역사학자 모루아^{André Maurois, 1885-1967}는 다음과 같이 말한다.

그는 … 인간을 목적물로 보았을 뿐 인격으로 보지 않았다. 특히 인간을 자신과 같은 인간이 아니라 사물로 보면서 멸시하는 습성이 있었다. 그는 … 왕좌 아니면 교수대 외에 다른 생각이 없을 만큼 자기 야망에 모든 것을 걸었다. 천성이 독재자인 그는 사람

* 토마스 칼라일, 앞의 책, 363쪽.

의 의지를 지배할 줄 알았고 자기 신변에 명령을 추종하는 사람만 두기를 원했다.*

나폴레옹은 어떤 이는 신의 아들이고 또 어떤 이는 짐승에 가깝다는 낡은 편견을 여전히 버리지 못했다. 다만 나폴레옹은 욕망을 읽어내는 귀신같은 촉으로 사람들을 홀렸을 뿐이다. 그는 기만술의 천재였으나 프로메테우스다운 헌신을 기대할 만한 인물은 아니었던 것이다. 이 사실이 명백해지자 전 유럽의 시민이 그에게 등을 돌리기 시작했다.

칼라일이나 모루아가 나폴레옹의 죄목을 인간성을 얕잡아본 데서 찾았다면 위고는 신을 얕잡아본 데서 찾았다. 나폴레옹이 자신을 스스로 높이자 신은 그에게 부적격 판정을 내렸다. 교만은 패망의 선봉이다.

승리자 보나파르트는 … 인류의 운명에 지나치게 영향을 미치며 균형을 깨고 있다. … 나폴레옹은 심연 속에서 고발당했고, 그의 몰락은 결정되었다. 그는 신을 난처하게 만든 것이다.**

나폴레옹은 세인트헬레나섬에 유배되었고, 그곳에서 죽음을 맞이했다. 신이 된 것처럼 보였던 그는 한때 이렇게 말한 바 있다.

"만약 그들이 평범한 성격과 정신의 소유자가 아니라 비범한 사

* 앙드레 모루아, 『프랑스사』, 신용석 옮김, 김영사, 2016, 489-490쪽.
** 빅토르 위고, 『레 미제라블』, 염명순 옮김, 비룡소, 2015, 135-136쪽.

앵그르(Jean Auguste Dominique lngres),
「황제의 좌에 앉은 나폴레옹 1세」(1806).
황제가 된 나폴레옹의 얼굴은 장군 시절이나
통령 시절에 비해 완고해 보인다.
앵그르는 무의식중에
그의 타락을 붙잡아낸 것일까.

람이라면 나는 그들을 어떻게 다뤄야 할지 모를 것이다."*

운명은 이제 그에게 자기 말에 책임을 지라고 요구하기 시작했다. 러시아에서, 워털루에서, 세인트헬레나에서 나폴레옹은 최상의 비범함으로도 세상의 지극한 평범성을 감당할 수 없음을 깨달았으리라. 알고 보면 모든 사람은 평범한 동시에 비범한 존재가 아니던가. 그리고 나폴레옹이 절대로 다룰 수 없었던 또 하나의 인간이 있었다. 한때 그의 추종자였던, 그래서 표지에 거침없이 '보나파르트'라는 이름을 적었던 남자, 베토벤이었다.

창조자 프로메테우스

분노의 외침, 찢어발겨진 종이. 베토벤의 제자 리스^{Ferdinand Ries,} ^{1784-1838, 독일의 작곡가}가 전하는 유명한 일화는 비록 확인할 길이 없는 이야기임에도 단연 인상적이다. 당시 지식인들의 배신감을 가장 극적으로 전해주고 있기 때문이다.

이 교향곡과 관련하여 베토벤은 보나파르트를 생각하고 있었다. 제1통령이었을 때만 해도 베토벤은 보나파르트를 아주 높이 평가했고 위대한 로마의 집정관과 비교했다. … 하지만 보나파르트가 스스로를 황제로 선포했을 때 … 베토벤은 분노에 휩싸여 외쳤다. "그 또한 평범한 사람과 아무것도 다를 게 없군! 이제 그는 모든 사람의 권리를 짓밟고 욕심만 채울 거야. 스스로를 만인보다 더 높여 독재자가 되다니!" 베토벤은 책상으로 다가가 제일 위의 표지를 찢어 바닥에 던졌다. 표지의 제목은 이제 새로 쓰였다.

* 앙드레 모루아, 앞의 책, 490쪽.

그 교향곡이 얻게 된 제목은 「영웅」 교향곡이었다.

이 내용이 급속히 퍼지면서 많은 사람은 베토벤 교향곡 제3번이 나폴레옹을 표현한 것이라 믿게 되었다. 베토벤의 조수 신들러 Anton Schindler, 1795-1864 도 나폴레옹의 부하 베르나토트 Jean-Baptiste Jules Bernadotte, 1763-1844, 훗날 스웨덴 국왕 칼 14세가 베토벤에게 나폴레옹 교향곡 작곡을 제안했다는 의심스러운 기록을 남겼다. 그래서 베커 Paul Bekker, 1882-1937 같은 학자는 이 곡에서 나폴레옹의 이중적 면모, 즉 강도 높은 추진력과 비탄에 빠진 체념*을 읽어내려 했다.

하지만 이 같은 동일시는 지나치게 단순하다. 어떤 작품을 누군가에게 헌정한다 하여 그 작품의 내용이 반드시 받는 이와 닮았다고 볼 수 있을까. 물론 이 곡에 군악을 연상시키는 요소나 혁명기 프랑스 음악의 요소가 들어있는 것은 사실이지만 동시에 현실의 나폴레옹과 전혀 어울리지 않는 춤과 유머도 가득하다. 무엇보다 이 곡의 핵심을 이루는 숭고미가 나폴레옹에게는 빠져있다.

더욱이 베토벤의 정치적 상황은 복잡할 수밖에 없었다. 개인적으로는 공화주의자였더라도 반프랑스 진영의 대표 국가인 오스트리아에서 나폴레옹을 드러내놓고 지지하기는 쉽지 않았다. 그렇다면 베토벤이 그려낸 것은 현실의 나폴레옹이기보다는 자기 이념 속에 들어있는 어떤 이상적인 영웅의 상이었을 것이다.

베토벤 교향곡 제3번을 이해하기 위해서는 다시 프로메테우스에게로 돌아가야 한다. 저항자이자 해방자요, 창조자이자 희생자인 이 거인이야말로 베토벤이 생각하는 원형적 영웅이었기 때문이다. 독

* 발터 리츨러, 『베토벤』, 나주리·신인선 옮김, 음악세계, 2007, 204-205쪽.

「영웅」 교향곡의 표지(1804).

일의 음악학자 슐로이닝[Peter Schleuning, 1941-]은 이 교향곡을 베토벤의 발레음악 「프로메테우스의 창조물」과 연관 지어 설명했다. 전설적인 안무가이자 댄서인 비가노[Salvatore Viganò, 1769-1821*]의 대본 내용을 순수 기악 음악으로 다시 한번 표현하려고 했다는 것이다.

거인 프로메테우스는 신에게서 햇불 두 개를 훔쳐 그가 빚은 두 개의 흙 사람에게 댄다. 그러자 흙 사람이 생명을 얻는다. 하지만 문제가 생긴다. 흙 사람에게 이성과 감정이 일어나지 않는 것이다. 프로메테우스는 달래도 보고 윽박지르기도 하지만 흙 사람은 반응을 보이지 않는다. 좌절한 거인은 급기야 자기가 만든 작품을 파괴하려고 한다. 하지만 마음을 고쳐먹은 그는 피조물을 들고 파르나소스[Parnassos]산으로 향한다. 거기서 그는 학문과 예술의 신인 아폴론[Apollon]에게 간절히 기도한다. 마침내 아폴론과 학예의 뮤즈들은 프로메테우스의 피조물에게 시와 예술의 정신을 내려준다. 그러자 그 두 사람은 진정한 인간으로 거듭난다.

다음 순간 어리둥절한 일이 벌어진다. 비극의 뮤즈[멜포메네 Melpomene]가 홀연히 등장하여 비수[匕首]로 프로메테우스를 죽이는 것이다. 그의 피조물들은 어쩔 줄 몰라하며 말할 수 없는 슬픔에 빠진다.

피조물들이 자기 아버지의 죽음에 진정한 슬픔을 보이자 곧 희극의 뮤즈[탈리아 Thalia]가 등장한다. 그는 마치 장난이었다는 듯 프로메테우스를 다시 살려낸다. 프로메테우스의 죽음은 피조물에게 진정한 인간성이 들어있는지를 알아보기 위한 시험이었던 것이다. 두 명의 새로운 인간은 시험에 통과했다. 프로메테우스, 인간, 뮤즈들은 이

* 그는 유명한 작곡가 보케리니
(Luigi Boccherini, 1743-1805)의 조카이기도 하다.

제 한데 어우러져 대단원을 마무리하는 환희의 춤사위를 벌인다.*

이처럼 비가노의 대본에는 베토벤이 꿈꾸던 영웅의 모습이 들어 있었다. 프로메테우스는 자신의 피조물들을 사랑한다. 사랑 때문에 고뇌하고 아파하지만 끝까지 포기하지 않는다. 자신이 자유로운 창조자였으므로 인간도 자유로운 창조자가 되기를 바란다. 그는 무엇보다 피조물들을 위해 희생하기를 주저하지 않는다.

베토벤은 프로메테우스가 죽었을 때 피조물이 겪은 슬픔에 더 깊이 공감했을까, 창조자 프로메테우스의 숭고한 희생에 더 깊이 공감했을까.

베토벤 프로메테우스

베토벤이 슬퍼하는 피조물에게 더 공감했다면 그것은 자기 고통의 울림 때문이었을 것이다. 반대로 프로메테우스에게 공감했다면 그것은 베토벤 역시 음악을 창작하기 위해 자기 삶을 희생하겠다고 결심했기 때문일 것이다. 고통받는 인간과 희생하는 창조자. 두 겹의 공감이 베토벤을 강렬하게 끌어당겼을 것이다. 하일리겐슈타트의 유서 이후 새로운 길을 모색하던 그에게는 세계사와 개인사가 교차하는 듯한 짜릿한 감전이 일어났을 것이다. 그렇다면 베토벤은 '프로메테우스 교향곡'을 보나파르트에게 헌정해 신화와 음악 그리고 현실을 하나의 의미로 잇고자 한 것이 아닐까. 그의 바람대로 나폴레옹이 현실 속의 프로메테우스로 남았더라면 이 계획은 더없이

* Peter Schleuning, "Der neue Weg mit der sinfonia eroica," in: *Archiv für Musikwissenschaft*, 44 Jahrg.. H.3, S.174.

샤도(Johann Gottfried Schadow),
「댄서 비가노」(1797).
비가노는 전설적인 안무가이자 댄서였다.

아름답게 성취되었으리라. 하지만 나폴레옹이 중도 탈락하자 이제 남은 것은 프로메테우스라는 이상적 모델과 그것을 표현해낸 작곡가 자신뿐이었다.

이 같은 사실은 「영웅」 교향곡을 이해하는 데 큰 도움을 준다. 왜냐하면 베토벤도 교향곡을 쓰면서 자신을 프로메테우스와 동일시했음이 분명하기 때문이다. 프로메테우스가 이성과 감정을 가진 자유인을 만들어낸 것처럼 베토벤도 형식에 얽매이지 않은, '자유의지가 있는' 교향곡, 즉 음악 내적 긴장감에 의해 변모하는 유기체적인 음악을 만들고 싶었다. 그래야만 프로메테우스의 피조물들이 제 아버지를 닮은 것처럼 베토벤의 교향곡 또한 작곡가 자신의 정신세계를 오롯이 닮았다고 할 수 있을 것이었다.

■ 교향곡 제3번 깊이 읽기: 신포니아 에로이카

나폴레옹은 지워졌다. 표지에는 그 대신 "한때 위대하고 영웅적이었던 이를 추억하며"라는 추모의 글귀가 채워졌다. 그런데 이 곡에는 또 하나의 추모가 들어있다. 그것은 모차르트와 하이든에게서 건네받은 고전주의에 대한 추모다.[*] 베토벤은 전해져 온 형식과 작별하고 새로운 내적 논리를 가진 음악 구조를 만들어냈다. 마치 괴테가 대찬가 「프로메테우스」를 통해 자유 율격을 선보인 것과 마찬가지다. 이 시에서 괴테는 전통적인 형식이나 율격 구조를 따르지 않는다. 그는 개별 시어의 강렬한 인상, 연극적 파토스, 두운법, 대구, 반복구문에 내포된 음악성을 이용해 트로케우스Trochäus, 강약격, 얌부스Jambus, 약강격, 닥틸루스Daktylus, 강약약격 등 다양한 율격을 자

[*] Dieter Rexroth, "Beethovens Symphonien," *ein musikalischer Werkführer*, München, 2005, S.83.

- 카를로 마리아 줄리니
- 로스앤젤레스 필하모닉
  오케스트라
- 도이치그라모폰
- 1979

유로이 넘나든다. 자유를 말하는 내용이 자유로운 형식에 들어있는 것이다.

마찬가지로 베토벤도 '자유 형식'을 선보였다. 이는 서양음악사에서 대체 불가능한 의의를 지니는 사건이었다. 음악 자체가 새로운 형식을 만들어낼 수 있음을 보여준 것이기 때문이다. 이때 중요한 것은 형식을 변형·확장시키는 내적인 에너지다. 이 에너지는 다양하게 작용하면서 악구를 자유롭게 변형시킨다. 그러면서 하나의 정점, 즉 완성을 향해 나아간다.* 이로써 듣는 이들은 미리 준비되어 있는 틀^{고정된 형식}에 따라 그저 나열되는 음악을 듣는 것이 아니라 이제껏 존재하지 않았던 새로운 형식^{움직이는 형식}**을 만들어나가는 창조 과정을 함께 체험하게 된다.

이 같은 변형의 결과 「영웅」 교향곡은 독특한 형식적 얼개를 지니게 되었다. 재현부에서 1주제―주제라고 할 수 있다면―가 세 번 등장하는 것^{통상은 2번}, 발전부에서 또 하나의 새로운 주제가 삽입되는 것, 통상 곡의 종결을 알리는 역할에 그치던 코다가 재현부만큼 길어진 것 등이 그러한 변화다. 하지만 이 같은 변화는 자의적인 것이 아니라 '음악적 개연성'이라는 혁신의 산물이었다. 내용에 상응하게 형식을 변모시키는 음악을 처음으로 선보인 베토벤은 실로

* Martin Geck, *Die Simfonien Beethovens*, Hildesheim, 2015, S.82.
** 에두아르트 한슬리크, 『음악적 아름다움에 대하여』, 이미경 옮김, 책세상, 2004, 78쪽.

'정신적 능력이 있는 재료'음악*를 다루는 음악가 프로메테우스였다.

　그렇다면 「영웅」 교향곡은 순수 기악 음악의 걸작인가 아니면 프로메테우스 발레를 묘사한 음악인가. 형식 그 자체만이 음악의 내용이라고 보는 절대음악적 입장은 전자로 볼 것이고 음악으로 문학적 내용을 묘사할 수 있다고 보는 표제주의적 입장은 후자에 더 공감할 것이다. 하지만 베토벤 자신은 훗날의 이론적 입장들을 능히 초월할 만큼 거대한 정신의 소유자였다. 「영웅」 교향곡의 음악 내적 원리로 베토벤이 표현해낸 것은 다름 아닌 자유와 해방의 정신, 즉 예술가의 사고 과정 그 자체였다. 다시 말해 「영웅」 교향곡은 절대음악의 측면에서나 표제교향곡의 관점에서나 모두 음악사를 뒤바꿔놓은 걸작이다. 「영웅」 교향곡 그 자체가 음악사의 '영웅'인 것이다.

　1악장 알레그로 콘 브리오: 쾅! 쾅! 「영웅」 교향곡의 시작은 전체 관현악의 우레와 같은 총주다.♪처음 부분 공간을 꽉 채우는 이 협화음은 교향곡 제1번과 제2번에 딸려 있던 느린 도입부의 무게를 대신하고도 남는다. 전곡의 에너지를 모두 품고 있는 듯한 이 두 번의 타격. 이 수직화음에서 곡의 주제가 흘러나오기 시작한다.

　2분음표와 4분음표로 되어 있는 첫 주제♪5초-10초는 매우 특이하다. 완만한 포물선을 그리며 운동하는 이 주제의 끝은 열려 있다. 하나의 단위로서 완결성을 가지지 않은 것이다. 그래서 바그너Richard Wagner, 1813-83는 주제의 마지막 음인 c#을 완성에 도달하지 못한 창조자의 '한숨'이라 생각했다.** 완성하려고 하지만 완성되지는 않은

---

　* 에두아르트 한슬리크, 앞의 책, 83쪽.
　** Martin Geck, 앞의 책, S.85.

음악적 가능성인 것이다. 다시 말해 이 악구는 사실 주제라기보다는 슐로이닝의 표현대로 '주제의 씨앗'* 다시 말해 일종의 '잠재적 주제'다. 부드러운 레가토^{legato}** 와 서정적인 온화함을 품고 있는 이 잠재적 주제는 다양한 형태로 변형되면서 곡을 만들어나가는 기초 재료이자, 거인 프로메테우스의 창조력을 상징하는 표현이다. 또한 프로메테우스가 피조물에게 보여주는 다정한 부성애나 창조자의 열정을 연상시킨다. 우리는 편의상 이 잠재적 주제들을 '주제'로 줄여 부르기로 하자.

베토벤은 교향곡의 1악장으로서는 이례적으로 3/4박자를 채택했다. 3박에 내포된 역동성을 활용하려는 의도다. 거기에 베토벤은 1주제와 2주제 사이의 연결구에서 계속 마디의 두 번째 박을 강조 ♪1분 4초 이하 하여 통상적인 셈여림$^{강-약-약}$ 구조를 깨뜨린다. 안정적인 느낌에서 벗어나 새로운 역동성을 만들어내려는 시도다. 2주제 이후에도 두 번째 박에 악센트를 부여하거나 당김음 및 헤미올라 ^{hemiola}*** 리듬을 구성하여 셈여림에 변화를 준다. 그 결과 곡은 전례 없이 규모가 큰데도 역동성을 잃지 않는다.

2주제 ♪1분 58초 이하 또한 전통적인 주제와는 사뭇 다르다. 이것은 멜로디라기보다는 하모니이고 1주제에 비해 드물게 활용된다. 결과적으로 듣는 이들은 이를 거의 주제로 느끼기 어렵다. 그래서 많은 음악학자는 「영웅」 교향곡의 1악장에 사실상 제대로 된 주제가 존

* Peter Schleuning, 앞의 책, S.177.
** 음들을 부드럽게 이어 연주하는 것을 말한다.
반대로 한 음 한 음 연주하는 것은 마르카토(marcato)라고 한다.
*** 두 개로 나눠야 하는 길이를 세 개의 음표로
나눈 리듬을 말한다. 짝수박의 규칙적인 움직임을 깨고
불안정한 느낌을 주기 위해 활용한다.

재하지 않는다는 의미로 '무주제성'^{Themenlosigkeit}이라는 용어를 사용하기도 한다.

슐로이닝은 제시부의 진행과정을 프로메테우스 발레의 줄거리와 상세하게 연결 지어 설명한다. 즉 1주제 제시 이후 프로메테우스의 창조 행위$^{7\text{-}44\text{마디}}$, 피조물의 움직임과 반응$^{45\text{-}64\text{마디}, \text{♪}1분 4초 이하}$, 이를 반기는 거인의 환호성$^{65\text{-}82\text{마디}, \text{♪}1분 33초 이하}$, 피조물들을 다정하게 부르는 프로메테우스$^{2\text{주제}, 83\text{-}90\text{마디}, \text{♪}1분 58초 이하}$와 그의 실망$^{91\text{-}98\text{마디}, \text{♪}2분 10초 이하}$, 허둥거리며 움직이는 피조물들$^{99\text{-}108\text{마디}, \text{♪}2분 26초 이하}$과 실패로 인한 거인의 격양된 마음과 우당탕 넘어지는 피조물$^{109\text{-}122\text{마디}, \text{♪}2분 39초 이하}$, 그럼에도 여전한 프로메테우스의 희망$^{123\text{마디 이하, 특히 }127\text{마디 이후의 헤미올라, ♪}2분 59초 이하, 특히 3분 6초 이하}$ 등이 차례로 이어진다는 것이다.

발전부는 세 부분$^{152\text{-}235\text{마디}/236\text{-}283\text{마디}/284\text{-}396\text{마디}}$으로 구분된다. 이 유명한 발전부에서도 베토벤은 놀랄 만한 혁신들을 연이어 꺼내놓는다. 바이올린과 목관이 서로 매기고 받는 장면 뒤에 베토벤은 곡을 단조로 전조시키면서 제시부에 등장했던 1주제와 연결구의 '거인의 환호성' 부분을 하나로 엮는다.$^{185\text{마디}, \text{♪}8분 17초 이하}$ 저음의 현악에서는 계속 1주제 네 개 음을 반복하고 바이올린에서는 1분 33초 이하에 나타났던 재빠른 움직임을 재차 선보이는 것이다. 단조의 어두운 목소리와 긴장감을 유발하는 당김음 덕에 이 부분은 '어루만지고 타이르며' 애타게 피조물들을 부르는 프로메테우스를 연상시킨다.

발전부의 두 번째 부분에서는 짤막한 푸가가 삽입되어 놀라움을 준다. 249마디 이하의 단조 '푸가토'$^{\text{♪}9분 27초 이하}$는 유희적인 모방이라기보다는 긴장감 증폭을 목적으로 사용된다. 베토벤의 훌륭한 대위법을 보여주는 이 현악 부분은 어르고 달래다가 드디어 자신의 피조물을 옥박지르기 시작하는 거인의 모습과 연결된다. 이렇게 일어난 분노는 곧 전체 관현악으로 확장되면서 다시금 박절 구조를 깨뜨리는 헤미올라♪9분 45초 이하로 연결된다. 으르렁거리는 팀파니의 트레몰로가 가세하고 곡은 마침내 현과 관이 서로 부딪히는 듯한, 극히 강렬한 불협화 장면276마디, ♪10분 26초 이하을 연출한다. 머리털이 쭈뼛 서는 이 불협화는 화가 난 거인이 피조물들을 없애버리려는 대목과 맞닿아 있다.

발전부의 세 번째 부분은 오보에가 부르는 유명한 마단조의 멜로디로 시작된다. ♪10분 39초 이하 이것은 3주제다. 교향곡에 세 번째 주제를 사용한 것은 새로운 시도였다. 이 서정적인 단조 멜로디는 불협화가 일으킨 긴장을 완화시킨 뒤 곡을 새로운 국면으로 전환시킨다. 곧 1주제와 3주제가 서로 경쟁하기 시작하는 것이다. 상승하는 형태로 변형된 1주제♪11분 2초 이하와 3주제인 단조 멜로디가 번갈아 나오며 프로메테우스의 마음속에서 벌어지는 갈등을 나타낸다. 비관과 희망이 엎치락뒤치락하는 것이다. 흥미로운 것은 3주제 선율이 이 악곡에서 처음으로 완결된 형태로 나온다는 점이다. 포기란 본래 중간 과정이 필요 없는 행위이기에 처음부터 온전한 선율이다. 무엇인가를 시도해본 사람만이 실패작이나 미완성 작품을 만들어내는 게 아니던가. 그러나 여기에는 이 음악이 나아가 획득하고자 하는 거대한 에너지가 결여되어 있다.

결국 이 음악은 '달콤한 좌절'을 딛고 더 거대한 성취를 위해 나아가기로 한다. 첼로와 베이스에서 시작된 상행하는 '발걸음'338마디은 어두움을 딛고 다시 에너지를 모은다.♪11분 58초 이하 이 대목은 곧 프로메테우스가 마음을 고쳐먹는 장면과 상응한다. 바순과 호른을 비롯한 관악기들은 첫 주제의 네 개 음을 불며 창조의 힘을 결집시킨다. 온 힘을 다 쏟아낸 듯한 관현악의 총주가 포르티시모로 이어진다. 하지만 그 같은 노력에도 불구하고 뒤에 남는 맥없는 오보에와 바순,♪12분 38초 이하 피조물들은 여전히 가망이 없다. 포르테에서 피아노로, 피아노에서 피아니시모로, 피아니시모에서 여린 피치카토pizzicato*로 후퇴하는 현악. 거인은 풀이 죽는다.

한편 발전부의 맨 마지막 부분394마디에는 유명한 '호른의 실수' 장면이 등장한다.♪13분 20초 호른이 마치 실수로 먼저 들어온 것처럼 연출하여 하이든식의 유머를 불러일으켰다는 것이 이 부분에 대한 전통적인 해석이다. 하지만 슐로이닝은 호른이 1주제 앞부분을 제시한다는 점에 착안해 프로메테우스가 피조물에 대한 '새로운 계획'을 떠올린 것으로 해석했다.**

지금까지의 전개 과정을 고려하면 재현부 또한 변화를 겪을 것이 자명하다. 「영웅」 1악장의 재현부는 앞서 제시된 주제들을 다시금 반복하는 전통적 기능을 훨씬 뛰어넘는다. 재현부는 이미 새로운 계획, 다시 말해 피조물들을 파르나소스산으로 데려가려는 내용과 맞물려 있다. 따라서 재현부에 나타날 주제는 옛 주제의 반복이어서는 안 된다. 반드시 첫 주제가 수정 보완된 것이어야 한다. 이 대목에서 슐로이닝은 발전부의 푸가토 부분위협이 결국 피조물들을 일깨우는 데 실패했음을 강조한다. 옛 음악의 원리푸가 대신 새로운 길을 모색하겠다는 베토벤 자신의 의지가 여기에 상징적으로 녹아 있다는 것이다.***

재현부의 앞부분에서 베토벤은 트릴을 동반한 제1바이올린을 통해 곡의 조성을 내림마장조에서 바장조로 전조♪13분 39초한다. 이는

---

* 피치카토는 현악기의 현을 활이 아닌 손으로 뜯는 주법을 말한다.
** Peter Schleuning, 앞의 책, S.181.
*** Peter Schleuning, 앞의 책, S.182.

화성적으로 무척 거리가 먼 전조다. 때문에 듣는 이들은 곡이 전혀 새로운 영역으로 들어섰음을 직감한다. 게다가 재현부의 호른 솔로는 원래의 첼로 선율이 반음계 떨어져 c#음[바그너가 말한 '한숨']에 이르렀던 것과 달리 상행하는 선율의 끝자락 음을 그대로 유지[♪특히 14분 11초 이하]한다. 원래보다 한 옥타브 위의 음을 유지하게 된 주제는 곡에 상승적인 느낌을 준다.

이제 곡은 음악 역사상 가장 혁신적인 대목이었던 코다에 돌입한다. 이 코다는 두 번째 발전부*라 할 만큼 확장되어 있고 그 중요성 또한 엄청나다. 코다는 내림마장조—내림라장조—다장조의 3화음 모티프[♪17분 15초 이하]로 시작된다. 이 같은 전조는 또다시 곡이 새로운 영역에 들어섰음을 암시한다. 베토벤 교향곡 제1번의 조성이었던 다장조는 명징함과 빛, 더 높은 차원의 질서를 상징한다. 프로메테우스 발레의 줄거리 속에는 아폴론과 뮤즈의 영역인 파르나소스 산과 연결된다.

1주제의 네 개의 음이 지칠 줄 모르는 창조의 정신처럼 계속 움직이고 발전부의 마단조 선율[♪17분 51초 이하]이 다시 등장하는데, 이는 마치 프로메테우스가 아폴론과 뮤즈들 앞에 도움을 간절히 요청하는 장면을 연상시킨다. 이윽고 저음의 현에서 마음을 고쳐먹은 프로메테우스의 '발걸음'[♪18분 22초 이하]이 다시금 등장한다. 그리고 아폴론과 뮤즈들이 프로메테우스의 창조물들에게 이성과 감수성을 불어넣는다. 반음계로 상승하는 현과 목관의 진행은 점진적으로 피조물들에게 변화가 일어남을 암시한다. 마침내 피조물들은 '인간다움'을 입게 된다.

1악장의 마지막 부분은 온전히 재현부 주제의 여덟 개 음이 지배

* Dieter Rexroth, 앞의 책, S.87.

♪19분 2초 이하한다. 처음에는 호른 솔로가 이 주제를 부르고 바이올린이 자유를 입은 영혼처럼 가벼이 뛰논다. 앞서 단조로 나왔던 부분이 여기에서는 활달하기 그지없는 장조로 나타난다. 호른 솔로에 두 개의 호른이 차례차례 들어와 곧 호른 세 개가 하모니를 이룬다. 보통 편성보다 하나 많은 세 개의 호른 또한 완전함의 상징적 표현이었을까. 주제 자체도 세 번 반복된다. 다음 순간 호른에게 주제를 이어받는 것은 첼로다. 바이올린의 움직임은 목관 파트가 이어받는다. 여기에 트럼펫과 팀파니가 셋잇단음표로 끼어든다. 현악 파트는 당김음과 헤미올라의 결합 음형으로 음악을 고조시킨다. 마지막 세 번째 반복에서 주제는 창조의 기쁨으로 터져 나오는 트럼펫으로 연주된다. 목관과 팀파니는 한껏 고조된 트레몰로로, 바순과 저음역의 현들은 날래고 바쁜 움직임으로 음악적 공간을 가득 메운다.

그렇게 「영웅」 교향곡의 1악장은 창조의 정신^{재현부 주제의 여덟 개의}음과 거기서 생령을 받아 뛰노는 피조물의 거대한 축제로 마무리 된다. 이 축제의 열기는 그간의 고뇌와 좌절을 모두 씻어주고도 남을 만큼 엄청난 에너지를 선사한다. 만일 지금까지 프로메테우스의 고된 창조 과정을 함께 겪은 청자라면 이 같은 극적인 성취에 더할 나위 없는 카타르시스를 느낄 것이다. 그리고 곡이 끝났는데도 창조의 잔향이 여전히 귓가를 맴돌고 있음을 느낄 것이다.

2악장 장송행진곡·아다지오 아사이: 2악장 장송행진곡^{marche}^{funèbre}에는 「영웅」이라는 표제에 걸맞은 장엄과 숭고미가 가득하다. 흔히 교향곡의 1악장은 그 중요성과 비중으로 인해 '머리' 악장으로 불리지만, 이 교향곡에서는 2악장도 1악장과 맞먹는 무게감을 지닌다.

그래서 듣는 이들은 2악장에서도 또 하나의 '독립적인' 음악적 사건을 겪는다. 이 사건은 슬픔과 드높은 엄위가 밀도 짙은 표현력으로 응축된 비극적 드라마다. 그래서 듣는 이들은 자연스럽게 장송행진곡이 누구를 위한 것인지 궁금해하게 된다. 신들러에 의하면, 나폴레옹이 1821년 세인트헬레나에서 죽자 베토벤은 다음과 같이 말했다고 한다.

> "나는 그런 재앙에 적합한 음악을 이미 써두었네. 바로 「영웅」의 '장송행진곡'이지."*

하지만 베토벤이 이 곡을 쓰던 당시에는 나폴레옹이 여전히 건재하였으므로 이 곡이 나폴레옹을 위한 직접적인 추모를 뜻할 리는 없었다. 그래서 여러 학자는 나폴레옹 전쟁에서 죽은 '영웅'들에게 관심을 가지기 시작했다. 나일해전에서 나폴레옹에 맞서 싸우다 부상당한 넬슨Horatio Nelson, 1758-1805 제독**이나 알렉산드리아 해전에서 전사한 애버크럼비Ralph Abercrombie, 1734-1801 제독 같은 영국인들이 거론되었다. 하지만 솔로몬은 이들이 「영웅」 교향곡에 응축된 상반된 감정을 나타낼 만큼 베토벤에게 중요한 인물이었는지에 대해 의구심을 제기한다.*** 프랑스 혁명가 마라Jean Paul Marat, 1743-93도 거론되었지만 베토벤은 자코뱅당에 공감을 나타낸 적이 없었다. 한편 1806년 나폴레옹과의 전투에서 전사한 페르디난트Louis Ferdinand, 1772-1806 왕자의 경우는 장송행진곡이 처음 쓰인 1803년에는 여전

* 메이너드 솔로몬, 『루트비히 판 베토벤』 1,
김병화 옮김, 한길아트, 2006, 339쪽.
** 그는 트리팔가르 해전에서 프랑스와 스페인의 함대를 맞아
승전한 후 전사하였다.
*** 같은 책, 340쪽.

히 생존 중이었으므로 이 같은 음악적 추모가 성립하지 않는다. 급기야 이 곡이 전쟁에 희생된 익명의 사람들을 기리려는 의미라는 해석까지 나왔으나 이는 19세기의 경향과는 맞지 않는 20세기적인 발상이다.

지금까지 거론한 사례들을 차근차근 논박한 캐나다의 음악학자 스테블린Rita Steblin, 1951- 은 본 시절 베토벤의 후원자였던 막시밀리안 프란츠 선제후를 주인공으로 지목한다. 베토벤은 그의 갑작스러운 죽음으로 제1번 교향곡을 헌정하지 못했다. 장송행진곡은 빚진 마음에 대한 표현*이라는 것이다. 그러나 이 경우 곡에서 연상되는 프랑스대혁명 시기의 음악, 특히 군악적 요소와 전쟁의 요소들을 설명하기가 다소 난해하다. 선제후 프란츠는 전사가 아니라 병사했기 때문이다.

이 점에 착안한 또 다른 학자들은 이 악장이 프랑스대혁명 자체에 대한 음악적 기념비일 것이라고 주장한다. 고세크François-Joseph Gossec, 1734-1829 · 그레트리André Gretry, 1741-1813 · 메윌Etienne-Nicolas Méhul, 1763-1817 · 케루비니Luigi Cherubini, 1760-1842 등 혁명기 프랑스 음악은 베토벤의 작품에 상당한 영향을 미쳤다.** 그러나 이는 참고사항일 뿐 곡의 핵심이 아니다. 중요한 것은 이 같은 음악적 재료들을 통합하여 새로운 차원을 만들어내는 베토벤의 창조적 정신이기 때문이다.

과연 베토벤이 특정 인물을 겨냥해 장송행진곡을 쓴 것일까. 언어를 벗어나 있는 음악적 상징이 단 한 가지 확정적 의미만을 지닌

---

* Rita Steblin, "Who died? The Funeral March in Beethovens Eroica Symphony," in: *The Musical Quarterly*, 89 Vols., no.1, 2006, pp.62-75.
** 메이너드 솔로몬, 앞의 책, 334-335쪽.

다고 여기는 것이 오히려 이상한 일 아닐까. 1823년 베토벤은 그의 초기 작품들이 가지는 내용을 설명해달라는 신들러의 요구를 거절하면서 이렇게 말한다.

"내가 소나타를 쓰던 대부분의 시절은 지금보다 더 시적이었다네. 그래서 어떤 아이디어에 대한 명시적 정보를 군이 밝힐 필요가 없었지."*

본래 시적인 것은 많은 것을 함축한다. 베토벤의 음악도 그러하다. 어떤 이는 이 곡에서 비극 오페라를, 또 다른 이는 프랑스대혁명 음악을 들을 수 있다. 이 장송행진곡의 주인공을 베토벤 자신으로 볼 수도 있을 것이다.** 무엇이 정답인지는 중요하지 않다. 음악은 일견 모순적으로 보이는 다양한 감정과 견해를 담을 수 있는 신비이기 때문이다. 요컨대 장송행진곡은 듣는 사람마다 각자가 마음속에 품고 있는 영웅과 그의 존엄을 떠올리게 해준다. 그만큼 이 음악은 많은 영웅적 이미지를 포괄하는 것이다.

장송행진곡은 다단조의 '낮은 목소리'로 시작한다. ♪처음 부분 장음과 단음의 길이가 확연히 구분되는, 다시 말해 맺고 끊는 것이 분명한 리듬이다. 군악적이면서도 비극적인 발걸음이다. 이 리듬은 때때로 당김음으로 결합되면서 주저하는 듯 띄엄띄엄 흐른다. 오보에 솔로 ♪2분 40초 이하는 구슬프지만, 절도 있는 현의 움직임과 합쳐져

* Anton Schindler, *Biographie von Ludwig van Beethoven*, Münster, 1860, S.222.
** Martin Geck, 앞의 책, S.89. 이미 죽었지만 아직 죽지 않은 작곡가 자신의 처지에 관해서는 이미 하일리겐슈타트의 유서 부분에서 설명한 바 있다.

있기에 단순한 우울감이 아닌 격조 높은 애도로 느껴진다.

베토벤은 피아노 소나타 제12번^{Op.26}에서도 장송행진곡 악장을 작곡한 일이 있지만,「영웅」에서는 단순히 돌고 도는 관습적 양식을 따르지 않는다. 즉 1악장에서와 같이 유기체처럼 발전하는 모습을 들려준다.

행진곡 주제^{1-68마디} 이후 이어지는 트리오 부분^{69-104마디, ♪4분 59초 이하}은 확연히 밝은 다장조다. 군악적인 셋잇단음표도 더 율동적으로 바뀌고 선율도 노래다워진다. 긴 포물선을 그린 후 셋잇단음표로 떨어지는 이 선율은 무척 서정적이어서 살아생전의 영웅을 추모하는 마음을 연상시키지만 점점 에너지를 축적해 전체 관현악의 강력한 포르티시모^{♪5분 26초}로 이어진다. 이러한 흐름은 전조와 변주를 동반하는 트리오의 뒷부분에도 계속 이어진다. 음악적 에너지를 축적한 서정적 멜로디가 전체 오케스트라, 특히 호른과 트럼펫의 찬란한 훤화^{♪6분 44초 이하}는 영웅에게 바치는 찬가와도 같다.

장송행진곡의 주제가 반복된 후^{105마디 이후} 베토벤은 과감한 변화를 시도한다. 행진곡풍을 벗어나 바단조의 장엄한 푸가^{114마디 이후, ♪8분 이하}가 이어지는 것이다. 이 부분은 주제의 대위법적 모방과 성부의 진행이 인상적이어서 마치 소나타 형식의 발전부가 진행되는 듯한 효과를 낸다. 베토벤은 이를 의식한 듯 푸가 부분 이후 짤막하게 장송행진곡 주제를 삽입^{154마디 이후, ♪10분 17초}하여 곡이 재현부에 돌입한 듯한 인상을 연출한다.

베토벤은 듣는 이의 기대를 뛰어넘는 악상을 다시 한번 선보인다. 금관악기의 묵직한 팡파르와 결연하게 움직이는 현악 앙상블이 구슬픈 장송행진곡 주제 대신 등장^{159마디 이후, ♪10분 34초 이하}하는 것이다. 이 거친 움직임은 마치 영웅의 죽음을 받아들이지 못하는 통렬한 고통의 몸부림 같다. 그런데 이 몸부림은 곡에 결정적인 변화를 불러일으킨다. 덕망 있는 인물의 죽음이 혁명의 기폭제가 되듯이, 격렬한 파토스를 겪고 난 음악 또한 슬픔 이상의 고양된 에너지를 획득하게 된 것이다. 이제 주제 선율은 자연스러운 행진곡의 셈여림과는 달리 두 번째 박과 네 번째 박을 강조하는 저음 현악의 수식171마디 이후, ♪11분 17초 이하을 받는다. 장송행진곡은 여전히 느린 발걸음이지만, 그것은 더 이상 질질 끌리는 발걸음이 아니라 결코 기운을 잃지 않은 의지의 발걸음이다.

이후 곡은 코다209마디 이후로 접어든다. 그로브 경은 이 대목이 마치 "굳세어라, 희망이 다가오리니"*라고 말하는 것 같다고 했다. 한편 슐로이닝은 이 현악의 움직임을 영원을 상징하는 '진자의 음형'**이라고 불렀다. 베토벤은 이 장송행진곡을 허무와 슬픔으로 마무리하고 싶지 않았던 것이다. 장엄했던 의례를 회상하는 행진곡 주제 인용 이후 곡은 조용히 사그라든다.

요컨대 베토벤의 장송행진곡은 여전히 프로메테우스답다. '정신적 능력이 있는 재료'가 자유로이 변화하는 과정을 그려내고 있기 때문이다. 만일 프로메테우스 발레에서의 죽음 장면이 피조물에게 주어진 시험이라면, 비록 프로메테우스가 죽어 없을지라도 그들의 애도는 프로메테우스다워야 한다. 그래야만 그 피조물들이 프로메테우스를 닮았음이 증명되기 때문이다. 이 악장을 통해 피조물들은 시험을 무사히 통과했다.

3악장 스케르초·알레그로 비바체: 스케르초 역시 전작의 수준을

---

* George Grove, *Beethovens and his nine symphonies*, London, 1896, p.74.
** Peter Schleuning, 앞의 책, S.185.

훨씬 뛰어넘는다. 곡의 첫머리는 어딘가 분주하고 바쁜 발걸음이 지만♪처음 부분 셈여림이 여리고^{piano} 스타카토도 붙어 있다. 동적이 지만 가볍게 바람에 훅 불려다니는 느낌이다. 흥미로운 것은 이 악 곡이 원조인 내림마장조에 좀처럼 도달하지 못한다는 것이다. 곡은 92마디에 가서야 원조의 화성을 갖추고♪2분 14초 이하 이때 처음으로 포르티시모의 셈여림과 만난다.* 목적지를 찾아 한참을 헤매다가 우여곡절 끝에 겨우 도달한 것이다. 이 같은 표현은 발레의 줄거리 상 희극의 뮤즈 탈리아의 장난스러운 춤을 연상시키는 동시에 주인 공 프로메테우스가 여전히 부재중임을 드러낸다. 한편 스케르초의 말미에는 당김음의 하행 음형$^{4분음표-2분음표}$이 등장해♪2분 28초 이하 쉴 새 없는 4분음표의 움직임에 변화를 준다.

이윽고 주인공 프로메테우스가 등장한다. 트리오 부분은 그를 위 한 독무대다. 베토벤은 1악장의 재현부와 더불어 바로 이 장면을 위 해 호른 세 대를 기용했다. 호른 세 대는 꽉 찬 3화음을 이루며, 또 돌림노래를 하며 밝고 낙천적인 선율을 노래한다.♪2분 58초 이하 프로 메테우스가 부활의 기쁨을 노래하는 것이다. 자신을 닮은 피조물의 창조를 완수해낸 프로메테우스는 드디어 완전해진다. 이 음형은 스 케르초 말미에 등장했던 당김음 음형을 원래의 안정적인 형태^{2분음} $^{표-4분음표}$로 바꾼 것이다. 다시 깨어난 거인 프로메테우스는 기분이 좋고 기운차며 유머가 있다. 거인이 돌아오자 지켜보던 온 관현악 도 허둥거리기를 멈추고$^{스타카토를 떼고}$ 좀더 중심을 잡은 소리를 들 려준다.

다시 돌아온 스케르초 부분에서 베토벤은 단순한 양식의 반복

* Renate Ulm, *Die 9 Symphonien Beethovens*, München·Kassel, 1994, S.111.

을 허락하지 않는다. 베토벤은 스케르초 첫 부분[123마디 이하]의 당김음 음형을 이번[381마디 이하, ♪5분 53초 이하]에는 순간적으로 2/2박자알라 브레베*로 변박하여 곡이 잠시 멈칫하는 듯한 효과를 준다. 말하자면 처음엔 그저 획 흘러갔던 춤 동작을, 재차 반복할 때는 좀더 각을 잡고 으스대며 춘 것이다.

코다 부분에서는 처음의 분주한 발걸음이 다시 재현된다. 하지만 이때는 그 음형을 4도 간격으로 조율된 팀파니[♪6분 17초 이하]가 맡는다. 그래서 이 음형은 이제 중심 없이 헤매는 발걸음이 아니라 기운차고 확신에 찬 '큰북 소리'다. 거인이 저기서부터 마구 돌진해오자 온 관현악이 그 달음질에 서둘러 합세한다. 그렇게 곡은 완자하고도 유쾌하게 마무리된다.

4악장 피날레·알레그로 몰토: 피날레 악장에서 베토벤은 발레음악「프로메테우스의 창조물」의 마지막 곡을 차용한다.[♪처음 부분] 그런데 이 주제가 쓰인 작품은「프로메테우스의 창조물」과「영웅」교향곡만이 아니다.「12개의 대무곡」[WoO 14]의 일곱 번째 곡, 피아노 솔로를 위한「영웅 변주곡」[Op.35]의 주요 주제로도 등장한다. 베토벤은 이 주제에 각별한 애정을 가졌던 것 같다.

이 주제가 영국의 춤인 대무곡[隊舞曲, contra dance 또는 country dance]이라는 점은 정치적인 해석의 가능성을 던져주었다. 영국이 프랑스의 전통적 라이벌 국가라는 점을 들어 나폴레옹에 대한 승리를 우회적으로 표현했으리라는 것이다. 베토벤이 종종 나폴레옹에 대한 적대감을 드러낸 것은 사실이다. 1806년 오스트리아의 예나 전쟁 패배

---

* 2/2박자를 표시하는 박자 기호로
4/4박자 표시를 반으로 나눈 꼴이다.

를 안타까워하며 베토벤은 이렇게 말했다.

"내가 음악의 기술을 아는 것만큼 전쟁의 기술에 대해 모르니 안타깝군. 그^{나폴레옹}만큼만 안다면 내가 그를 정복할 텐데."*

그러나 대무곡은 사실 영국뿐 아니라 프랑스·독일·스코틀랜드·이탈리아 등 유럽 전역에서 성행하던 사교댄스였다. 그렇다면 춤의 기원이 영국이라는 사실보다 춤 자체의 민중적 성격에 더 의미가 깊을 것이다. 대무곡은 남성 그룹과 여성 그룹이 서로 길게 늘어서 마주 보고 추는 춤으로 파트너가 고정되어 있지 않다. 댄서들은 이 대열을 따라 춤을 추며 주기적으로 파트너를 바꾼다. 때문에 개인적인 친밀감이 두드러지는 2인무^舞에 비해 공동체적인 유대를 더욱 강조한다. 이 춤이 원래의 이름인 '콘트라댄스'^{마주보고 추는 춤} 대신 종종 '컨트리댄스'^{시골에서 추는 춤}라고 불리는 이유도 그 때문이다.

한 소절이 여덟 마디로 되어 있고 반복이 딸려 있는 단순하고 리드미컬한 춤은 종종 무도회의 마지막을 장식하는 '모두를 위한 춤'으로 활용되었다. 아마도 베토벤은 이 같은 '민주적' 성격에 주목하여 프로메테우스 발레의 마지막 장면에도 대무곡을 활용했을 것이다. 신과 뮤즈, 거인과 인간이 모두 한데 어우러지는 모두를 위한 춤이기 때문이다.

한편 「영웅」 교향곡의 4악장은 대무곡 선율을 주제로 한 변주곡이기도 하다. 그러나 「영웅」의 4악장은 고전주의 변주곡의 모델을 따르지 않은 변종이다.** 각 변주는 주제 전체에 대한 것이 아니라 그때그때 서로 다른 일부분을 따와서 변형시킨 형태다. 그래서 이

* 메이너드 솔로몬, 앞의 책, 336쪽.

곡은 전체적으로 여러 퍼즐을 맞추는 느낌을 준다. 말하자면, 원래의 주제를 퍼즐 조각처럼 분리한 뒤 그때마다 다르게 짝 지워가며 변주를 진행하는 것이다.

베토벤은 어쩌면 이 '음악 퍼즐'들을 하나하나의 댄서로 상상했는지도 모른다. 악구들이 댄서가 되고 이들이 계속 파트너를 바꿔가며 춤을 추는, 문자 그대로의 '음악적 대무곡'을 말이다. 베토벤이 이 퍼즐에 짝 지우는 서로 다른 파트너들은 민요·춤곡·행진곡·푸가 등에 이르기까지 다양한 음악적 양식을 포괄한다. 그 결과 이 곡은 전통적인 변주곡에서는 선례를 찾을 수 없는 독특한 내용을 가지게 되었다.

어쨌든 이 같은 작법은 다시금 고정된 틀을 벗어나는 자유의 원리를 확인시켜준다. 마치 1악장이 완결된 주제 대신 잠재적 주제를 발전시킨 것처럼 여기서도 같은 원리가 적용되고 있는 것이다.

현악의 날랜 움직임이 인상적인 서주[1-11마디, ♪처음 부분] 이후 베토벤은 프로메테우스 발레의 주제를 제시한다. 하지만 그는 원래의 대무곡에서 베이스 부분[♪15초 이하]만을 제시한다. 스타카토는 장난스럽고 유희적이다. 이 부분에 대한 제1·2변주[♪51초 이하 / 1분 27초 이하]가 지나간다. 그 후 원래 대무곡의 주선율은 따로 제시[76마디, ♪2분 3초]된다. 그러나 이 선율은 앞선 베이스 주제와 비슷한 음악적 요소로 되어 있어 제3변주로 여겨진다. 그러나 이 주제는 베이스 주제를 1주제로 하는 소나타 형식의 2주제로 볼 수도 있다. 결국 전체 곡은 변주곡인 동시에 소나타 형식의 제시부인 것이다.

짧막한 연결구[108-116마디] 이후에는 다단조의 푸가[117마디 이후, ♪2분 50초 이하]가 등장한다. 이 푸가 부분은 변주의 일종이지만 진행적인

** Renate Ulm, 앞의 책, S.112-113.

성격이 강해 발전부로 느껴지기도 한다. 바로크 음악적인 추동력으로 변주곡의 틀에서 벗어나 잠시간의 자유를 얻는 것이다. 이후부터 주제는 마치 악곡에 삽입되는 연결구♪3분 48초 이하처럼 들리기 시작한다.

한편 첫 번째 푸가 부분 이후에 또 하나의 깜짝 놀랄 만한 부분이 등장한다. 목관악기의 상승하는 움직임 뒤에 이어지는 열정적인 사단조 댄스211마디 이후, ♪4분 23초 이하가 그것이다. 푸가나 1주제와는 상당히 이질적인 느낌을 주는 이 춤은 헝가리 무곡 가운데 하나다. 저명한 음악학자 리만Hugo Riemann, 1849-1919은 이 춤을 '차르다시'csárdás*라고 했지만, 후대의 학자들은 이를 '베르분코시'verbunkos 즉 헝가리의 '베를 짜기 춤'이라고 지적한다.**

새로운 활력을 주는 이 대목은 곡에 결정적인 의미를 부가한다. 그것은 민속성이다. 「영웅」 교향곡의 축제는 결코 범접할 수 없고 비범한 위인을 위한 것이 아니다. 이 축제는 보통 사람들의 것이다. 이 같은 민주적이고도 낭만주의적인 믿음은 숨이 가쁜 춤곡의 형태로 듣는 이들을 사로잡는다. 헝가리 무곡과 주제의 연결구가 지나간 후에는 다시 한번 푸가♪5분 32초 이하가 장조로 등장한다. 창조의 고된 과정을 상기시키려는 것일까. 이 푸가 부분의 말미에는 단 2도로 파동 치는 베이스의 인상적인 불협화♪6분 23초 이하가 등장한다. 변주곡이면서 동시에 소나타 형식인 이 악장은 이제 재현부로 볼 수 있는 부분, 즉 포코 안단테 부분♪6분 47초 이하으로 돌입한다. 처음

---

* Peter Schleuning, 앞의 책, S.189.
차르다시란 차칸부의 비애감과 주제부의 야성미가
강한 대비를 이루는 헝가리 무곡의 일종이다.
** Renate Ulm, 앞의 책, S.112.

의 베이스 주제는 진지하고도 서정적인 코랄*풍으로 바뀌어 재현된다. 휘몰아치던 음악과 극명한 대비를 이루는 이 부분은 2악장에서 맛본 장송행진곡을 잠시 회상하게 만든다.

느려진 속도 때문에 이 주제는 1악장의 '창조의 주제'[4분음표와 8분음표로 된 네 개의 음]와도 좀더 비슷해진다. 결국 듣는 이들은 이 명상적인 부분을 통해 교향곡의 앞부분, 다시 말해 프로메테우스의 영웅적인 창조와 희생을 다시 떠올리게 된다. 오보에의 아주 아름다운 연결구[8분 이하] 이후 솔로 호른이 다시금 주제[8분 59초]를 영웅답게 연주한다.

짤막한 코다가 지나간 뒤 곡은 축제적이고 열광적인 프레스토[presto, 매우 빠르게]로 장대하게 마무리된다. 마지막 부분에서는 다시 한 번 영웅의 목소리가 호른의 포효[12분 10초 이하]에 담긴다. 거인의 거대하고도 거침없는 제스처와 자유자의 거침없는 창조력. 베토벤이 열렬히 찬탄했던 셸리[Percy Bysshe Shelley, 1792-1822]의 「해방된 프로메테우스」 그 마지막 구절이 여기에 실려 들려오는 듯하다.

희망이 무한하다고 생각하는 슬픔을 참아내고
죽음이나 밤보다 어두운 악행을 용서하고
전능한 것처럼 보이는 권세에 저항하고
사랑하고 견디고
희망이 그 자체의 폐허에서
그가 보는 바로 그것을 만들어낼 때까지 희망하기를

* 개신교회의 찬송가로서 최상성부에 선율이 위치하고 다른 성부가 이 선율을 화성적으로 보조하는 단순한 형태의 노래다.

변하지도, 주저하지도, 후회하지도 말지니
거인족이시여! 그대의 영광처럼 이는
선하고 위대하고 유쾌하며, 아름답고 자유로운 것이니
이것만이 삶이요 기쁨이고, 왕국이며 승리이리라!*

■ 교향곡 제3번의 남은 이야기

결국 프로메테우스는 누구였는가. 그것은 프로메테우스답게 이 교향곡을 빚어낸 베토벤 자신이었다. 하지만 오직 베토벤만이 프로메테우스일까? 그것도 아니다. 자유자요 창조자인 모든 이가 사실은 프로메테우스의 후예가 아니던가. 나폴레옹에 대한 존경심에서 시작된 이 곡은 이렇게 그 의미가 넓어져 새 시대의 창조적 인간 자체를 상징하는 작품이 되었다. 시대사의 한계를 벗어나 보편적인 의미를 획득한 것이다.

베토벤이 이 교향곡의 이름을 「보나파르트」에서 「영웅」으로 바꾼 것이 오로지 신념 때문만은 아니었다. 베토벤의 「보나파르트」 프로젝트는 사실 1803년 여름 파리 이주 계획과 맞물려 있었다. 리스는 베토벤이 이 교향곡을 팔지 않고 파리 연주 때 가져가고 싶어 한다고 적었다. 파리의 환심을 사려는 의도가 들어있었던 것이다.

이 계획이 실패로 돌아가자 빈에서 「보나파르트」라는 이름의 교향곡을 발표한다는 것은 무척 부담스러운 일이 되었다. 그의 귀족 후원자들은 대부분 나폴레옹의 반대자들이었다. 그러므로 베토벤이 교향곡의 제목을 폐기한 것은 다시금 빈 시민으로 살아가야 하는 현실을 받아들인 사건이었다. 오스트리아의 위대한 극작가이자

*스티브 존슨, 『클래식, 고전 시대와의 만남』,
김지량 옮김, 포노, 2012, 89쪽.

베토벤과 친밀했던 그릴파르처^{Franz Grillparzer, 1791-1872}는 다음과 같은 말을 남겼다.

> "검열은 음악가들에게는 아무런 해를 입히지 않습니다. 음악을 들으면서 어떤 생각을 하는지 알 수 있는 것은 아니니까요."*

이 같은 음악의 추상성이 어떤 자유를 허락해주는지 베토벤은 잘 알고 있었다. 음악은 사상범을 가려내는 증거물로 채택되지 못한다. 그렇다면 굳이 말로^{즉 표제로} 문제의 소지를 만들 이유가 없었다. 설사 이 교향곡에 나폴레옹의 모든 것을 담아놓고, 혁명의 이상을 속속들이 그렸다 하더라도 제목은 그저 「영웅」이면 족했다. "들을 귀 있는 자는 들을지어다!" 나폴레옹이건 프로메테우스건 베토벤이건, 프랑스건 오스트리아건 관계없었다. 언어가 틈입하지 못하는 감정의 영역에서 자유혼이 날개를 치며 이 귓가에서 저 귓가로 날아다니고 있었다. 그것은 새 시대에 대한 예감이었다.

* Dieter Rexroth, 앞의 책, S.103.

4 날씬한 그리스 여인

교향곡 제4번 내림나장조 Op.60

- **작곡 시기**　1806년, 빈
- **헌정**　　　프란츠 폰 오퍼스도르프 백작
- **초연**　　　1807년 3월, 로브코비츠 궁전
　　　　　　1807년 11월 15일, 안 데어 빈 극장, 첫 공개연주
- **초판**　　　예술산업국, 빈과 페스트, 1809년
- **편성**　　　플루트1, 오보에2, 클라리넷2, 바순2,
　　　　　　호른2, 트럼펫2, 팀파니, 현악
- **악장 표기**　1악장 아다지오(4/4박자)-알레그로 비바체(2/2박자)
　　　　　　2악장 아다지오(3/4박자)
　　　　　　3악장 알레그로 비바체(3/4박자)
　　　　　　4악장 알레그로 마 논 트로포(2/4박자)
- **연주 시간**　약 35분

「영웅」 이후 영혼의 풍경

우리의 프로메테우스 음악가는 애초에 두 명의 교향악적 형상을 빚을 참이었다. 그들은 원래 서로 닮은 형제였다. 하나는 이미 탄생한 「영웅」이요, 다른 하나는 반쯤 빚어놓은 미완성에 불과했지만 벌써부터 기운은 범상치 않았다. 하지만 터질 것 같은 근육질 에너지에 질린 것일까. 베토벤은 돌연 그 '반쪽이'를 버려두고 무엇에 사로잡힌 듯 사라져버린다.

예술혼이 용광로처럼 뜨거웠으니 데일 만도 했다. 하지만 베토벤의 내면이 다 불살라져서는 안 되었다. 해가 지면 달이 뜨듯이 베토벤에게도 서늘한 내적 균형의 시간이 필요했다. 이러한 이치를 실러는 「저녁」이라는 아름다운 시로 읊은 적이 있다.

광휘를 내뿜는 신이여, 내려가라, 들판은
소생의 이슬 갈급해 하고, 인생은 목말라 죽어가고
말들은 맥 풀려 걸음을 터벅이니
해의 수레여 내려가라, 저 아래로!

보아라, 대양의 수정 물결에서 사랑스레
미소 짓는 이 누구인가! 그대 마음 알아보겠나?
말들은 나는 듯 걸음은 달음박질
테티스* 여신이 그대에게 눈짓하는구나.

저 하늘에서 이리로 사박이는 걸음,
다가온다, 향기를 내뿜는 밤이, 달콤한 사랑도
그 뒤를 따르니, 쉬어라, 사랑하라!
포이보스,** 사랑에 빠진 이여, 쉬어라.

불꽃 태양의 신이요, 음악의 신인 포이보스^{아폴론}에게도 쉼이 필
요하다면, 인간 음악가에게야 두말할 게 있을까. 실러의 장엄한 일
몰은 사랑의 예고이기도 하다. 「영웅」 직후, 베토벤 영혼의 하늘에
도 해가 지고 바다가 붉게 물들었으며 사랑이 향기를 드리웠다.

---

* '여성적 풍요'로서의 물을 상징하는 여신으로 대양의 신
오케아노스(Oceanos)와 혼인했다. 이 시에서는 그런
신화적 맥락과는 관계없이 태양(아폴론)이 바다(테티스)로
지는 광경을 둘러 표현한 것이다.
** 포이보스(독일어로는 푀부스)는 '빛나는 자'라는 뜻으로
태양신 아폴론의 별칭이다.

노이가스(Isidor Neugaß),
「루드비히 판 베토벤」(1806).

아름다운 요제피네

베토벤은 이전에도 열정적인 사랑에 빠진 적이 있었다. 교향곡 제1번의 시기[1800-1801년]에 사랑은 구이치아르디[Giulietta Guicciardi, 1782-1856]에게로 향했다. 하지만 구이치아르디는 사랑 대신 사랑에 빠진 피아노 선생님과 '밀당'하는 것을 더 재미있어 했다. 아직 십대였던 구이치아르디는 함께 피아노 교습을 받던 일곱 살 위의 사촌 언니 테레제 브룬스비크[Therese Brunsvik, 1775-1861]에게 다음과 같이 쓴다.*

"왜 그 포핸즈 변주곡 있잖아요. 그 곡을 트집 잡아 막 나무랐어요. 그랬더니 베토벤 선생님이 나한테 뭐든지 다 하겠다고 약속하는 거예요."**

구이치아르디는 진지하게 베토벤을 사랑한 적은 없지만 어쨌건 「월광」[제14번 Op.27] 소나타를 헌정받아 역사에 이름을 남겼다.

다음에 찾아온 사랑은 더 무르익은 것이었다. 이전에 구이치아르디, 테레제와 함께 피아노 교습을 받았던 요제피네 브룬스비크[Josephine Brunsvik, 1779-1821]는 결혼 5년 만에 스물일곱 살 연상의 남편 다임[Joseph von Deym, 1752-1804] 백작과 사별했다. 남편을 잃고 몇 주 만에 홀로 넷째 아이를 낳은 그녀는 네 아이를 데리고 빈으로 돌아와 한동안 앓았다. 친구들이 그녀를 위로했고 언니가 아이들을 돌보았다. 그녀가 건강을 회복하자 다시 베토벤이 찾아오기 시작했다. 예

* 테레제, 요제피네, 샤를로테는 자매지간이고 줄리에타 구이치아르디는 그들의 고종사촌이다.
** 메이너드 솔로몬,『루트비히 판 베토벤』2, 김병화 옮김, 한길아트, 2006, 제2권, 40쪽 참조. 원문 대조 후 수정함.

파르미자니노(Parmigianino),
「활을 만드는 큐피트」(1533-35).
이 악동과 눈이 마주치는 사람은
큐피트의 화살에 맞게 되리라. 베토벤도
그의 화살에 맞아 사랑에 빠졌다.

작자 미상,
「요제피네 브룬스비크-다임 백작부인」.
그녀는 뭇 남성들의 시선을 사로잡는 미모의
여성이었다고 전해진다.

전처럼 피아노 교습이 시작된 것이다.

어쩌면 새로운 시작이 가능하다고 여긴 것일까. 피아노 교습을 받으며 그녀는 감정 파탄의 상태에서 점차 벗어났다. 베토벤은 점점 더 자주 찾아와 오래 머물렀다. 요제피네도 싫지 않은 것 같았다. 네 아이의 어머니였지만, 그녀는 아직도 스물다섯 살에 불과했다.

베토벤은 사랑에 빠졌다. 그때부터 베토벤은 요제피네에게 사랑의 편지를 보냈는데 그것은 따뜻한 애정에서 출발해 곧 걷잡을 수 없는 불길이 되었다. 베토벤의 글씨는 휘갈겨 쓴 것처럼 보이지만 사실은 가장 정성 들여 쓴 것이었다.

오래 오래 지속되기를! 우리의 사랑이 그렇게 되기를 바라요. … 오, 당신의 심장이 오랫동안 나로 인해 뛰기를! 그게 내 소망이에요. 내 심장은—한 번 들어봐요!—오직 당신 때문에 뛰고 있어요. 당신이 아니라면 더는 뛰지 않을 거예요. 사랑하는 J.

이 편지는 베토벤이 1805년 초에 보낸 것이다. 여기서 '우리의 사랑'이라는 말이 눈에 띈다. 베토벤은 짝사랑에 익숙했고 퇴짜도 많이 맞았지만 그렇다고 제멋대로 사랑을 지어내지는 않았다. '우리의 사랑'은 요제피네도 베토벤의 사랑에 응답했음을 말해준다. 몇 달 후 날짜 없는 편지에서 요제피네를 '나의 유일한 사랑'이라 부른다.

오, 나의 유일한 사랑이여, 왜 당신을 표현할 수 있는 말이 없는 걸까요. 우리가 부를 수 있는 온갖 것을 다 찾고 모든 주의를 기울여도 누가 당신을 표현할 수 있을까요? 오, 누가 그런 느낌 없이 당신을 말할 수 있을까요? 당신에 대해 많이 말할수록 그 모든 말이 당신에게 다다르지 못한다는 것을요! 오직 음악으로만 가능할 거예요! 아, 나는 자랑하려는 게 아니에요. 그저 나는 말보다는 음악을 더 잘 다루기에 하는 말입니다. 그대여! 내 모든 것이자 지극한 행복이여! 아, 아니에요. 내 음악으로도 나는 할 수 없어요. 자연이 내게 인색하게 굴지 않아서 내가 제법 넉넉한 창조력을 허락받는다 해도 그건 당신에겐 너무 모자랄 뿐입니다. … 오직 당신, 영원히 당신, 무덤에 갈 때까지 오직 당신만이 내 생명의 원천입니다.

음악으로 그녀를 표현할 수 있다고 했다가 금방 꼬리를 내리는 베토벤의 모습이 귀엽게 느껴진다. 사랑에 빠져 얼마간 얼뜨기가 된 영혼은 원래 이처럼 귀엽지 않던가. 어찌 되었건 베토벤은 그런 '얼뜨기 상태'로 작곡을 했고 요제피네가 음악 속에 나타나기 시작했다. 1805년 요제피네에게 선물한 「안단테 파보리」^{WoO} 57가 그것이었다.* 베토벤은 그녀를 위해 가곡도 하나 작곡했다. 1805년 3월 24일, 요제피네는 어머니에게 다음과 같이 편지한다.

베토벤 씨가 저에게 아주 예쁜 곡을 주셨어요. 「우라니아」**에 실

---

* 음악학자 골트슈미트는 이 곡의 주 리듬이
'요―제―피―네'의 억양을 떠올린다고 주장했고,
그 뒤 여러 학자가 이 시기에 작곡된 작품들―「발트슈타인」^{Op.53},
「열정」 소나타^{Op.57}, 「라주모프스키」 현악사중주^{Op.59},
바이올린협주곡^{Op.61} 등―과 「안단테 파보리」의 유사성을
입증하려는 시도를 이어나갔다.(https://de.wikipedia.org/wiki/
Josephine_Brunsvik#cite_note-24 참조)
** 티트게(Christoph August Tiedge,
1752-1841)의 작품.

려 있는 텍스트에 곡을 붙인 「희망에게」^{Op.32}인데,* 저에게 선물
하려고 쓰셨대요.

가곡 「희망에게」의 다정하고 따뜻한 선율은 사랑에 빠진 남자의
내면에 어떤 변화가 일어나는지 잘 들려준다. 그는 이제 창조의 거
인이 아니라 수금을 타는 음유시인이 되어 희망을 노래한다. 격정
보다는 고상한 품위가 경건한 음조로 흘러나온다. 독일어로 희망은
여성명사다. 베토벤은 그녀가 자신의 희망이 되어주기를 바랐던 것
이다.

거룩한 밤들에 기뻐하며 축연을 벌이던 그대
다정하게 부드러이 상한 마음 베일로 가려주는구나.
고운 영혼 하나 괴롭게 토로하는 그 상심을
오 희망이여, 그대가 높이 일으켜라,
저 오래 견뎌온 이가 깨닫도록! 저 위에서
한 천사가 그 눈물을 세고 있었음을!
…
희망이여, 그에게 거품 이는 구름의 반짝임을
가까이 다가오는 태양을 보여주려무나!**

그런데 작은 사건이 일어났다. 후원자 리히노프스키 공작이 베토
벤의 작업실을 찾아왔다가 책상에서 악보를 발견한 것이다. 비밀리

---

* Joseph Schmidt-Görg, *Beethoven: Dreizehn
unbekannte Briefe an Josephine Gräfin Deym geb,*
v.Brunsvik, Bonn, 1957, S.12.
** 베토벤은 이 시에 두 번(opp.32·94) 곡을 붙였다.

에 이 곡을 요제피네에게 선물하려던 베토벤은 조금 난처하게 되었다. 이 일로 요제피네의 가족이 심상치 않은 분위기를 감지했다. 언니 테레제와 동생 샤를로테^{Charlotte Brunsvik, 1782-1843}는 이 관계를 반대했다. 리히노프스키 공작 또한 그런 연애는 평판에 해가 될 수 있다며 개입했다. 요제피네는 심적인 부담을 느끼기 시작했다. 비슷한 기간^{1805년 1-3월 중} 요제피네는 베토벤에게 이런 편지를 보낸다.

> 베토벤 씨, 당신은 내 마음을 벌써 오래전에 가지셨어요. 이러한 확증이 당신을 기쁘게 한다면, 그것을 그대로 받아주세요. 순수한 마음으로 그리한 일이니 주의하여 순수한 가슴으로 지켜주세요! … 당신을 귀족처럼 만들어주는 것은 바로 이것입니다. 당신은 그런 믿음의 가치를 알아보시고 높이 평가할 줄 아시니까요. 당신께 확실히 말씀드립니다. 저의 가장 소중한 자아를 가지셨다고요. 하지만 당신이 흡족할 만한 증거를 보여달라시면, 오 제발 제 마음을 찢지 말아주세요. 제 마음속으로 더 이상 밀고 들어오지 말아주세요. 저는 말로 다할 수 없이 당신을 사랑해요. 선량한 영혼이 다른 영혼을 사랑하듯이 말이에요. 당신은 이러한 약속을 지킬 수 없나요? 다른 사랑은 아니에요, 지금으로써는 받을 수 없습니다.

이 편지에는 사랑을 고백하면서도 선을 그으려는 요제피네의 모습이 역력하다. 베토벤을 귀족스럽다고 높여주면서도 그에 걸맞게 이상적 사랑의 테두리 안에 머물러줄 것을 부탁하는 것이다. 그녀는 어려울 때 다가와준 베토벤이 고마웠지만, 작곡가의 유명세 때문에 치러야 할 스캔들의 위험성도 인식하고 있었다. 게다가 요제피네에게는 그보다 더 분명하고도 중요한 거절의 이유가 있었다.

그녀는 정확한 날짜를 알 수 없는—아마도 1806년과 1807년 사이—다음의 편지에서 좀더 분명히 선을 그으며 이렇게 적는다.

그렇지 않아도 저의 영혼은 당신께 빠져있었어요. 당신을 개인적으로 알기 전에도 말이에요. 그런데 당신이 가까이 와주셔서 저는 마음의 자양분을 넉넉히 얻었답니다. 제 마음속의 어떤 깊은 감정, 말로는 표현할 길 없는 어떤 감정이 당신을 사랑하도록 만들었어요. 당신을 알기 전에 당신의 음악이 절 열광하게 만들었다면, 선량한 당신의 성품과 당신이 제게 기울여주신 관심은 그것을 증폭시켰지요. 당신의 주위에서 제가 누린 이런 특권은 제 인생에서 가장 아름다운 보석이 될 거예요.

하지만 당신이 나를 조금만 덜 관능적으로 사랑해주시면 좋을 텐데, 저는 그런 육체적 사랑을 만족시켜 드릴 수 없어요. 저한테 화가 나시겠지요. 하지만 당신의 갈망을 들어드리려면 저는 신성한 유대의 끈을 손상시켜야 합니다. 들어주세요, 믿어주세요. 제 의무를 다함으로써 가장 고통을 겪는 것은 저입니다. 확실히 말씀드리지만, 저는 고귀한 이유로 그렇게 행동하는 거예요.

베토벤이 상처받기 쉬운 예술가임을 의식하는 듯 요제피네는 매우 조심스럽게 자신의 뜻을 밝힌다. 그녀가 말하는 '신성한 유대의 끈'이란 무엇일까. 답은 법적인 데 있었다. 당시 가족법은 여인이 혼인하면 남편의 계급을 따르게 되어 있었다.[*] 요제피네의 전 남편 다

[*] Marie-Elisabeth Tellenbach, "Künstler und Ständegesellschaft um 1800: die Rolle der Vormundschaftsgesetze in Beethovens Beziehung zu Josephine Gräfin Deym," in: *Vierteljahrschrift für*

임은 귀족이었으므로 요제피네와 슬하의 네 자녀도 귀족이었다. 그런데 남편 사후 그녀가 귀족이 아닌 베토벤과 재혼하게 되면 그녀는 다시 평민 계급이 된다. 문제는 그렇게 될 경우 요제피네가 태생 귀족인 자신의 네 자녀에 대한 후견권을 잃게 된다는 데 있었다. 전남편을 존경하고 자기 아이들을 사랑했던 여인이 어떻게 자식을 버릴 수 있겠는가. 하지만 베토벤의 마음속에도 작은 아이가 살고 있었다. 그 아이는 원망과 애원으로 그녀에게 매달렸다. 1807년 9월 20일, 베토벤은 이렇게 적는다.

친애하고 사랑하는 하나뿐인 J. 당신이 보내준 몇 줄이 내게 얼마나 큰 기쁨이었는지! 사랑스러운 J. 내가 나 자신과 얼마나 힘겹게 싸웠는지 당신은 모를 거요. 나 스스로 부과한 금지령을 어기지 않으려고 무던히도 애썼소. 하지만 다 소용없는 일이오. 수천의 목소리가 내게 자꾸만 말하는 것이었소. 내 유일한 여자 친구, 내 하나뿐인 연인은 당신이라고요! 나는 나 스스로 억제하는 일을 더 이상 감당할 수 없어요. 오 사랑하는 J. 꺼릴 것 없이 우리를 행복하게 해주었던 그 길을 다시 같이 걷도록 허락해줘요.

마침내 요제피네는 거절의 뜻을 밝힌다. 정중하게 모든 것을 자기 탓으로 돌리는 듯한 편지였지만 분명한 거절이었다.

당신을 고통스럽게 하고 싶지는 않았어요, 베토벤 씨. 하지만 이렇게 생각해주세요. 제가 관습이 정하는 바를 잘 알고 있으면서도 주의하지 않아서 당신께 상처를 드렸다고요. 그렇게 저로서는 당

Sozial und Wirtschaftsgeschichte 2/2, 1988, S.253-263.

신께 사죄드리고자 합니다. 제가 그렇게 청할 수 있다면요.

베토벤은 크게 상심했다. 관계는 냉랭해졌다. 사랑을 잃었고 친구도 잃은 것 같았다. 언제나처럼 예술이 그의 체념을 거들어주었다. 베토벤은 자신은 음악과 결혼했다는 생각으로 마음을 추스렸는지도 모를 일이다.

비범한 여자 영웅 레오노레

베토벤 교향곡 제4번은 바로 이 같은 시기에 쓰였다. 이 곡에는 사랑이 주는 생기와 여전히 마음속을 채우고 있는 희망의 정취가 가득하다.

이 시기에 심혈을 기울여 작곡한 오페라 「피델리오」*가 키워드를 제공해준다. 이 오페라의 핵심 주제는 '부부간의 사랑'이다. 주인공 레오노레는 정적 돈 피사로에 의해 죄 없이 옥에 갇힌 남편 플로레스탄을 구하기 위해 남장을 하고 감옥에 일자리를 얻는다. 이때 레오노레는 피델리오라는 가명을 사용한다. 이를 모르는 간수 로코는 성실한 피델리오를 신임하고 그의 딸 마르첼리네는 피델리오를 사랑하게 된다. 하지만 사랑에 응답할 수 없는 피델리오는 비밀리에 남편을 구할 방책을 찾는다.

---

* 베토벤은 이 오페라를 위해 서곡을 모두 네 번이나 썼다.
「레오노레」라는 이름으로 세 개의 서곡(제1번 Op.138,
제2번 Op.72a, 제3번 Op.72b)을 썼지만 관현악
자체의 몰입력이 너무 강력한 나머지(가장 이름난
「레오노레」 서곡 제3번은 극적 효과가 특히 강렬하다.)
뒤에 따라오는 극이 묻히는 문제가 벌어졌다.
결국 베토벤은 무게감을 확연히 덜어낸 채
「피델리오」Op.72라는 이름으로 오페라 서곡을 다시 쓴다.

THÉÂTRE-LYRIQUE. — PREMIÈRE REPRÉSENTATION DE *FIDELIO*, OPÉRA DE BEETHOVEN. — 3ᵉ acte, 3ᵉ tableau.

베토벤, 「피델리오」 제3막, 파리 테아트르
리릭(Theatre Lyrique)에서 그린 스케치(1860).
간수장이 플로레스탄을 죽이려 하자
피델리오라는 이름으로 남장했던 아내 레오노레가
자신을 먼저 죽이라며 용기 있게 나선다.

한편 간수장 돈 피사로는 플로레스탄을 살해하여 정적 제거와 불법 감금의 증거 인멸이라는 두 가지 목적을 달성하고자 한다. 돈 피사로가 칼로 플로레스탄을 찌르려는 순간, 피델리오는 "그이를 죽이려거든 나부터 죽여라"라고 외치며 자신의 정체를 드러낸다. 위기의 순간, 때마침 법무장관이 행차하여 상황이 일단락된다. 젊은 시절 플로레스탄의 동지였던 법무장관은 간수장을 처결하고 옛 친구를 풀어준다. 자신이 사랑했던 이가 여자였음을 알게 된 마르첼리네는 크게 낙담하지만 피델리오였던 레오노레는 용기와 미덕을 지닌 여인으로 칭송받는다. 어려움을 이겨낸 신실한 부부는 결국 행복을 맞이한다.

베토벤이 신실한 부부나 가정의 행복 같은 주제에 이끌렸다는 것은 여러모로 의미심장하다.* 하지만 레오노레의 사랑은 너무 비범했다. 그녀는 평범한 여인이라기보다 여자 영웅에 가깝다. 때문에 이 이야기는 소소한 행복이 아니라 불같은 시험을 통과한 극복의 스토리다.

레오노레는 어쩌면 베토벤의 이상형이었을까. 그렇다면 베토벤은 무의식적으로 요제피네에게도 뭔가 영웅적인 결단을 기대했거나 혹은 베토벤 자신의 모습을 마르첼리네에게 투영한 것은 아닐까. 이룰 수 없는 사랑에 자신을 내던짐으로써 거듭 버림받는 처지를 표현한 것은 아닐까. 무지 때문이든 평범성의 결여 때문이든 베토벤은 상처받을 운명이었다. 하지만 아직까지 베토벤의 마음속에서는 희망이 그 모든 상처를 압도하고 있었다.

* 메이너드 솔로몬, 앞의 책, 138-141쪽.

베토벤의 교향곡 제4번과 관련된 가장 유명한 말은 낭만주의 작곡가 슈만Robert Schumann, 1810-56의 입에서 나왔다. 그는 이 곡을 '북유럽의 두 거인 사이에 서 있는 날씬한 그리스 여인'이라고 비유했다. 제3번 「영웅」과 제5번 「운명」에 비해 확실히 제4번은 덜 거칠고, 규모도 작으며 북유럽의 어두움과 대조되는 남유럽의 활달함으로 가득하다. 하지만 '여인'이라는 비유는 상대적 견지에서 이해해야 한다. 만일 이 교향곡이 여인이라면 이 여인은 바람에 하늘거리는 코스모스 같은 여인이 아니다. 날씬하되 힘 있고 생기 넘치는 머슬 퀸muscle queen에 가깝다. 다만 양 옆에 워낙 덩치 큰 사내들이 서 있는지라 파워보다는 '날씬함'과 '상냥한 미소'가 더 도드라지는 것이다.

더 중요한 것은 '그리스'라는 말이 지닌 함의다. 그리스는 신화와 고전의 땅이다. 슈만의 본뜻도 이 곡의 '고전성'에 있었다. 베토벤 교향곡 아홉 개 중 어떤 작품을 모델 삼아 베토벤 교향악을 설명해주는 것이 좋을까. 제1번과 제2번에서는 아직 하이든의 그늘이 엿보인다. 「영웅」 「운명」 「전원」 등은 주제와 드라마적 구조 등에서 모델이 되기에는 너무나 혁신적이다. 이미 악장 간의 전통적인 특성을 해체시킨 제7번과 제8번도 마찬가지다. 「합창」의 경우에는 교향곡에 성악을 활용한 파격이 걸린다. 때문에 슈만의 선택은 가장 단정하고 균형 잡힌 제4번으로 귀결된다. 다시 말해 이 교향곡은 베토벤 교향악의 어법을 가장 순수하게 보여줄 수 있는 '고전적' 전형이었던 것이다.

1악장 느린 도입부·아다지오: 교향곡 제1번과 제2번에 이은 느린 도입부 시작이다. 피치카토의 신호 이후, 목관의 긴 지속음이 들

· 카를로스 클라이버
· 바이에른 주립 교향악단
· 오르페오
· 1984

려오고 현악이 느리게, 불안정하게 움직인다. ♪
처음 부분 뭔가 발을 디딜 만한 단단한 밑바닥을
찾는 듯하다. 목관과 호른의 b♭음은 공허하게
들려온다. 채워진 화성이 아니기 때문이다. 보
통 밑을 받쳐줘야 할 베이스는 원조인 내림나
장조가 아닌 내림나단조의 영역을 헤맨다. 반
음계와 낯선 화성변화³도권, 그리고 피치카토의
효과 등은 곡의 첫머리를 하나의 음악적 미궁
으로 연출한다. 처음부터 서른여덟 마디에 이
르는 도입부는 전통적인 우회로를 따르지 않는 기묘한 진행이다.
이를테면 열여덟 마디 이후 ♪1분 26초에서 베토벤은 내림나단조의 단
6도 음정g♭를 이명동음인 f#으로 바꿔 나단조의 5도 음정으로 활
용한다.* 이미 나단조는 내림나단조와 아주 거리가 먼―관객의 입
장에서는 아주 이질적으로 들리는―조성이다. 그런데도 베토벤은
조성을 이토록 먼 곳까지 보내놓고도 뜸을 들인다. 본 악장에 돌입
하기 몇 마디 전까지 곡은 여전히 가장조까지만 와 있다. 하지만 불
과 일곱 마디 만에 베토벤은 a음을 바장조의 3도 음정으로 바꾸고,
이를 다시 내림나장조의 딸림음정으로 바꿈으로써 ♪2분 24초-2분 52초
아주 급진적인 이명동음적 전환을 선보인다. 벼랑 끝까지 갔었던,
방황하던 조성을 마치 마법을 부린 것처럼 원래 자리로 되돌려놓은

* 이명동음이란 기보법상으로는 다르지만 실제로는
같은 두 음을 말한다. 예를 들어 C#과 D♭은 이명동음이다.
이러한 음정 관계를 조바꿈에 이용한 것을
이명동음적 전환이라 한다.
이는 곧 이전 화성의 구성음을 뒤따라올 화성의 구성음으로
고쳐 읽음으로써 전조하는 것을 말한다.

것이다.*

이러한 시작은 비유하자면 스릴러를 가장한 어떤 뮤직비디오의 첫머리와 같다. 아무 예고 없이 한 신부가 낡은 건물에 쫓기듯 들어선다. 복면한 남성이 나타나 긴장하고 있는 그녀를 안내한다. 미로 같은 건물에서 그 남성은 신부를 회랑을 지나 홀을 거쳐 지하실 계단으로—이것이 내림나단조에서 반음계와 이명동음적 전조를 계속하는 진행이다—안내한다. 영문을 모르는 그녀는 불안하다.

마지막 방에 이르자 갑자기 불이 번쩍하고 켜지면서 한 유명 가수가 결혼식 축가를 부른다. 오로지 그녀를 위해. 그 옆에서 신랑이 환한 미소로 그녀를 기다리고 있다. 그녀는 감동에 벅차 아무 말도 잇지 못한다. 시청자들이 기대하던 그림이 은막을 벗고 그제야 나타난다. 베토벤의 느린 서주도 비슷한 효과를 일으킨다. 관객들은 베토벤이 안내하는 음악의 미로를 거쳐 가야만 본편의 이야기, 즉 내림나장조의 1주제를 만날 수 있다. 본 악장 두 마디 앞서 나오는 '미끄러지는' 음형은 본편이 시작되었음을 알리는 즐거운 신호다.

1악장 본 악장 · 알레그로 비바체: 본 악장은 느린 도입부와 밀접하게 연결되어 있다. 느린 도입부와 본 악장의 마디 수는 정확하게 1:4의 비율을 이룬다.** 도입부의 한 마디가 본 악장 네 마디에 상응하는 것이다. 이는 시간상의 변신, 곧 느리게 가는 시간이 압축되어 빠르게 흐르는 시간으로 변했음을 암시한다.

1주제는 빠른 발걸음으로 오르내리다가 부드러운 레가토의 악구

---

* Martin Geck, *Die Sinfonien Beethovens*,
Hildesheim, 2015, S.93-94.
** Renate Ulm, *Die 9 Symphonien Beethovens*,
München·Kassel, 1994, S.128.

로 마무리되는 형태다. ♪2분 53초 이하 매우 리드미컬하고 화창한 에너지가 곡을 채운다. 이 주제는 미끄러지는 음형에서 에너지를 지속적으로 공급받으며 활기찬 움직임을 계속한다. 바순의 익살스러운 움직임과 2도 간격으로 부드럽게 율동하는 상냥한 바이올린의 음조도 사랑스럽다. 경과구에서는 잠시 느린 도입부에서 나타난 단조의 인상이 드리워진다.

2주제 ♪3분 44초 이하는 느린 도입부에 이미 제시된 음형을 속도만 빠르게 하여 활용한 형태다. 이번에는 지속음이 현악으로 옮겨오고 목관이 그 위에서 돌아가며 선율을 노래하는데 효과가 확실히 다르다. 극히 정적이었던 도입부에 비해 본 악장에서는 훨씬 많은 움직임을 보여주기 때문이다. 제시부의 마지막 부분에서는 목관과 현악에서 마치 서로 돌림노래 ♪4분 14초 이하를 하는 듯한 장면이 귀에 분명한 인상을 남긴다.

발전부는 두 부분으로 되어 있다. 첫 부분에서는 1주제의 움직임을 반주로 깐 채로 새 주제221마디 이하, ♪5분 20초 이하가 등장한다. 「영웅」의 혁신을 이어가는 이 새로운 주제는 다섯 번 색채를 달리하여 반복되면서 발전부를 이끈다. 다시 미끄러지는 음형을 만나 고조된 이후 이 주제는 세 개씩 끊어지는 음형에 의해 해체되고 곡은 점점 고요해진다.269마디 이하

곡이 피아니시시모pianississimo, 가장 여리게까지 잦아드는281마디 발전부의 후반부에서는 마치 지속음처럼 공간을 채우는 솔로 팀파니의 트레몰로 ♪6분 10초 이하가 인상적이다. 다시 고요한 데서 출발하여 재현부로 음악을 이끌어내려는 포석이다. 제302마디에서는 이미 느린 도입부에서 보여주었듯이 f#음이 g♭음으로 전환되어 내림나장조로 회귀하는 시작점이 된다.* 이후 바이올린부터 시작된 셋잇단음표가 여러 성부로 퍼져나가면서 음악적 공간을 채우는데311-337마

디, ♪6분 43초 이하 이 셋잇단음표는 앞서 나타난 세 개씩 끊어지는 음형의 압축 버전이다. 이처럼 '시간'이 압축되고 '공간'이 채워지면서—느린 도입부를 통해 베토벤은 이미 이런 원리에 대해 힌트를 준 것이다—곡은 단숨에 고조된다. 다시 미끄러지는 음형을 만난 곡은 이제 재현부로 돌입한다.

이처럼 유기체적으로 변형되는 음악에서 제시부와 똑같은 재현부가 나타날 리 없다. 재현부는 제시부를 좀더 요약적으로 보여준다. 1주제와 2주제, 그리고 경과구의 '돌림노래' 음형 등이 보다 간명하고도 응집력 있게 종합된 이 생명력 넘치는 재현부는 깔끔하고 짤막한 코다♪8분 51초 이하를 거쳐 즐겁게 마무리된다. 한마디로 말하자면 제4번의 1악장은 미지의 불안을 거쳐온 사람에게 다가온 예기치 못한 기쁨이다.

2악장 아다지오: 아다지오 악장에서도 대조는 악곡의 주된 구성 원리로 작용한다. 1악장에서 어두움과 밝음이 주제였다면 2악장에서는 리듬과 선율이 서로 대비를 이룬다.♪처음 부분 제2바이올린이 분절된 부점 음형을 연주하고 그 위로 제1바이올린이 부드러운 선율을 노래한다. 칸타빌레가 지시되어 있다. 처음에 부점 음형은 배경으로 물러나 있지만, 점차 증폭되어 팀파니를 비롯한 전체 오케스트라로까지 번져서9마디, ♪44초 이하 마침내 선율을 밀어낸다.

선율은 목관으로 옮겨간다. 이후 마치 파도가 넘실거리는 듯한 현악의 움직임♪1분 27초을 거쳐 다양한 음조로 노래가 아름답게 이어지지만 이는 다시 전체 오케스트라의 부점 음형에 막혀버린다. 40마디, ♪2분 51초 이하 제1바이올린은 변주된 형태로 첫 선율을 연주

---

* Renate Ulm, 앞의 책, S.132.

^{42마디}하지만, 이마저도 금세 뒤쫓아온 부점 음형이 여지없이 끊어 놓는다.^{49마디, ♪3분 31초 이하} 주제가 반복된 후 이제 격렬한 단조의 '한탄'이 포르티시모^{♪4분 23초 이하}로 쏟아져나온다. 하지만 리듬과 선율 사이의 긴장감 있는 대치는 여전하다.

우울한 클라리넷, 희망찬 호른의 솔로 악구 이후 마침내 플루트가 팀파니 부점 선율을 피해 칸타빌레의 선율을 이어받는다.^{64마디 이하, ♪5분 42초 이하} 그런데 이 부분에서 드디어 변화가 감지된다. 완만한 긴 호흡의 선율에 분절된 리듬이 편입된 것이다. 플루트는 이따금씩 마치 파도타기를 하듯 리듬을 타며, 그러면서도 원래의 선율 가닥을 놓치지 않은 채 노래를 이어간다. 대립하는 것을 이렇게 끌어안는 플루트의 모습 이후 음악은 질적으로 변한다.

이어지는 '파도 음형'에서는 더없이 고상하고 신비로운 전조가 나타나고 클라리넷을 비롯한 목관의 음색은 우수에 찬 내면을 들려준다.^{특히 ♪6분 36초} 이와 함께 점차 부점 음형 또한 힘을 잃는다. 우악스러운 이 음형이 전 관현악으로 번지는 일은 두 번 다시 일어나지 않으며 곡의 마지막 부분에서는 '선율'만이 온전히 남게 된다.^{96마디, ♪8분 28초 이하} 마지막 순간 베토벤은 팀파니의 솔로로 이 부점 음형을 마지막으로 삽입하지만,^{102마디} 그것은 이미 힘을 잃었다.^{피아니시모, ♪9분 1초} 밝음이 어두움과 겨뤄 이겼던 1악장처럼, 2악장에서도 노래가 리듬을 이긴 것이다.

음악학자 셰링^{Arnold Schering, 1877-1941}은 교향곡 제4번의 아다지오는 실러의 시 「그리움」을 음악으로 옮긴 것이라고 말했다. 베토벤은 정말로 마음속에 차오르는 그리움에 음악의 날개를 달아주고 싶었던 것일까.

아, 이 골짜기의 밑바닥 밖으로

차갑게 내리누르는 연무를 걷고,
나가는 길을 찾을 수 있다면!
아, 어찌 해야 행복을 느낄 수 있을까!
저기 아름다운 언덕으로 눈을 든다,
영원히 젊고 영원히 푸르른 곳!
내게 날갯죽지가, 깃털 날개가 있다면,
저 언덕으로 멀리 날아갈 텐데.

내게 들려오는 하모니의 울림,
달콤한 천상, 저 안식의 소리,
가벼운 바람이 내게
발삼의 향내를 가져다주고
금빛 과실은 이글대는 듯하고,
어둑한 잎사귀 사이로 눈짓하는
저기 만발한 꽃들은 겨울이 닥쳐도
빼앗아갈 수 없겠구나

아, 갈 수만 있다면 얼마나 좋으랴,
저 영원한 햇살 비치는 곳으로,
저 드높은 곳에 부는 바람은
오 얼마나 소생의 기운을 품고 있을까.
허나 내 주위엔 미친 듯 흉포한 강물,
분노의 쇄아대는 소리가 그 사이를 막아
그의 물결 높기만 하니
내 영혼은 공포에 볼모로 잡혔구나

조각배 하나가 눈에 들어온다.

허나, 아! 뱃사공이 없구나.

새로이 용기내 흔들림 없이 몸 실으니,

그 돛 안에 생령이 사는구나.

믿어야 하리 해보아야 하리,

신들은 보증물을 받지 않으니.

오직 기적만이 그대를 데려가겠네,

저 아름답고 경이로운 나라로.

3악장 알레그로 비바체: 따로 명시하지는 않았지만, 이 곡은 스케르초다. 선율은 보헤미아의 민속춤 푸리안트^{Furiant}에서 유래했다. 푸리안트는 빠르고 변화가 많은 3박 계열의 춤이다.* 이 악장에서는 서양 음악의 기본 리듬 단위인 2박과 3박이 서로 대립 관계에 놓인다. 전체적인 박자는 3박이지만 잦은 헤미올라로 2박 단위로 흘러가는 부분이 많기 때문이다.

곡의 첫머리는 급히 상행하는 헤미올라 음형으로 시작되는데♪^{처음 부분} 이 헤미올라 음형은 마치 음을 층층이 겹쳐 쌓는 듯한 효과를 낸다. 선율이 하강할 때는 좀더 완만하고 부드럽게 떨어지기에 마치 겹쳐놓았던 음이 다시 천천히 풀어지는 듯이 느껴진다. 이 주제를 여러 악기가 돌아가며 모방하고, 상승과 하강에 맞게 셈여림도 포르테와 피아노를 오가기 때문에 전체적으로 음이 응축과 이완

* Doris Blaich: Musikstück der Woche vom 24.03.2014.
Kein Mauerblümchen! (아래의 웹사이트 참조.
https://www.swr.de/swr2/musik/musikstueck/
beethoven-ludwig-van-sinfonie-nr-4-b-dur/-/id=2937886/
did=13064222/nid=2937886/k5ll50/index.html)

을 반복하는 것처럼 들린다. 리듬이 2박과 3박을 오가며 변화하고 전조도 잦아 무척 역동적이지만 전체적으로는 순환하는 느낌이다.

트리오 주제♪1분 48초 이하는 천진한 음색의 목관악기와 귀여운 꾸밈음을 단 바이올린의 상승 악구다. 원조인 내림나장조에 중심을 확고히 두고 있고 선율도 서정적이어서 역동적인 스케르초 부분과 좋은 대조를 이룬다. 이때 현악은 2도 음정을 파동처럼 오가며 다소 단순하게 들리는 선율에 긴장감을 부여하는데♪2분 24초 이하 이 음형은 뒤에 음악적 긴장감을 증폭시키기 위한 '노이즈'noise로 활용된다.

베토벤은 트리오 부분을 한차례 더 반복하여 통상 세 도막인 스케르초 악장을 다섯 도막으로 구성했다. 덕분에 이 악장은 좀더 순환적인 성격이 강해졌다. 역동적인 춤 부분과 민속적이고 목가적인 노래가 번갈아 반복되는 구조가 생겨난 것이다. 스케르초 부분 자체도 돌고 도는 느낌을 내재하고 있으므로 이 같은 구성은 전체적으로 탁월한 효과를 불러일으킨다. 외적으로는 순환하지만 내적으로는 쉬지 않고 변화하는, 작지만 매력적인 춤이 그렇게 완성된 것이다.

4악장 알레그로 마 논 트로포: 피날레 악장은 놀라운 생기와 활력으로 움직임을 멈추지 않는 일종의 무궁동perpetuum mobile* 음악이다. 베토벤의 자필 악보에는 붉은색으로 '마 논 트로포'ma non troppo, 지나치지 않게라고 표시되어 있다. 빠르지만 동시에 너무 빠르지 않기

---

* 상동곡이라고도 한다. 보통 짧은 음표들로 이뤄진
악상이 같은 길이, 같은 빠르기로 쉴 새 없이
반복·진행되는 악곡을 말한다.

를 요구하는 베토벤의 의중은 무엇일까. 쉴 새 없이 몰아가는 전체의 빠르기를 유지하면서도 디테일한 표현 또한 버리지 말아야 한다는, 한마디로 연주하기가 매우 어려운 요구 사항이다. 때문에 교향곡 제4번의 피날레 악장에서는 속도감 그 자체가 주제다. 이 악장은 빠른 '알레그로'다. 하지만 악구의 성격에 따라 '마 논 트로포'가 존재감을 드러낸다. 선율적인 노래 장면이나 단순 장식이 아닌 유기체적 의미를 담고 있는 악구들이 그냥 흘러가버리지 않아야 하는 것이다. 결국 피날레에서는 '알레그로'와 '마 논 트로포'가 서로 대립한다.

곡의 첫 네 마디는 현악의 움직임과 관현악의 세 번의 총주 ♪처음부분로 이뤄진 작은 액자이면서 악곡의 방향을 예고한다. '움직임'과 '제동'이 그것이다. 제1바이올린에서 분주히 움직이는 16분음표들은 곡의 에너지원이다. 1주제13마디 이하, ♪9초 이하는 선율성이 강하지만 끝부분은 동시에 쉼표로 끊어져 있는데 이 마지막 음들을 전체 오케스트라가 이어받아 강조fortissimo, 매우 세게하는 것20마디, ♪15초 이하이 매우 인상적이다. 베토벤 스스로 움직임과 멈춤의 대립 관계가 중요함을 확언한 것이다.

멈추기가 무섭게 현악기군은 16분음표로 내달리기 시작한다. 1주제와 2주제 사이를 잇는 경과구가 이렇게 바쁘게 지나가고 익살스러운 클라리넷의 셋잇단음표 수식 위에 사랑스러운 목관악기군의 2주제37마디 이하, ♪28초 이하가 매끄럽게dolce 시작된다. 앞으로 나아가는 에너지가 충만한 이 낙관적인 선율은 비록 불협화가 세게 가로막아도64마디, 74마디, ♪50초, 59초 조금씩 모양을 바꿔가며 가볍게 그 틈을 헤쳐나간다.

발전부♪1분 23초 이하는 아주 깔끔하다. 여기서는 바이올린의 16분음표 모티프 중심으로 곡이 전개된다. 지금까지 쉴 새 없는 움직임을 보여주었던 16분음표의 연쇄는 이제 조각난다.[131마디 이하, ♪1분 44초 이하] 그 사이를 목관의 새로운 음형이 메워 전체 음악은 완전히 분절되는 것을 면한다. 그렇게 조각나버릴 위기를 극복한 음악은 점점 에너지를 키워간다. 셈여림 상의 세기가 증가할 뿐 아니라 악기들의 합세를 통해 전체 음량이 커져[149-161마디, ♪2분-2분 26초] 마침내 포르티시모에 이른다. 이 대목에서 쉼표가 딸린 분절된 음형은 더 이상 곡에 제동을 걸지 못한다. 오히려 계속 움직이려는 음악의 내적 에너지에 밀려 마치 춤곡같이 변해버리는 것이다. 이때 저음의 현에서 들려오는 당김음은 쉼표 사이를 메우며 곡에 지속적인 긴장감과 에너지를 불어넣는다.

다들 기다리고 있는데 바순이 저 혼자 나와 '재현부'라고 큰 소리로 말하다가 뒤로 내뺀다.[♪2분 29초] 혼자 네 마디 앞서 나와 마치 실수한 것 같은 이런 효과는 베토벤이 즐겨 사용한 음악적 유머 가운데 하나다. 움직임과 제동이라는 주제를 계속 상기시키려는 듯 재현부의 마지막 부분에서는 긴 늘임표가 곡을 인상적으로 정지시킨다. 전체 악상을 갈무리하는 간명한 코다에서도 베토벤은 인상적인 포르티시모의 타격 두 번으로 곡을 정지[343마디, ♪4분 35초-4분 43초]시킨다. 이후 1주제는 아주 여리게 제시되어 세 개의 늘임표에 지연되지만[345-350마디, ♪4분 44초-4분 55초]—눈에 띄게 느려진 속도감은 1악장의 느린 도입부를 잠시 상기시킨다—이는 더 이상 진정한 제동의 의미를 지니지 못하고 입가에 미소를 짓게 하는 유머로 느껴진다. 이후 다시 포르티시모와 알레그로를 회복한 악상은 첫머리의 액자 악구와 수미일관首尾一貫을 이루며 곡을 유쾌하게 닫는다.

이와 같이 베토벤 교향곡 제4번은 어두움과 밝음, 분절된 리듬과 이어진 선율, 2박과 3박, 속도감과 멈춤 등과 같이 대립되는 요소들의 관계를 음악화한다. 대립과 균형, 종합이라는 교향악적 원리를 충실하게 담아낸 작품이다.

■ 교향곡 제4번의 남은 이야기

1811년『일반 음악 신문』에는 베토벤의 교향곡 제4번에 대해 다음과 같은 평론이 실렸다. 호평이었다.

전체적으로 작품은 유쾌하고, 명료하고, 아주 잘 받아들여진다.

또 다른 평론가도 칭찬에 가세한다.

창조력이 풍부하고 많은 존경을 받는 이 대가가 가능하다면 가급적 이런 길로 계속 나아가면 어떨까. 그리고 여기서 해낸 것과 같이 좀더 높은 경지에 이르고자 애쓰는 것은 어떨까.

이듬해인 1812년『일반 음악 신문』에는 제4번이 왜 당시 청중들에게 인기 있었는지를 구체적으로 언급한다.

첫째 날 저녁, 지금까지 공공연주회에서는 들을 수 없었던 음악계의 장 파울Jean Paul, 1763-1825, 독일 소설가, 베토벤 선생의 내림나장조 교향곡의 공연이 펼쳐졌다. 그것은 작곡가 자신의 독창성과 에너지를 여실히 부여받은 작품으로서 그의 뮤즈가 더 이전에 만들어낸 작품들제1번과 제2번의 특성을 드러내고 있었다. 그의 많은 교향곡, 특히 「전원」이나 「영웅」과 달리 이 작품에서는 기묘함이 명징함을 손상시키지 않고 있다. 천재성과 불꽃같은 열정, 효과 등의 측면에서 이 작품과 비길 만한 작품은 다단조 교향곡「운명」일 것이고, 명징함의 측면에서는 오직 다장조 교향곡제1번만이 필적할 수 있을 것이다. 그러나 연주의 어려움에 있어서는 어떤 교향곡도 도전장을 내지 못할 것이다.

장 파울은 대가적이고 복잡한 서술 기교, 읽는 이를 압도하는 분량, 천재적인 착상, 백과사전적인 지식을 가진 독일 소설의 대가다. 하지만 베토벤을 장 파울에 빗댄 것은 사실 부정적인 뉘앙스에 가깝다. 신랄하게 말하자면 별나고 기괴한 면을 부각시킨 것이다. 그렇게 보면 제4번이 훌륭하다고 말하는 이유는 별나지 않아서이거나 '덜 베토벤다워서'인 것이다. 여전히 모차르트나 하이든의 감성에 머물러 있던 당시 청중들에게는 「영웅」보다는 제4번이 더 친근했을 것이다.

시대가 바뀌자 바로 이 점 때문에 제4번은 역차별을 받게 되었다. 바그너가 말한 대로 '차가운 음악'*—곧 베토벤 정신의 본령이 충분히 들어있지 않은 작품—등의 폄하를 받게 된 것이다.

하지만 이 '날씬한 그리스 여인'은 「영웅」과 「운명」 사이에서 자신만의 단아하고 산뜻한 기운을 뿜내고 있다. 양쪽의 거구들에게 시선을 빼앗겨 이 교향곡의 특별한 매력을 놓친다면 그것은 작품 탓일까. 아니면 충분한 관심을 쏟지 않은 탓일까.

베토벤은 이런 평가에 아랑곳하지 않고 제 길을 간다. 평단이나 청중을 의식해서 '대중 친화적'으로 쓴 것이 아니다. 그저 새로움을 모색하는 도정에서 대중의 소망이 충족되었을 뿐이다. 이렇게 그는 오로지 내면에서 소리치는 자유의 정신만을 따랐고 그 정신은 그의 인생과 예술을 당당하게 해주었다. 1806년의 스케치북에는 또 한

＊Dieter Rexroth, "Beethovens Symphonien,"
ein musikalisher Werkführer, München, 2005, S.89.

번의 도약을 예고하는, 이런 메모가 남아 있었다.

너의 듣지 못함은 더 이상 비밀이 아니어야 한다. 예술에 있어서
도 마찬가지다.

5 승리교향곡

교향곡 제5번 「운명」 다단조 Op.67

- **작곡 시기** 1803-1804년, 1807-1808년, 빈
- **헌정** 요제프 프란츠 막시밀리안 폰 로브코비츠 공작과
  안드레이 폰 라주모프스키 백작
- **초연** 1808년 12월 22일, 안 데어 빈 극장
- **초판** 브라이트코프 운트 해르텔, 라이프치히, 1809년
- **편성** 피콜로, 플루트2, 오보에2, 클라리넷2, 바순2,
  더블바순, 호른2, 트럼펫2, 트롬본3, 팀파니, 현악
- **악장** 1악장 알레그로 콘 브리오(2/4박자)
  2악장 안단테 콘 모토(3/8박자)
  3악장 알레그로(3/4박자)
  4악장 알레그로(2/2박자 알라 브레베)
- **연주 시간** 약 35분

가장 유명한 교향곡

베토벤의 교향곡 제5번은 교향곡 역사상 가장 유명한 곡이다. 아무리 클래식이 낯선 사람이라도 첫 소절만은 알고 있다. 듣는 순간 각인되는 강렬함 때문이다. 그것은 괴테에게도 예외가 아니었다. 1830년 5월, 스물한 살의 멘델스존은 바이마르에 위치한 괴테의 집에서 이 교향곡을 피아노로 연주한 뒤 이렇게 적었다.

오전에 저는 노시인께 한 시간가량 연주를 해드렸습니다. … 그런데 그분은 어쩐지 베토벤에게는 다가가려 하지 않으셨어요. 그래서 저는 "그래도 들어보셨으면 좋겠습니다" 하고 베토벤의 다단조 교향곡 1악장을 연주했습니다. 기이한 감동이 그분의 마음

을 움직이는 것 같았지요. 괴테가 입을 열었습니다. "가슴을 뭉클하게 하지는 않네. 그저 깜짝 놀라게 만들 뿐이야. 거대한 작품이로군." 낮은 목소리로 중얼거리던 그분은 꽤 시간이 지난 뒤에 다시 이렇게 말했습니다. "정말 엄청난 작품이야. 미친 작품이라고! 이걸 모든 사람이 다 함께 연주한다고! 집이 무너져내릴까봐 겁이 나는군!"

모차르트를 열렬히 사모했기에 베토벤을 애써 무시해온 괴테였다. 하지만 곡에 응축된 에너지는 피아노 연주만으로도 괴테를 압도했다. 시인은 이제 베토벤의 위대함을 부인할 수 없었다. 왜 이 음악은 그토록 강렬한 인상을 남기는 것일까?

운명을 그려내는 방법

잘 알려진 대로 이 교향곡은 흔히 「운명」이라고 불린다. 하지만 이는 공식적인 표제가 아니다. 신들러가 전한 유명한 말이 제목처럼 굳어진 것이다.

베토벤은 이 곡의 밑바닥에 놓여 있는 사상에 관해 필자와 이야기를 나누던 어느 날 이같이 말했다. "운명은 이렇게 문을 두드린다." 다단조 교향곡 1악장을 가리키는 말이었다.*

이 말은 강력하게 다가온다. 베토벤의 귓병도 교향곡의 첫머리처럼 청천벽력 같지 않았겠는가. 여기에 공감하는 데는 별다른 음

* Anton Schindler, *Biographie von Ludwig van Beethoven*, Münster, 1860, S.158.

오펜하임(Moritz Daniel Oppenheim),
「괴테에게 피아노를 연주해주는 멘델스존」(1864).

악적 지식이 필요하지 않다. 인생의 쓴맛을 조금이라도 맛본 이들이라면 누구나 마음의 떨림을 느낄 것이다. 더구나 불행한 '운명'이 베토벤의 인생 문을 쾅쾅 두들겼다는 말은 '모든 것을 지배하는 초인간적인 힘' 또는 '예정된 목숨이나 처지' 따위의 추상적 개념에 분명한 실체를 입혀준다. '운명'의 음향과 움직임을 실감하게 해주는 것이다.

베토벤이 운명을 그려내는 방식은 격렬하고 가차 없다. 음악은 주저하거나 한눈파는 법이 없으며 사정없이 들이닥친다. 여기에는 미화나 희화화 따위가 용납되지 않는다. 이것은 다른 예술가들과의 비교를 통해 더 분명히 드러난다. 슈베르트는 「죽음과 소녀」에서 죽음을 따뜻하게 묘사한다. 그의 가곡D.531이나 현악사중주제14번, D.810에서 죽음은 광포한 것이 아니라 에너지가 없는 상태를 뜻한다. 그가 곡을 붙인 클라우디우스의 시에서 죽음은 소녀에게 다정하게 말을 건네고 소녀는 말 그대로 조용히 잠에 빠진다.

손을 다오, 너 예쁘고 보드라운 이여,
나는 너의 친구, 벌주러 온 것이 아니란다
기분 좋게 있거라, 나는 거칠지 않으니,
내 품에서 얌전히 잠들려무나.

다른 한쪽에서는 죽음을 희화화하기도 한다. 생상스Camille Saint-Saëns, 1835-1921의 「죽음의 무도」가 그러한 예다. 여기서 죽음은 춤꾼이다. 죽음에게 신분 따위가 무슨 상관이겠는가. 귀족이건 평민이건 같은 춤판에 뒤섞인다. 카잘리스Henri Cazalis, 1840-1909의 가사는 「죽음의 무도」의 전통적인 메시지인 '메멘토 모리'Memento mori, 당신도 죽는다는 것을 잊지 마라를 우스꽝스럽게 뒤집는다. 본래대로라면 당신도

▲ 발등(Hans Baldung Grien), 「죽음과 소녀」(1517).
▼ 쉴레(Egon Schiele), 「죽음과 소녀」(1915).
발등의 '죽음'은 소녀의 머리채를 우악스럽게
쥐고 있는 데 반해 쉴레의 '죽음'은 소녀를
사랑하는 연인처럼 끌어안는다.

노트케(Bernt Notke), 「죽음의 무도」(1633).
에스토니아 탈린의 성 니콜라스 교회에 있는
노트케의 그림은 죽음이 만인에게 평등하다는 메시지,
곧 '메멘토 모리'를 전하고 있다.

언젠가는 죽게 되니 주님께 귀의하라는 메시지이지만, 여기서는 어차피 죽으면 해골일 뿐이니 평등하게 살자는 것이다. 어쨌거나 여기서도 죽음은 그리 무섭게 그려지지 않는다.

착, 착, 착— 죽음은 리듬을 타고
발뒤꿈치로 한 무덤을 딛는다
한밤중의 죽음은 착, 착, 착
바이올린으로 지그^{gigue}*를 연주한다
…
착, 착, 착! 사라방드^{sarabande}**로구나!
송장들의 원무에 모두들 손을 잡고 있다
착, 착, 착, 군중들 속에서 볼 수 있다
왕과 농부가 함께 춤추는 모습을!

하지만 쉬잇! 갑자기 댄스는 끝나버린다
서로 밀치다 날래게 도망친다— 수탉이 울었다!
아, 야상^{夜想}의 우미^{優美}가 궁핍한 자에게 비춘다!
죽음과 평등에게 만세!

하지만 운명을 꾸미거나 우습게 만드는 것은 베토벤이 생각하는 진실이 아니었다. 가공할 만한 고통은 말을 잊게 만든다. 우화가 아닌 진짜 죽음은 농담을 받아주지 않는다. 그것은 마치 생겨나는 모

---

* 바로크 시대 유행한 3박자 무곡으로
생생하고 민속적인 춤이다.
** 3박자의 느린 무곡으로
장중한 스페인의 춤이다.

볼게무트(Michael Wolgemut), 「죽음의 무도」(1493).
볼게무트는 해골들의 춤으로 죽음을
우스꽝스럽게 묘사한다.

든 것을 바로 먹어치우는 잔인한 사투르누스^{Saturnus, 로마 신화}와도 같다. 사투르누스 또는 크로노스^{Cronus, 그리스 신화}는 생멸하는 시간, 모든 것을 무^無로 되돌리는 시간을 말한다.* 아무도 붙잡거나 멈출 수 없는 시간, 사멸을 향해 달려가는 그 광포한 행군이야말로 운명의 본 모습이 아니던가. 베토벤은 그러한 시간의 파멸성 자체를 음악으로 표현하기로 했다. 고야^{Francisco Goya, 1746-1828}가 실감나게 그려낸 서슬 퍼런 노인의 광기가 베토벤의 교향곡에서도 터져 나온다. 그렇게 '운명'은 귀청을 두들긴다!

크로노스의 시간과 카이로스의 시간

고야 같은 화가들이 크로노스를 그토록 무시무시하게 그린 이유는 우리가 시간의 파멸적인 속성을 쉽게 망각하기 때문이다.

일상에서 상실한 시간들은 잘 기억나지 않는다. 예컨대 우리는 지난주 수요일 11시 34분에 입고 있었던 속옷의 색깔을 기억하지 못한다. 거기에 딱히 의미가 없기 때문이다. 의미 없는 시간은 망각된다. 그런데 그렇게 망각된 시간 또한 내 생명의 일부다. 알고 보면 내 삶이 잊히는 것이다! 그래서 예술가들은 충격요법을 선택한다. "이 순간에도 시간은 사라진다. 시간에 의미를 부여하라. 그래야 허무를 극복할 수 있다."

사실 이것은 장르를 불문하고 모든 예술의 공통적인 메시지다. 예술은 사랑과 더불어 시간에 의미를 부여하는 능력이다. 사랑은

---

* 크로노스는 물리적 시간, 생멸하는 시간을 뜻한다.
신화에서 그는 올림포스의 주신 제우스의 아버지로 등장한다.
제 자식들을 나는 족족 잡아먹는 크로노스에게서
탈출한 제우스는 영생불사, 곧 시간의 지배에서
벗어나 있는 신이 된다.

나눔을 통해서 시간을 특별하게 만든다. 인간에게 시간은 유한자원이고 그 시간을 다 썼다는 것은 죽음을 뜻하므로 시간을 나눈다는 것은 곧 생명을 나누는 것과 같다. 나눔은 결코 어리석은 낭비가 아니다. 함께 보낸 시간은 특별해지기 때문이다. 이와 마찬가지로 예술도 시간을 특별하게 한다. 예술은 시공간을 뛰어넘는 지적·감정적 만남을 주선해주고 아름다운 찰나를 포착하여 기념하도록 해주는 것이다.

이처럼 사랑과 예술이 의미를 부여하는 순간 크로노스는 카이로스^{Kairos*}로 변하여 마음속에 영원히 머무르게 된다. 이는 사랑하는 사람과의 첫 만남처럼, 떠올리기만 하면 언제고 그때로 되돌아가 미소 짓게 만드는 시간의 한 굽이다. 황진이가 동짓달 기나긴 밤에 한 굽이 '베혀' 놓고 싶다던 시간이고, 우리가 흔히 추억이라고 부르는 그 시간이다. 카이로스의 시간은 십년 전이든 방금 지난 일이든 사라지지 않고 사멸을 극복한다.

결국 우리는 크로노스와 카이로스, 두 겹의 시간을 산다. 필멸과 불멸을 함께 산다. 생명을 나누는 사랑과 시간을 기념하는 예술이 우리를 잿빛 크로노스에서 총천연색 생기 그득한 카이로스로 옮겨주기 때문이다. 당신은 카이로스의 시간을 살고 있는가. 예술은 지금도 질문을 던지고 있다.

* 카이로스란 특별한 시간을 의미하는 그리스어로 '기회'를 의인화한 신의 이름이기도 하다. 앞쪽 머리카락은 길고 뒤쪽 머리카락은 없는 그의 모습은 나타났을 때 얼른 붙잡지 않고 지나쳐 버리면 더는 잡을 수 없는 기회의 성격을 나타낸 것이다.

고야(Francisco José de Goya y Lucientes),
「제 자식을 잡아먹는 사투르누스」(1819-23).

데 로시(Franceso de Rossi),
「카이로스, 기회의 시간」(1543–45).

고통이 불러오는 끝없는 동경

베토벤의 「운명」 교향곡 또한 비슷한 충격요법으로 우리에게 질문을 던진다. 가차 없이 휘몰아대는 이 치열한 음악을 우아하게 감상하기는 어렵다. 이것은 감정을 짓누르고 말문을 막아버리는 음악인 것이다. 그런 면에서 '감동적인 면은 없고 놀라울 뿐'이라는 괴테의 반응은 실로 정직하다. 운명이 우리를 삶에서 몰아댈 때, 즉 우리가 야근에 허덕이고 고지서를 막아내며 연이은 실패에 두들겨 맞을 때 느끼는 것도 이런 기분이다. 의미 있는 삶이란 여유 있는 삶에서나 가능한 사치가 아닌가.

「운명」을 듣는 이들은 칠흑 같은 음악을 통해 베토벤이 겪었을 고통을 함께 겪으며 불행이 얼마나 강력한지, 인간이 얼마나 무력한지를 상징적으로 깨닫는다. 이렇게 이 곡은 베토벤 개인의 불행을 넘어 보편적 의미를 획득한다.

하지만 이 곡의 놀라운 작용은 여기에서 그치지 않는다. 고통의 음악이 마침내 벗어나고 싶다는 끝없는 동경을 일깨우는 것이다. 여기서 '끝없는'이라는 표현은 무척 중요하다. 끝없는, 즉 무한하다는 것은 그 자체로 크로노스의 지배에서 벗어나려는 생각의 도약*이기 때문이다. 낭만주의의 위대한 작가이자, 음악가요, 삽화가였던 호프만Ernst Theodor Amadeus Hoffmann, 1776-1822은 이 사실을 꿰뚫어 보았다. 유명한 평론 「베토벤의 기악음악」에서 호프만은 음악이 무한한 것을 표현하는 '낭만적' 예술이라 말한다.

음악은 모든 예술장르 가운데 가장 낭만적이다. … 왜냐하면 무

---

* 크로노스의 아들 제우스는 자기 아버지의 손에서
탈출함으로써 영생불사의 신이 되었다.

한한 것만이 음악의 주제이기 때문이다. 오르페우스^{Orpheus, 그리스} 로마 신화의 음유시인*의 리라^{lyra**}는 지옥의 문을 열었다. 음악도 인간에게 미지의 왕국의 문을 열어준다. 이 왕국은 인간을 둘러싼 외적인 감각 세계와는 공통된 것이 아무것도 없는 어떤 세계이다. 그 같은 세계에서 인간은 모든 특정 감정을 유보한 채 형언할 수 없는 동경에 자신을 내맡긴다.

오직 무한한 것만이 순수음악의 주제라는 말은 어떤 의미일까. 그것은 언어가 정해놓은 개념을 벗어난다는 의미다. 언어는 사물이나 감정에 이름을 붙임으로써 의사소통과 이해를 돕지만 인식에 제한을 가하기도 한다. 하지만 세상에는 말로 표현할 수 없는 것들이 얼마나 많은가. 오르페우스의 경우도 그러하다. 아내를 잃은 오르페우스가 느낀 깊은 감정은 말에 온전히 담기지 못한다. 이성과 논리가 거추장스러워질 만큼 압도적인 감정을 슬픔, 두려움, 공포 따위의 낱말이 얼마나 옮겨낼 수 있는가.

그런데 음악은 언어가 침묵하는 곳에서 말하기 시작한다. 이성과 논리의 영역을 벗어나 마음에서 마음을 직접 울린다. 때문에 음악이 전달해주는 감정은 '특정'하거나 '형언'하기 어렵다. 바꿔 말하면 음악은 언어와 사고의 한계에 매이지 않으므로 우리는 음악을 통해 무한한 감정의 세계를 경험할 수 있는 것이다. 그런데 베토벤은 특히 괴로움과 그리움, 즉 고통과 동경을 서로 이어놓음으로써 무한

---

* 오르페우스는 아내 에우리디케를 잃고 깊은 슬픔에 빠져 리라(그리스 하프)를 타며 노래했다. 이 노래에 감동한 저승의 왕 하데스는 오르페우스에게 특별히 죽은 아내를 다시 이승으로 데려올 수 있는 기회를 허락한다.
** 리라는 서정시(Lyrik)와 노래(Lied)의 어원이다.

성의 경험을 극대화시킨다. 호프만은 계속한다.

베토벤의 기악음악은 우리에게 엄청난 세계, 측량할 수 없는 음의
왕국을 열어젖힌다. 이글거리는 불의 광선이 이 왕국의 깊은 밤을
뚫고 지나가고 우리는 보지 못했던 거인의 그림자를 발견한다. 그
는 어슬렁거리며 가까이 더 가까이 우리를 옥죄고 마침내 우리에
게 끝없는 동경의 고통 외에는 아무것도 남겨놓지 않는다. 그 속
에서 솟아오르는 일순간 환호성이나 온갖 즐거움은 가라앉고 저
물어버린다. 그런데 사랑, 희망, 기쁨을 사그라들게는 하되 아예
없애버리지는 않는 고통 속에서 우리는 계속 살아간다. 그런 끝없
는 동경의 고통 속에서 우리의 온갖 열정은 한데 아우성치고, 우
리의 가슴은 터져버릴 것만 같다. 우리는 곧 황홀경에 빠져 보이
지 않는 영혼을 보는 선견자가 되는 것이다!

호프만은 베토벤 음악의 중심부에 고통—고생이 더 적절한 표현
인지도 모른다—이 자리하고 있음을 꿰뚫어보았다. 이 고통은 그
리움을 더 사무치게 한다. 다시 말해 고통은 우리 삶에 간절함을 선
사하여 삶의 의미를 되돌아보게 한다.

조금 사소한 예를 들어보자. "내가 이깟 월급 받겠다고 그 고생을
했어." "너 입덧할 때 오소리감투 많이 주는 순댓집 찾느라 내가 고
생했어." 후렴구처럼 반복되는 고생했다는 말은 실은 그 앞에 나오
는 말에 그만큼의 가치가 있음을 강조한다. 그것을 얻으려는 열망
이 고생을 기꺼이 감내하게 했다는 뜻이다. 돈벌이의 고생은 무직
의 고통이 일깨우는 열망의 결과다. 아내가 원하는 음식을 찾아내
는 고생은 사랑을 보여주지 않는 고통과 그럼으로써 평생 들을지도
모르는 잔소리의 고통이 일깨운 열망의 결과다. 고통은 이처럼 삶

에 간절함을 주어 '하지 않음의 허무' 대신에 '무엇인가를 하는 고생'을 택하게 만든다. 바로 그때 피 같은 돈, 낳지 않았으면 몰랐을 아이의 귀여움, 평생 잊히지 않는 오소리감투의 오도독한 식감이 카이로스의 시간으로 새겨진다.

호프만이 보기에 베토벤의 음악은 무한한 열망을 일깨우게 했다. 음악가 호프만에게 이상향은 모차르트였지만* 그가 뼛속 깊이 이해할 수 있었던 것은 오히려 베토벤이었다.** 호프만은 베토벤 음악의 의의를 다시 아래와 같이 정리한다.

하이든은 인간의 삶 안에서 인간다움을 낭만적으로 파악했으므로 그의 음악은 대부분의 사람에게 공감을 불러일으킨다. 모차르트는 초인간적인 것, 즉 영혼의 내면에 깃들어 있는 경이로운 것을 요구한다. 베토벤의 음악은 경외와 공포, 경악과 고통의 지렛대를 움직여 낭만주의의 본질인 끝없는 동경을 일깨운다. 그러므로 베토벤은 순전한 낭만주의 작곡가다.

승리 교향곡

베토벤 교향곡 제5번을 「운명」이라 부르는 것은 그리 온당한 일이 아니다. '운명'은 이 교향곡의 '등장인물'일 뿐 주인공은 아니기

---

* 그는 자신의 가운데 이름 '빌헬름'을
모차르트의 이름 '아마데우스'로 고치기까지 했다.
** 이 평론은 호프만이 밤베르크 음악감독으로
부임한 시기에 나왔다. 하지만 이틀 만에
음악감독 자리를 잃고 혹독한 고생을 하게 되었다.
그때 호프만은 베토벤 음악에 깃든 고통의 신비를 깨달았다.
이 평론을 쓴 이후 그는 유럽문학에서 가장 독창적이고도
독보적인 환상문학을 창시하게 되었다.

카차로프(Michel Katzaroff), 「지휘하는 베토벤」(1945).

때문이다. 그는 그저 1악장을 지배할 뿐, 2악장부터는 운명에 맞서고 극복하는 인간의 내면이 전면에 드러난다. 때문에 이 교향곡에 더 적절한 제목은 '승리'일 것이다.

베토벤의 시대에 '승리'는 시민사회 공통의 관심사였다. 나폴레옹은 괴테를 만나 환담하는 자리에서 "정치가 곧 운명"이라고 말했지만* 베토벤은 정치적 운명 또한 스스로 개척해나가는 것임을 믿었다. 그렇다면 이 교향곡은 독재자의 폭압에 맞서는 시민의 투쟁과 승리로 해석할 수도 있다. 다시 말해 1악장의 모티프는 개인이 대항할 수 없는 정치권력을 의미하며, 그 이후의 내용은 권력에 맞서는 개인의 민주적 연대와 승리라는 것이다.**

그렇다면 베토벤의 「운명」 교향곡은 제3번 「영웅」과 짝을 이루는 거대한 기획의 일부로 해석될 수 있다. 「영웅」이 창조자 프로메테우스를 다뤘다면 제5번은 공화주의자 베토벤의 정치적 입장을 저항자 프로메테우스의 모습으로 표현한 것이다. 이처럼 베토벤의 교향곡은 개인과 사회, 예술과 현실 양면에서 다층적인 의미를 전달한다.

인간 승리의 드라마

교향곡은 다층적인 의미를 담고 있지만 「운명」 교향곡은 '쉽다'고 말할 수 있다. 이것이 「운명」 교향곡의 최대 장점일 것이다. 바그너는 이 곡에 대하여 "베토벤이 갑자기 대중집회의 설교자가 된 것

---

* Jacques Le Rider, Goethe die Französische Revolution und Napoleon, in *Der Europäer* Jg. 7 Nr.9/10, 2013, S.19.
** Harry Goldschmidt, *Beethoven-Werkeinführungen*, Stuttgart, 1975, S.40-41.

같다"고 말했고 게크는 루터[Martin Luther, 1483-1546]가 연상된다고도 했다.* 위대한 종교개혁가 루터는 신학자들의 현학적인 문자 대신 보통 사람들의 쉬운 말로 성경을 번역했다. 베토벤의 교향곡 제5번의 음악어법도 그처럼 쉽다. 모티프는 극히 간결하고 드라마적 갈등도 아주 선명하다. 선과 악, 죽음과 생명의 싸움은 이미 우리에게 익숙한 소재이기 때문이다.

공교롭게도 「운명」은 루터의 위대한 성시 「내 주는 강한 성이요」와 닮은 면이 있다. 이 시는 교향곡의 4악장 구조와 닮은 네 개의 연으로 되어 있다. 제1연에서 루터는 하나님에 대한 선언적 신앙고백을 한 후 악의 권세를 강하게 묘사한다. '대적'[사탄]은 "막강한 권능과 많은 모략"을 가진 감히 대항할 수 없는 존재로 교향곡에서 그려지는 '운명'과 매우 유사하다. 적은 강한데 나는 무력하다. 하지만 이겨야 한다. 할리우드 영화 같은 단순한 도식이다.

제2연에서 반전이 나타난다. 시적 화자는 "우리의 힘으로는 아무것도 할 수 없다"고 고백한다. 인간은 "곧 사라질 존재"이기 때문이다. 그런데 이처럼 필멸의 인간이 자기 한계를 인정하는 순간[달리 말해 시간을 성찰하여 의미를 찾는 순간] 신이 그의 편이 되어 싸우기 시작한다. 제3연에서 전세는 역전되고 크로노스의 시간이 카이로스의 시간으로 바뀐다. 마침내 제4연에서 루터는 굳건한 믿음과 영광스러운 승리를 당당한 언어로 묘사한다.

대적들은 이 말씀에 손을 대지 못하고
그 어떤 다른 생각도 하지 못하리라,

* Martin Geck, *Die Sinfonien Beethovens*, Hildesheim, 2015, S.104.

주께서 우리 땅 위에 함께 계시니

곧 그의 성령과 은사와 함께로다.

대적이 우리 육신과 재산과

명예와 아이와 아내를 앗아간다 해도

가게 두어라. 그래도

그들이 얻는 것은 없으리니

주의 왕국만이 우리에게 영원히 임하시리라

이러한 드라마는 「반지의 제왕」이나 「007 시리즈」에서도 볼 수 있는 대중적 플롯으로 여전히 반복 생산되고 있다. 불가능해 보이는 싸움에서 온갖 난관을 뚫고 결국 승리한다는 이야기는 보고 또 보아도 결코 질리지 않는 것이다.

일찍이 바흐는 이 장대한 루터의 성시를 교회 칸타타^{제80번}로 옮겨놓았다. 그러나 베토벤은 비슷한 승리의 내용을 하나의 순수음악으로 완성했다. 전자가 레치타티보, 아리아, 코랄 등에 의해 분절된 옴니버스^{Omnibus}라면 후자는 한 흐름으로 완결된 드라마다. 인간 승리의 과정 전체를 심장이 떨리는 대역전의 시나리오로 그려낸다. 쉬운 교향곡이란 얼마나 멋진가. 루터의 성경이, 예수 그리스도의 비유가 일상의 삶과 붙어 있음으로써 쉽고도 강력해진 것처럼, 베토벤의 「운명」도 그렇게 음악사상 제일가는 대중성을 획득하게 되었다.

■ 교향곡 제5번 깊이 읽기: 치밀하게 계산된 음악적 드라마

「운명」 교향곡은 '운명'에서 시작되어 '승리'로 마무리되는 교향곡이다. 그러므로 피날레가 곡의 중심이 되는 것은 필연적이다. 피날레의 길이가 전체 네 악장 가운데 가장 길 뿐 아니라 3악장과 4악

- 카를로스 클라이버
- 빈 필하모니커
- 도이치그라모폰
- 1975

장을 서로 연결^{attaca}하여 결말로 전개되는 흐름을 더욱 강조한다.

그에 따라 노래악장, 춤곡악장 같은 고전적 도식과 경계도 흐릿해진다. 운명·투쟁·승리라는 메시지의 전달이 형식 자체보다 더 중요한 것이다. 「영웅」에서 창조자의 자유를 그리기 위해 소나타 형식에 변형을 감행했던 것과 같은 이치다.

베토벤은 극히 세심하게 전체를 구성한다. 마치 극작가가 사전에 등장인물들의 성격과 그것이 빚어낼 모든 갈등 요소를 계산하듯이 길이와 진행과정, 밝기, 소리의 질감 등 모든 요소를 베토벤은 치밀하게 설계한다. 적절한 때에 적절한 효과가 나타나야 오케스트라가 청중을 이끌 수 있게 된다. 베토벤은 '전체를 눈앞에 두고' 작곡에 임한 것이다.

1악장 알레그로 콘 브리오: 리츨러는 이 악장의 위대함을 간결함에서 찾았다.* 유명한 '운명의 모티프'^{1-5마디, ♪처음 부분}가 간결함의 핵심이다. 이 모티프는 「영웅」의 경우처럼 결코 완결된 주제로 발전하지 않고 원형을 완고하게 유지한 채 쉴 새 없이 반복한다. 가히 철권^{鐵拳}과 같은 악상이다.

이 모티프는 그 자체로 '운명'을 상징하기에 전통적인 소나타 형식에 변형을 야기한다. 다시 말해 1주제와 2주제가 경쟁·발전하여

  * 발터 리츨러, 『베토벤』, 나주리·신인선 옮김, 음악세계, 2007, 212쪽.

종합에 이르는 전개 과정이 여기서는 성립될 수 없다. 만일 1주제가 막강한 '운명'^{정, 正}이라면 누가 거기에 반대^{반, 反}를 제기할 수 있겠는가. 그런 까닭에 「운명」 교향곡 1악장은 1주제가 거의 전 악상을 지배하는 악곡이 되었다.* 2주제가 없는 것은 아니다. 하지만 호른의 연결구^{59~62마디} 뒤에 이어지는 부드럽고 서정적인 2주제^{63마디 이하, ♪49초 이하}는 1주제의 광포한 흐름^{♪1분 19초 이하}에 밀려 금세 사라져버린다. 사투르누스가 서정적 순간을 잡아먹는 것이다.

이처럼 압도적인 1주제는 '운명'의 지배력을 표현하는 것 이상의 중대한 효과를 가져온다. 2주제의 발전과 개입이 생략된 까닭에 극히 간결한 구조를 구축할 수 있었다.** 덕분에 악상은 훨씬 더 명료해졌다. 듣는 이의 뇌리에는 위압적인 운명의 철권이 각인되고도 남는다.

베토벤은 한발 더 나아간다. 운명을 묘사할 뿐 아니라 듣는 이의 마음속에 공포감을 조성한다. 공포영화가 무서운 이유는 귀신의 힘이 세기 때문만이 아니라 무슨 일이 닥칠지 모르기 때문이다. 그런 순간이 「운명」 교향곡에도 있다. 발전부 중간 부분^{196마디 이하, ♪3분 49초 이하}에 쉴 새 없던 운명의 포효가 일순간 잦아들고 홀연 괘종시계 소리가 들려오는데 그 효과는 어두운 산장에 홀로 갇힌 이에게 들려오는 소쩍새 울음소리만큼이나 무섭다. 현악과 목관이 만들어내는 괘종시계 소리는 그 자체로 시간, 즉 운명을 상징하지만 동시에 지금까지 휘몰아친 운명이 돌연 작은 나무태엽상자 속에 잠시 몸을 숨기고 짐짓 뜸을 들이는 듯하다. 그가 이제 최후의 타격을 준

* 그래서 다수의 학자는 이 악장을 '단일 주제 작법'(monothematische Arbeit)의 결과물로 보았다.
** Dieter Rexroth, "Beethovens Symphonien," *ein musikalischer Werkführer*, München, 2005, S.98.

비하는 것일까? 내게 남아 있는 시간은 이제 얼마쯤일까?

이 같은 고요의 찰나는 '운명'의 빈틈이기도 하다. 고요가 공포를 가장 공포스럽게 만드는 순간, 내면의 아우성이 괘종시계 소리에 실려 들려온다. 기계 장치처럼 폭주하던 시간의 틈바구니에서 내면에 집중할 기회가 온 것이다. 이 순간은 크로노스의 지배가 작용하지 못하는 '치외법권'의 시간이다.* 이 같은 '고요'와 '정지'의 순간들은 앞으로의 '투쟁'에 대한 실마리가 된다.

재현부에서는 또 하나의 놀라운 부분이 귀를 사로잡는다. '알레그로'로 흐르던 시간을 뚫고 갑자기 '아다지오'의 시간이 침투해 들어오는 것이다. 오보에 솔로의 구슬프고도 처연한 선율이다.269마디 이하, ♪4분 34초 이하 짧지만 내면적인 소리는 이 악장에서 유일하게 들려오는 '인간적' 목소리다. 물론 이 같은 슬픔은 운명 앞에 무력한 인간의 처지를 말해준다. 하지만 이같이 진정성 있는 내면의 감정아다지오은 앞부분알레그로과 확연히 구분된다. 베토벤은 여기에 늘임표까지 붙여놓았는데 이는 내면의 소리에 충분히 귀를 기울이라는 작곡가의 메시지다. 때문에 이 짧은 오보에의 '탄식'은 쉴 새 없이 흘러가는 '크로노스'의 지배에서 벗어나 있는 특별한 시간을 상징한다. 더군다나 이 악장에는 이전까지 독주가 단 한 차례도 나오지 않았기에 더욱 인상적이다.

이같이 베토벤은 지배하는 '운명'뿐 아니라 운명의 지배력에서 벗어나 있는 작은 부분들을 남겨두었다. 제아무리 강력한 운명이라도 인간의 내면을 완전히 지배할 수는 없다는 믿음이다. 베토벤은 이런 이유 때문에 곡의 첫머리 '운명'의 모티프에도 늘임표를 걸어두고, 기보법상 네 마디면 충분한데도 아예 한 마디를 더 늘려놓았

* Dieter Rexroth, 앞의 책, S.99-100.

다. 규칙적인 시간의 지배에서 벗어나려는 작곡가의 의지를 첫 동기부터 선언한 것이다.*

2악장 안단테 콘 모토: 2악장은 여러 가지로 1악장과 반대된다. 먼저 곡의 조성은 원조인 다단조로부터 6도 떨어진, 상당히 거리가 먼 조성인 내림가장조로 되어 있다. 보통 고전주의 교향곡에서는 2악장의 조성으로 원조와 거리가 멀지 않은 딸림조^{5도}를 채택한다. 두 악장 간의 음향적 차이를 강조하려는 작곡가의 의도가 반영된 것이다.

모티프의 성격도 타격 일변도였던 1악장과는 상반된다. 2악장의 1주제^{♪처음 부분}는 노래다운 긴 호흡을 지닌다. 마치 1악장에서 '운명'의 모티프에 잡아먹힌 줄 알았던 2주제가 2악장으로 피신해온 것 같다. 한편 2주제^{♪56초 이하}는 행진곡풍의 모티프다. 처음에는 클라리넷과 바순이, 다장조로 전조된 뒤에는 트럼펫과 팀파니의 팡파르가 밝고 기운차다. 이 주제는 피날레에 대한 복선 역할을 하는 동시에 '운명'^{다단조}에 맞서는 내면의 결의를 상징적으로 들려준다. 솔로 악기들도 제 목소리를 낸다. 합주 일변도였던 1악장과 달리 2악장에서는 분절작법을 통한 개별 악기의 색채가 두드러진다.

결국 2악장에는 '자유'가 있다. 그의 내면은 이미 승리를 꿈꾸며 약동한다. 그에 걸맞게 전체 곡은 소나타 형식이지만 자유로운 형식의 변주곡이기도 하다.** 첫 부분^{1-48마디}에서 1주제와 2주제가 제시된 뒤 세 개의 변주가 뒤따른다. 1변주^{49-97마디, ♪2분 6초 이하}와 2변

---

* Renate Ulm, *Die 9 Symphonien Beethovens*,
München · Kassel, 1994, S.155.
** 같은 책, S.159.

주^{98-184마디,} ♪4분 3초 ^{이하}로 진행될수록 자유의 움직임은 점점 배가 된다. 이 가운데 2변주는 발전부 역할을 하면서 다양한 악상을 펼쳐 보인다. 특히 목관의 서정적인 앙상블 장면^{♪5분 15초-5분 57초}은 1악장과는 사뭇 다른 2악장의 세계를 들려준다. 재현부와 코다를 포괄하는 3변주^{185-247마디,} ♪7분 23초 ^{이하}에서는 내면에 차오른 간절함을 느낄 수 있다. 목관악기들이 선보이는 작은 춤곡 ♪8분 14초 ^{이하}도 인상적이다. 요컨대 2악장은 노래와 행진과 춤이다. 가장 인간다운 감정으로 '운명'에 맞선 것이다.

3악장 알레그로: 이 악장에는 '스케르초' 표시가 없다. 다만 빠르기만을 지시했을 뿐이다. 전체 드라마를 위해 춤곡 형식을 변형시켰기 때문이다. 첫 부분으로 되돌아가는 세도막 형식(A-B-A)으로는 승리의 여정을 제대로 표현할 수 없었다.

1악장의 강렬함을 능가하는 음악적 에너지를 축적하기 위해서는 3악장의 음악적 긴장감을 피날레 악장으로 이어가야 했다. 그래서 베토벤은 반복되는 스케르초 부분(A)을 짧게 축약하고 남은 부분에 피날레 악장으로 이어지는 음악적 연결다리를 놓는다. 이로써 역사상 가장 강력한 피날레를 위한 길이 준비된 것이다.

스케르초 테마는 비록 어두운 다단조이지만 ♪처음 부분 부드러운 선율선 때문에 2악장과 유사하다. 뒤에 이어지는 네 개 음의 '호른 모티프' ♪21초 ^{이하}는 1악장의 '운명 모티프'를 강하게 연상시킨다. 상반된 두 모티프가 엎치락뒤치락하는 3악장 초반은 결국 '운명'과 '인간 영혼'의 격전장이다. 그런데 이 호른 모티프는 1악장의 운명 모티프처럼 압도적인 타격의 소리를 들려주지 못하고 점점 선적으로 이어지는 모양새다. 그렇게 스케르초의 테마는 호른 모티프 속으로 잠입하는 데 성공하고 호른의 모티프는 변화된다. 마치 크로노스의 시간이 인간의 주체적인 의미 부여에 의해 카이로스의 시간으로 바뀌듯이 말이다.

에너지가 넘치는 트리오 부분♪1분 54초 이하은 현악기와 관현악에 의한 작은 푸가다. 전곡에서 가장 움직임이 많고 활달한 이 대목은 운명과의 싸움에서 인간 영혼이 결정적으로 승기를 잡았음을 드러내준다. 저음의 현악에서 시작하는 트리오는 상승하는 에너지로 가득하고 갈수록 많은 악기가 합세하여 전 관현악의 총주로까지 확대된다.

반복되는 스케르초 부분♪3분 18초 이하은 음량이 급격히 감소된 피치카토로 재현된다. 누가 이겼는지 궁금증을 자아내는 묘한 긴장감이다. 분명한 것은 운명을 연상시키는 호른 모티프가 눈에 띄게 세력을 잃었다는 점이다. 금관인 호른에 의해 등장했던 이 모티프는 이제 피치카토의 현악을 배경 삼아 스타카토의 목관으로 연주되다가 마침내 사그라든다. 이제 곡은 피날레를 향해 나아간다. 팀파니에 남아 있던 운명의 모티프는 이제 완전히 해체♪4분 30초 이하된다. 운명에서 벗어난 것이다! 팀파니는 이제 승리의 고동소리를 울리고 그 위에서 바이올린이 '나선을 그리며' 상승하다 격렬한 트레몰로로 신호를 보낸다. 이 순간을 기다렸다는 듯 관현악이 모두 여기 합세한다.

4악장 알레그로-프레스토: 승리의 팡파르가 터져 나온다. 확신에 찬 다장조로 전 관현악이 찬가♪처음 부분를 부른다. 이 관현악 총주는 지금까지 침묵하던 세 대의 트롬본, 더블바순, 피콜로까지 모두 함께 환호하는 장대한 장면이다. 그것은 '고난을 넘어 환희로'라는 베토벤 음악의 모토가 가장 확실하게 모습을 드러낸 순간이다. 운명에 대한 승리는 다음과 같이 표현된다. 다장조의 3화음은 공간을 꽉 채운 채 상승하여 다단조의 어두움을 불식하고, 갖춘마디로 지속되는 안정된 구조는 듣는 이를 몰아대던 못갖춘마디의 불안정함을 몰아낸다. 기계처럼 반복되던 운명의 모노톤은 지워지고 다채로운 악상이 넘실댄다.

한편 완만하고 부드럽게 하강하는 2주제♪1분 35초 이하는 긴장에서 벗어난 평온한 상태를 들려준다. 하지만 전체적으로 이 음악은 운명을 압도하고 아예 짓눌러버리기를 작정한 듯 끝없이 상승하면서 승리의 몸짓을 반복한다. 결말부로 갈수록 그 같은 의지는 더 확고해진다. 즉 제시부와 발전부에 비해 재현부와 코다의 길이가 엄청나게 늘어나 있는 것이다.

베토벤은 재현부 직전 하나의 의미심장한 회상 장면을 심어놓는다. 승리의 환호성이 잦아들고 3악장의 호른 모티프가 목관을 통해 잠시 인용♪5분 50초 이하되는 것이다. 이로써 베토벤은 운명의 지배를 받던 과거를 기억하며 지나치게 승리에 도취되는 것을 경계한다. 이 같은 인용은 피날레의 감동을 재차 선사하기 위한 장치이기도 하다. 즉 3악장에서 4악장으로 이어지는 과정을 반복함으로써 승리를 더욱 강조하는 것이다.

코다에서는 축제가 벌어진다. 1주제와 2주제 사이의 연결부 모티프가 인상적인 바순의 독주로 나타난 뒤318, 319마디, ♪8분 57초 이하 이를 일종의 춤곡 리듬처럼 활용하는 것이다. 이 춤곡 부분에서는 피콜로♪9분 14초 이하를 위한 무대가 펼쳐진다. 1악장에서는 아무 소리를 내지 못하던 솔로 악기가, 특히 전 오케스트라에서 가장 작은 악기인 피콜로가 여기서는 제 세상을 만난 듯 활개를 친다. 교향곡을 하나의 사회라 비유한다면, 1악장은 독재사회이고 4악장은 진정한 민주사회다. 가장 힘이 약한 개인이 자유를 누리고 있기 때문이다. 종곡으로 내달리는 프레스토 부분에서는 2주제의 악상362마디, ♪9분

$^{54초\ 이하}$이 집중적으로 사용된다. 운명이 지배하는 1악장에서는 2주제가 살아남을 수 없었다. 하지만 4악장에서는 2주제가 전체에 기여하는 역할을 회복하게 된 것이다.

승리를 확인하고 또 확인하는 듯한 관현악의 힘찬 화음이 듣는 이의 마음속을 가득 채운다. 주어진 운명을 당연한 것으로 받아들이지 말고, 내면의 목소리에 귀를 기울여라. 귀머거리 영웅 베토벤은 자신의 이야기를 우리 모두의 이야기로 바꿔주었다. 모든 고통스러운 이들이, 자유와 승리에 목마른 이들이 기꺼이 듣고 싶은 음악, 그것이 위대한 베토벤 교향곡 제5번이다.

■ 교향곡 제5번의 남은 이야기

역사상 가장 유명한 곡이지만 「운명」 교향곡의 초연은 처참한 실패로 끝날 운명이었다. 초연 일자는 1808년 12월 22일, 낮이 제일 짧고 밤이 제일 긴 동짓날 저녁 공연이었다. 오늘날과 같은 난방을 기대하기는 무리였고 악단은 제대로 준비되어 있지 않았다. 게다가 이날 연주회 프로그램은 악명 높다 할 정도로 길었다. 베토벤의 '쌍둥이' 교향곡 「운명」과 「전원」이 함께 초연된 이날의 자세한 프로그램은 다음과 같았다.*

제1부
I. 전원—교향곡^{제5번} 묘사라기보다는 감정의 표현
　　1악장 시골에 도착했을 때 사람의 마음속에 깨어난 편안한
　　　　감정들

* 초연 당시에는 연주 순서에 따라 「전원」을 제5번으로
「운명」을 제6번으로 생각했다.

2악장 시냇가 정경

3악장 시골 사람들과 함께하는 즐거운 자리, 계속됨

4악장 천둥과 폭풍우, 계속됨

5악장 폭우 뒤에 하나님께 드리는 감사와 연결된 선량한 감정

II. 콘서트 아리아, 킬리츠키^{Josephine Killitschky, 1790-1858}가 부름

III. 라틴어 텍스트로 된 찬가, 교회 스타일로 작곡된 합창과 솔로

IV. 피아노 협주곡, 그가 직접 작곡한 작품 아마 연주도 직접 할 것
　으로 보임

제2부

I. 대교향곡 다단조^{제6번}

II. 거룩하시다^{sanctus}, 라틴어 텍스트로 된 성악곡, 교회 스타일로
작곡된 합창과 솔로

III. 피아노 환상곡, 솔로

IV. 피아노 환상곡, 갈수록 관현악이 등장하고 마침내 합창단이
피날레에 가세하여 끝나는 작품*

교향곡 두 곡, 피아노 협주곡과 환상곡, 성악곡과 즉흥연주까지
합치면 연주 시간은 네 시간에 육박한다. 이 공연에 참석한 음악가
라이하르트^{Johann Friedrich Reichardt, 1752-1814}는 다음과 같은 기록을 남
겼다.

---

* 제1부의 두 번째 곡은 콘서트 아리아 「아! 믿지 못할 사람!」(Op.65),
제1부 세 번째 곡과 제2부의 두 번째 곡은
「미사」 C장조(Op.86)의 「글로리아」와 「상투스」,
제1부의 마지막 곡은 피아노 협주곡 제4번(Op.58)이다.
제2부의 마지막 곡은 「합창 환상곡」(Op.80)을 가리킨다.

이 자리를 빠져나가는 건 불가능했다. 로브코비츠^{Joseph Franz} Maximilian von Lobkowitz, 1772-1816 공작이 좋은 마음으로 제공해준 점심을 먹기도 했고 더군다나 그의 특별 칸막이 좌석에서 공연을 보도록 배려해주었기 때문에 나는 감사한 마음으로 이를 받았던 것이다. 그때 우리는 저녁 6시 30분부터 밤 10시 30분까지 끔찍한 혹한을 견뎌야 했다. 그 경험으로 나는 제대로 깨달을 수 있었다. 아무리 좋은 것, 강렬한 것이라도 너무 지나치면 안 된다는 것을! 나오고 싶은 마음이 간절했지만 공작의 일등석은 무대에 너무 가까이 있어서 관현악단을 지휘하는 베토벤이 옆에 서 있을 정도였다. 악단의 형편없는 연주가 신경을 극도로 건드렸는데도, 맙소사, 저 선량하고 세련된 공작은 연주회의 마지막이 다 되어서야 자리를 떴다.

프로이센의 궁정악장 라이하르트가 이 정도의 고통을 토로할 정도라면 일반 관객들은 오죽했겠는가. 이처럼 긴 연주회는 음반이나 방송이 없어 음악 감상을 할 기회가 희귀하던 시절의 관행이었다. 하지만 이 '역사적인' 관객들은 초인적인 참을성을 요구하는 '운명' 같은 추위에 떨다 돌아갔을 뿐이었다. 그러나 이 곡은 시간을 견뎌내고 살아남았다. 다음은 초연 5년 뒤인 1813년 『빈 일반 음악 신문』에 실린 평론이다.

천재적인 판타지와 거대한 에너지, 드높은 열정 … 마침내 승리에 찬 환호성이 카타르시스를 불러일으키는 이 작품은 … 대규모 기악 음악 분야에서 고전으로서의 가치를 내세울 만하다. 풍부하고도 명료한 사고! 다채롭고도 효과적인 관현악법! 진정한 내면의 천재가 아닌가!

하지만 "관현악법, 판타지, 에너지" 같은 말은 이 곡의 진가를 완전히 설명해내지 못한다. 이보다 더 확신에 찬 어조로 슈만은 다음과 같이 말한다.

이 작품은 아무리 여러 번 들어도 우리에게 변함없는 힘을 준다.

베토벤의 음악을 들을 수는 없었으나─그 역시 귀가 멀었으므로─어쩌면 그의 영혼을 누구보다도 더 깊이 이해했을 헬렌 켈러 Helen Keller, 1880-1952는 이렇게 말했다.

세상에는 많은 고통이 있지만, 그것을 이겨낼 수 있게 하는 것도 그만큼 많이 있다.

「운명」 교향곡도 삶의 고통을 이겨낼 수 있게 해주는 것 가운데 하나다. 힘 있고 신비로우며 깊고도 무한한 이 놀라운 음악이 용기가 필요한 당신의 마음을 두드릴 것이다.

6 자연에 충만한 신의 영광

교향곡 제6번 「전원」 바장조 Op.68

- **작곡 시기**　1807-1808년, 빈
- **부제**　　　전원 교향곡 또는 음화보다는 감정을 표현한
　　　　　　시골 생활의 회상
- **헌정**　　　요제프 프란츠 막시밀리안 폰 로브코비츠 공작과
　　　　　　안드레이 폰 라주모프스키 백작
- **초연**　　　1808년 12월 22일, 안 데어 빈 극장
- **초판**　　　브라이트코프 운트 해르텔, 라이프치히, 1809년
- **편성**　　　피콜로, 플루트2, 오보에2, 클라리넷2, 바순2,
　　　　　　더블바순, 호른2, 트럼펫2, 트롬본2, 팀파니, 현악
- **악장**　　　1악장 시골에 도착했을 때 깨어난 명랑한 감정·알레그로
　　　　　　　　마 논 트로포(2/4박자)
　　　　　　2악장 시냇가 정경·안단테 몰토 모소(12/8박자)
　　　　　　3악장 시골 사람들과의 즐거운 회합·알레그로(3/4박자)
　　　　　　4악장 악천우, 폭풍·알레그로(4/4박자)
　　　　　　5악장 목동의 노래, 폭풍이 지나간 뒤의 기쁨과 감사의
　　　　　　　　노래·알레그레토(6/8박자)
- **연주 시간**　약 45분

우연 또는 섭리

「전원」 교향곡과 관련한 잊을 수 없는 기억이 있다.

우리 집 차는 형편없이 낡은 하얀색 베스타로 시동을 걸 때마다 애를 먹이던 녀석이었다. 힘겹게 달달거리기를 수차례 하다가 기절하듯 시동이 픽 하고 꺼져버리는 날도 있었다. 그런 날이면 울화통이 터진 아버지가 차문을 사정없이 쾅 닫는데 문소리가 어찌나 빈약하던지, 나는 괜히 감정이 이입되어 봉고차 문을 어루만져주었다.

그런데 그날은 달랐다. 말썽 없이 시동이 걸렸고 우리는 기분 좋게 고속도로를 달렸다.

클래식 초보였던 나는 삼촌에게 선물받은 카세트테이프를 하나 챙겼다. 뵘^{Karl Böhm, 1894-1981}이 지휘하는 베토벤의 「전원」 교향곡이었다. 사실 카세트테이프를 넣기 전 잠시 멈칫했다. 얼마 전 고물 카오디오 탓에 벌써 카세트테이프 하나가 괴성을 지르며 망가졌기 때문이다. 그건 정말 멋졌던 솔티^{Sir Georg Solti, 1912-97} 지휘의 드보르자크^{Antonín Dvořák, 1841-1904} 「신세계」 교향곡이었다. 테이프는 너덜너덜해져서 두 번 다시 들을 수 없었다. 눈물이 핑 돌았다. 하지만 그날은 사고 없이 음악을 들을 수 있었다. 비록 어마어마한 소음이 교향곡과 경쟁하고 있었지만 나는 운전석과 조수석 사이로 고개를 빼고 음악에 귀를 기울였다.

한 30분쯤 달렸을까. 소음에 거의 지워졌던 시냇물 소리가 지나가고 떠들썩한 춤곡이 다시 귀에 들려왔다. 그때였다. 음악이 단조로 변하자 하늘이 갑자기 어두워졌다. 와이퍼가 움직이는가 싶더니 금세 장대 같은 비가 쏟아졌다. 빗줄기가 차창을 두들기자 차 안에는 포효하는 관현악의 천둥소리가 터져 나왔다. 이에 질세라 바깥에서는 번쩍하고 번개가 튀고, 우르릉 쾅쾅! 진짜 천둥소리가 온갖 소리를 한순간 뒤덮었다. 천둥이 삼켰던 소리가 다시 귓가에 다다랐을 때 와이퍼는 바쁘게 빗물을 훔치고 있었다. 마치 제가 메트로놈인 양, 차 안에 몰아치는 폭풍우 음악의 속도로 좌우를 누볐다. 빗소리, 천둥소리, 트레몰로와 찢어지는 금관소리. 나는 차 밖과 차 안에서 동시에 진행되는 그 두 겹의 음악을 입을 벌린 채 말없이 듣고 있었다.

신기한 일이 또 벌어졌다. 격렬한 4악장이 지나가고 조용히 5악장이 시작되자 거짓말 같이 폭우가 잦아들었다. 마침내 밖에서도 안에서도 빗소리가 그쳤다. 창문을 여니 물먹은 도로의 소음이 약음기를 단 듯 한결 부드럽게 들려오고, 싱그러운 바람이 콧구멍을 스쳤다. 아, 「전원」 교향곡은 얼마나 아름다운가.

이 일은 내가 클래식 음악과 관련해 겪은 일 중 가장 신기한 일이다. 날씨, 음악, 자동차의 주행거리가 어쩌다 맞아떨어진 것이겠지만, 그때 경험한 두 겹의 음악 덕분에 나는 지금까지도 음악 사랑을 이어가고 있다. 그러고 보면 그때의 우연은 섭리였는지도 모른다.

200여 년 전에 창조된 한 음악에 맞춰 갑작스럽게 폭우가 쏟아졌다. 이런 일을 두고 섭리라는 말을 쓸 수 있는 이유는 단순하다. 인간은 비를 내릴 수 없을뿐더러 3분 42초 동안만 내리게 할 수는 더더욱 없기 때문이다.

옛날 사람들은 자연을 신비한 존재로 느꼈다. 자연은 친근한 품이요, 장엄함을 깨우쳐주는 지혜였다. 그러나 우리는 자연을 자원이나 자재로 전락시켰다. 그와 함께 자연의 신비로움에 대한 감수성도 시들었다. 베토벤은 자연에서 느껴지는 신성을 음악으로 느끼게 해주고 싶었다. 이것이 바로 「전원」 교향곡의 주제다.

자연인 베토벤

예술가들은 틈날 때마다 자연을 노래했다. 워즈워스[William Wordsworth, 1770-1850]의 유명한 시도 그중 하나다.

하늘에서 무지개를 볼 때면
나의 가슴 설레온다
어릴 적에도 그랬었고
다 큰 오늘에도 똑같으니
쉰 예순 되어 안 그렇거든

독일 남부 가르미쉬(Garmisch)의
파르트나흐클람(Partnachklamm)협곡. 좌우
80미터 높이의 암벽 사이로 물이 떨어지는 알프스
끝자락의 한 계곡이다. 벌써 10년 전 일이지만
필자는 아직도 물이 쏟아지며 에메랄드빛으로
부서지는 이곳의 풍광을 잊지 못한다. 여러분의
마음속에는 어떤 자연의 풍경이 들어있는가.
베토벤의 「전원」 교향곡은 우리 마음속에 들어
있는 아름다운 자연을 떠올리게 해주려는 의도로
작곡되었다.

차라리 죽는 게 낫겠네
어린이는 어른의 아버지
바라보니 내 매일의 삶이
자연의 믿음에 엮이는구나

「무지개」의 시인이 읊조린 자연 사랑은 베토벤의 이야기이기도
했다. 천생 시골 사람이었던 베토벤은 자연에서 지친 심신을 회복
했다. 자연에서는 사람들에게 겪는 배신감을 느낄 일이 없었고 듣
지 못해도 괜찮았다. 자연은 소리뿐 아니라 빛깔, 감촉, 냄새를 통해
미묘하고도 신비한 기운으로 말을 걸어왔다.

나의 좌우명: 오직 시골에 머물러라. 이 알록달록한 곳에서 내 마
음은 얼마나 가벼운 기분으로 채워지는가. 내게 불행을 주는 청력
도 이곳에서는 나를 괴롭히지 못한다. 이곳에서는 모든 나무들이
내게 이렇게 말한다. 거룩하다, 거룩하다. 숲에서의 황홀함이란!
누가 그 모든 것을 표현해낼 수 있을까?

베토벤은 자연 속에서 쉬고 또 일했다. 자연의 음성을 받아적기
위해 스케치북과 몽당연필을 가지고 산책했다. 자연 속에서는 일과
쉼이 동시에 이뤄졌다. 베토벤은 자연에서 낙원의 순간을 경험했다.
이것은 청력을 거둬간 신이 선사한 값진 은혜였다.
　자신이 언제 행복한지를 분명히 알았던 베토벤은 예술가로서 행
복에 관해 묻고 싶었다. 마침 베토벤의 서가에는 호메로스Homeros,
?-?, 셰익스피어William Shakespeare, 1564-1616, 괴테, 실러의 옆자리에 신
학자 슈투름Christoph Christian Strum, 1740-86의 묵상집이 한 권 꽂혀 있
었다. 손때 묻은 그 책에는 이런 구절이 나온다.

부세(François Boucher),
「여름날의 전원」(1749)
평온한 목가적 정경은 17세기 이후 줄곧 예술의
소리가 되었다.

와이어스(Newell Convers Wyeth),
「베토벤과 자연」(1919).

자연을 마음의 학교라고 부르는 것은 온당하다. 자연은 우리에게 아주 명료한 방식으로 하나님의 뜻, 곧 우리 자신과 우리의 이웃들에게 행해야 할 우리의 책무들을 알려주기 때문이다.

마침내 베토벤은 자기의 책무를 떠올렸을 것이다. 그리고 자기가 좋아하는 자연을 가장 자신 있는 음악으로 그려놓기로 작정한다.

또 하나의 인간상 가니메데스

교향곡에 자연을 담는 것은 여러모로 새로운 도전이었다. 「전원」은 새로운 인간상을 요구했다. 투쟁하는 영웅은 낙원과 어울리지 않았으므로 제 스스로 세웠던 영웅적 음악의 틀에서 벗어날 필요가 있었다. 「전원」에는 보통 사람이 나온다. 그는 신의 울타리 안에 사는 소박한 일원으로 지극히 생생하고 인간답다. 그래서 「전원」은 프로메테우스와 반대되는 순응적 인간상 가니메데스^{Ganymedes, 그리스 신}화에 등장하는 트로이의 왕자*를 연상시킨다. 이 가니메데스에 대하여 괴테는 다음과 같이 읊었다.

아침노을 속에 있는 듯이
그대로군요, 내 주위를 붉게 물들이는 건
봄이여, 연인이여!
천 겹 사랑의 희열로

* 가니메데스(독일어로는 가뉘메트Ganymed)는
용모가 준수한 트로이의 왕자였는데 그를 마음에 들어한
제우스가 독수리를 보내 납치했다.
그럼에도 가니메데스는 원망이나 증오없이 제우스를
섬기는 시동이 되었다.

그대가 내 마음에 밀려듭니다
저 영원한 온기의 거룩한 감정.
그 끝없는 아름다움이여!

당신을 이 품에
꼭 안고 싶어요!

아, 당신의 가슴에 누워
그리워 애태우니
당신의 꽃들, 당신의 풀도
내 가슴으로 밀려옵니다
내 가슴의 타는 목마름을
다정히 식혀주는 건
그대, 사랑스러운 봄의 입김,
꾀꼬리는 그 속에 날 향한 노래를
실어 보내주어요, 사랑하며, 안개의 계곡에서

나도 갈래요, 같이 갈래요!
아, 어디로? 어디로?
저 위로, 가겠어요! 저 위로
구름들이 떠돌아 흐르다가
아래로, 구름들이
그리워하는 사랑에게로 몸을 기울여요!
내게 오렴, 내게 오렴!
이제 너희 구름들 품 안에 앉았으니
위로 가자!

©Carsten Norgaard

▲ 토르발센(Bertel Thorvaldsen),
「독수리로 변장한 제우스에게
물을 주는 가니메데스」(1817-29).
▼ 루벤스,
「가니메데스의 납치」(1636-38).

아름 안으며 아름 안긴 채!
올라가자, 그대의 가슴으로
만물을 사랑하는 아버지께!

이 시에서 가니메데스는 자기의 온 감각을 열어 자연을 마음속에 들인다. 사랑과 열정이 마음을 가득 채우자 그는 자발적으로 신을 만나러 올라간다.

괴테는 이 시에서 자유율격을 사용했다. 이는 헌신^{가니메데스} 또한 저항^{프로메테우스}만큼이나 자유를 전제하고 있음을 시사한다. 우리가 「전원」에서 경험하는 것이 바로 이 같은 온화한 자유다. 낙원에 사는 인간에게 필요한 것은 투쟁심이 아니라 창조자와 합을 맞추는 능력이다. 온전한 자유인이라면 지옥에서 살아남는 법뿐 아니라^{「운명」} 천국을 누리는 법^{「전원」} 또한 알아야 하는 것이다.

자연을 그려내는 방법

베토벤은 표현 대상에 관한 문제도 해결해야 했다. 자연을 그린다는 것은 그리 단순한 일이 아니기 때문이다. "당신은 자연을 본 일이 있는가"라는 질문에 많은 사람은 "그렇다"고 답하겠지만 그 대답은 절반만 진실이다. 시냇물을 볼 수는 있으나^{개별 현상} 자연 그 자체^{총체}를 볼 수는 없기 때문이다. 인공위성의 시점에서 우주에 떠 있는 푸른 별 지구를 본다 해도 마찬가지다. 그것은 분명 진귀한 경험이겠지만, 우리는 그저 하나의 항성을 본 것이다.

그렇다면 꽃이나 구름 따위를 묘사한 예술은 엄밀한 의미에서 자연이 아니라 그저 자연의 일부를 그린 것이다. 그러므로 자연을 그리려는 예술가는 부득이하게 자연의 전체 인상을 붙잡아 상징적으로 표현할 수밖에 없다. 전체를 조망할 수 없는 인간 시각의 한계는 곧 예술이 외면을 넘어 내면을 지향하게 하는 결정적인 이유가 된다. 눈과 달리 인간의 영혼은 총체를 받아들일 수 있기 때문이다. 위대한 작가 실러는 「마티손의 시에 대하여」라는 유명한 평론에서 이 문제를 좀더 구체적으로 표현한다.

평범한 자연을 그리는 그림쟁이에서 진정한 영혼을 그리는 화가가 되어라. 생령이 불어넣어지지 않은 자연을 인간 영혼의 상징으로 바꿀 수 있는 방법은 … 첫째, 감정을 표현하는 것이다. … 음악은 감정을 담는 형식 외에는 다른 대상을 가지지 않는 예술이다. 만일 어떤 풍경화나 전원시가 음악적으로 작용한다면 그것은 인간 본성인 정서적 능력을 표현했기 때문이다.

실러는 진정한 예술은 자연 자체보다 자연을 느끼는 인간의 정서를 재현하는 것이라고 말한다. 다시 말해 자연과 인간 내면을 서로 연동시킴으로써 인간 스스로 제 영혼의 상태를 경험하도록 하는 것이다. 그렇다면 「전원」 교향곡의 과제는 근원적 자연을 경험하는 인간 심성을 그리는 것이 된다.

음화기법의 한계

당시 많은 작곡가는 자연을 묘사하는 데 음화기법, 音畵技法* 치중했다. 포글러 Georg Joseph Vogler, 1749-1814 는 이런 방법으로 스타덤에 오른 작곡가다. 효과에 매우 집착했던 그는 오로지 청중들을 깜짝 놀라

* 음화기법(독일어로는 Tonmalerei)은 음악으로 이미지나 움직임을 모방하여 회화적 인상을 주려는 표현방식을 뜻한다.

게 하려는 목적으로 작곡을 했고, 「천둥 번개의 폭우」「여리고성城의 붕괴」 같은 작품은 많은 인기를 누렸다. 그러나 만하임에서 그의 음악을 들은 열한 살의 모차르트는 그가 마술사에 지나지 않으며 말도 안 되는 잡담만 늘어놓는다며 박한 평가를 내렸다.*

포글러와 비슷한 작곡가는 아주 많았다. 심지어 성대모사 전문 배우가 악단과 함께 공연하기도 했다. 마이어Mayer**라는 자가 프렌츨Ferdinand Fränzl, 1767-1833의 「새소리 교향곡」A Bird Song Symphony을 음화기법으로 연주하기도 했고, 사실성을 높인다는 이유로 암탉, 뻐꾸기, 딱따구리, 사냥개 소리를 재현한 보다노비츠Basilius von Bohdanowicz, 1740-1817 일가의 공연도 있었다.*** 그것은 빈의 공연장이 직면했던 "가장 조잡한 유형의 묘사 작품으로의 타락"****이었다. 종종 「전원」과의 유사성으로 주목받은 크네히트Justin Heinrich Knecht, 1752-1817의 교향곡 「자연의 음악적 초상」도 크게 다르지 않다. 「전원」처럼 다섯 개 악장마다 묘사적 설명이 붙어 있지만 교향악다운 대립과 균형, 발전의 원리는 찾아볼 수 없다.

그런 까닭에 미학자들은 음화기법을 저급하다고 생각했다. 영혼을 고양시키는 고차원적 수단으로 굳이 더 낮은 과제를 수행할 이유가 무엇이냐는 것이다. 줄처Johann Georg Sulzer, 1720-79는 그의 유명한 저서 『예술 일반에 관한 이론』에 다음과 같이 썼다.

* Renate Ulm, *Die 9 Symphonien Beethovens*,
München·Kassel, 1994, S.197.
** 성이 마이어인 어떤 사람인데 정확한 이름은 알 수 없다.
*** David Wyn Jones, *Beethoven: Pastoral Symphony*,
Cambridge, 1995, p.36.
**** 데이비드 W. 존스, 『전원 교향곡』,
김지순 옮김, 동문선, 2003, 60쪽.

어몽룡, 「월매도」,
(16세기 후반-17세기 전반).
정확한 묘사가 아니라 운치를 드러내는 것만으로도
인간은 자연을 마음속에서 재현할 수 있다.

바람, 천둥, 바다의 포효, 졸졸거리는 시냇물 소리, 번개의 번쩍임 같은 것들은 소리와 움직임으로 어느 정도 모방이 가능하다. … 하지만 그러한 음화는 음악의 진정한 정신과 배치된다. 곧 생명 없는 사물의 개념보다 심성에 일어나는 감정을 표현하는 것이 음악의 과제인 것이다.[*]

묘사 자체만으로는 예술이 될 수 없다. 일례로 사진이 예술인 이유는 정확한 '사진'寫眞, 물체를 있는 모양 그대로 그려냄 때문이 아니다. 셔터를 누르지 않았으면 영영 잊혔을 감동의 장면을 사진작가가 내 대신 붙잡아주었기 때문이다. 그래서 우리는 그의 눈과 손가락에 찬탄과 경의를 보내는 것이다.

'전원 음악'의 전통

지나친 묘사는 음악의 격을 떨어뜨린다. 하지만 아예 없다면 추상적이 되기 쉽다. 베토벤의 「전원」 프로젝트는 이런 양면의 위험에 노출되어 있었다. 그래서 베토벤은 과거 '전원 음악'Pastoral[**]의 전통을 되짚어보며 묘안을 모색하기 시작했다.

독일의 음악학자 잔트베르거Adolf Sandberger, 1864-1943에 의하면 전원 음악은 중세와 르네상스의 성악곡, 바로크 시대의 오페라와 대규모 종교곡 및 기악음악에 이르기까지 중부 유럽에 광범위하게 퍼져 있었다. 여기에 속해 있는 걸작들은 코렐리Arcangelo Corelli, 1653-1713 「크리스마스 협주곡」, 비발디 「사계」, 헨델Georg Friedrich Händel,

[*] Renate Ulm, 앞의 책, S.198-199.
[**] 목가 또는 목가적 음악이라고도 한다.
원래 시칠리아 양치기들이 부르는 6/8박자의 느린
악곡에서 유래했다. 주로 평온한 자연의 정취를 담고 있다.

1685-1759 「메시아」, 바흐 「크리스마스 오라토리오」 등을 망라한다.*

이런 사례들을 몰랐다 하더라도 베토벤은 교회에서 전원 음악을 일상적으로 접했을 것이다. 교회는 자연이라는 주제^{창조주의 섭리}에 친숙했을 뿐 아니라 전통의 보존고 역할을 했기 때문이다. 「전원」에 가장 직접적인 영향을 준 작품이 하이든의 오라토리오^{Oratorio**} 「사계」와 「천지창조」였음은 전혀 이상한 일이 아니다.

전원 음악의 일반적인 특징은 다음과 같다. 먼저 지속되는 긴 음^{혹은 코드}인 페달 포인트^{pedal point***}다. 주로 저음부를 가득 채우는 이 긴 음은 충만한 음악적 양감^{量感}을 선사한다. 전체적으로는 안정적이지만, 내적으로는 다양하게 결합되는 복합박자도 특징적이다. 이는 정중동^{靜中動, 조용한 가운데 어떤 움직임이 있음}이라는 자연의 움직임과 닮았다. 한편 반복적 화성과 악구, 급격한 전조를 피하는 완만한 화성 변화 또한 하나님이 다스리는 자연의 질서를 상징적으로 나타낸다. 베토벤은 이 같은 전원 음악의 어법을 많은 부분 「전원」 교향곡에 수용했다.

표제교향곡

이것만으로는 충분하지 않았다. 「전원」 교향곡이 말 그대로 자연과 인간 영혼의 만남을 그린 작품이 되려면 듣는 이의 상상력도 함께 작용해야 했다. 베토벤이 제아무리 자연의 인상을 포착했다 하

---

* 데이비드 W. 존스, 앞의 책, 29-32쪽.
** 오라토리오는 성경에 기반한 대규모 종교적 극음악을 말한다.
독창, 합창, 관현악이 교차되는 것은 오페라와 비슷하지만
합창의 비중이 높고 연기나 무대장치가 없는 것은 다르다.
*** 보통 최저음에 배치된 긴 지속음을 말한다.
또한 오르간의 페달 건반의 지속음에서 유래했기 때문에
오르간 포인트(Orgelpunkt)라고도 한다.

작자 미상, 도른바흐 전경(1830).
도른바흐는 베토벤이 종종 산책을 나갔던
빈 근교의 작은 마을이다.

더라도 듣는 이가 느끼지 못하면 헛일이기 때문이다. 그래서 베토벤은 '안내 문구'표제를 세심하게 선택하여 관객과 소통하고자 했다. 작곡 스케치북에 처음 나타나는 1·2·3악장의 표제는 다음과 같다.

1악장 시골에 도착함. 심정에 일어난 감동.
2악장 시냇가에서
3악장 축제적인 회합

표제 초안은 전체적으로 딱딱하고 감정 변화를 느끼기 어렵다. 3악장의 '축제적'이라는 말은 이 시골 모임이 뭔가 특별행사인 듯한 오해를 준다. 이에 베토벤은 수정을 가한다.

1악장 시골에 도착했을 때 사람의 마음속에 깨어난 편안한 감정들
2악장 시냇가 정경
3악장 시골 사람들과 함께하는 즐거운 자리. 계속됨

초연 프로그램*은 보다 발전된 모습이다. 우선 '깨어났다'는 표현은 시골에 도착한 순간의 감정 변화를 생생하게 포착해준다. '축제적'은 '즐거운'으로 바뀌었다. 소박하지만 떠들썩한 시골의 한때와 잘 어울린다. 하지만 '사람의 마음속에' 같은 불필요한 부분은 삭제가 필요하다. '편안한' 또한 정확한 표현이 아니다. 무엇을 '깨어나게' 하는 것은 '편안'보다는 더 활기찬 것일 테니 말이다.

최종본에서 1악장의 표제는 다시 바뀌었다. '시골에 도착했을 때

* 초연 당시 전체 표제는 이 책 201-202쪽에 수록되어 있다.
초판본에 최종 채택된 표제는 이 책 205쪽에 수록되어 있다.

깨어난 명랑한 감정.' 여기에는 시골을 떠올릴 때마다 즐거워지는 작곡가의 천진한 마음이 반영되어 있다. '명랑한'heiter이라는 형용사는 독일어에서 날씨가 맑다는 의미, 즉 '청명한'의 의미로도 쓰인다. 자연을 찾아온 사람의 반가움과 이를 맞아주는 자연의 밝음이 동시에 담겨 있다.

한편 교향곡 전체의 결론인 5악장의 표제도 여러 번 바뀌었다.

초안: 감사의 표현. 오 주여 당신께 감사하나이다
초연: 폭우 뒤에 하나님께 드리는 감사와 연결된 선량한 감정
최종: 목동의 노래. 폭풍우가 지나간 뒤의 기쁨과 감사의 감정

표제의 변화를 살펴보면 베토벤이 직접적인 종교적 표현을 피하려고 했음이 드러난다. 종교적 표현을 명시하다 보면 청중이 자칫 '자연 체험' 대신 '신앙적 모범답안'에 얽매이게 될 수도 있기 때문이다. 요컨대 음악을 제대로 만나는 자라면 신도 만날 수 있을 것이다. 그러나 신부터 찾는 사람은 음악을 제대로 느낄 수 없다.

묘사가 아닌 감정의 표현

베토벤은 부제도 여러 번 수정했다. 여기에는 베토벤의 작곡 의도가 분명히 드러나 있다. 처음 내용은 인쇄하기 위해 급히 넘긴 터라 아주 장황했지만 곧 간결하게 수정되었다.

초고: 전원 교향곡, 시골 생활을 누릴 때 인간 내면에 솟아나는
　　　즐거움이 표현됨.
수정: 전원 교향곡, 시골 생활의 몇몇 감정이 묘사됨.
재수정: 음화가 아닌 감정, 곧 시골 생활을 누릴 때 인간 내면에

솟아나는 즐거움이 표현됨.

여기서 '음화가 아닌 감정'이라는 문구는 청중들이 「전원」을 들을 때 명심해야 할 내용이었다. 「전원」의 작곡 스케치북에도 비슷한 내용이 들어있다.

— 듣는 이가 스스로 상황을 알아챌 수 있도록 여지를 남겨둘 것
— 설명 없이도 전체 악곡은 회화적 묘사가 아닌 감정으로써 인식되어야 함
— 전원적 교향악. 시골 생활이 어떤 것인지에 관한 개념을 가진 이라면 누구나, 많은 표제 없이도 작곡가가 의도한 바를 스스로 생각할 수 있음
— 기악음악에서 음화기법을 너무 지나치게 적용시킨다면 본질을 잃어버리게 됨

결국 「전원」 교향곡은 듣는 이의 능동적인 참여를 요구하는 혁신적인 교향곡이었다. 다시 말해 청중 각자가 제 마음속의 고향을 자유롭게 떠올리도록 하는 것이 「전원」의 의도였던 것이다. 이 같은 의도를 분명히 하기 위해 베토벤은 '회상'이라는 단어를 부제에 추가한다. 회상은 개인의 과거 체험과 직접 닿아 있는 말이므로 듣는 이들은 자연스럽게 자기가 겪은 자연을 떠올리게 된다. 그렇게 베토벤은 듣는 이의 연상聯想을 위축시키지 않는 간결한 표현으로 다음과 같이 제목을 확정한다.

"전원 교향곡 또는 음화보다는 감정을 표현한 시골 생활의 회상"

이와 같은 표제선정 과정을 통해 우리는 베토벤의 훌륭한 마음가짐을 엿보게 된다. 듣는 이와 최대한 소통하려는 그의 진실함에 비해 우리 공연장의 많은 문구는 얼마나 불친절한가. 번역되지 않은 외래어, 작품들의 무심한 단순 나열, 맥을 짚지 못하는 해설. 이런 일들은 전문성보다 배려의 부족에서 나온다. 사람과 음악을 이어주려는 고민이 모자란 까닭이다. 베토벤에게 배울 것이 한두 가지가 아니다.

■ 교향곡 제6번 깊이 읽기: 쌍둥이 교향곡

결국 베토벤의 「전원」은 「운명」만큼이나 엄청난 프로젝트였다. 베토벤은 운명이나 자연을 묘사하는 대신 듣는 이가 그것들을 만날 수 있도록 가상적인 체험의 장을 마련해주었다.

운명과 자연은 모두 인간의 삶에 엄청난 영향을 미치며 이 같은 존재를 만날 때 인간의 내면은 변화를 겪는다. 비유컨대 운명이 인간을 파괴하려는 '나쁜 영'이라면 자연은 인간에게 생명력을 주는 '좋은 영'이다. 운명 앞에서 인간은 투쟁의 드라마를 써내려가지만, 반대로 자연 속에서는 몰입과 순응의 드라마를 써내려간다. 결국 베토벤이 같은 시기에 작곡하여 같은 날 발표한 이 '쌍둥이' 작품은 인간과 초인간적 존재의 만남을 주제로 한 연작 드라마다. 이제 이 드라마의 세부를 들여다보자.

1악장 시골에 도착했을 때 깨어난 명랑한 감정·알레그로 마 논 트로포: 「전원」의 1악장은 베토벤의 소나타 형식 악장 가운데 가장 독특하다. 긴장과 갈등, 강렬한 대비를 기본으로 하는 베토벤 스타일과 전혀 다르기 때문이다. 속도에서도 이 점이 잘 드러난다. 이 악장의 미덕은 '마 논 트로포' 즉 '지나치지 않음'이고 지배적인 셈여

- 카를 뵘
- 빈 필하모니커
- 도이치그라모폰
- 1972

림도 '피아노'다.

처음에 귀를 사로잡는 것은 마치 음의 잔디밭을 깔아놓은 듯한 페달 포인트다. 1도와 5도가 이루는 이 지속화음에는 가운데 3음이 빠져있어 마치 백파이프*를 연상시킨다. 그 위에 세르비아 동요에서 따온 천진하고 상냥한 1주제가 율동하듯 흘러간다. ♪처음 부분 안정감, 명랑함, 민속성. 「전원」의 첫 네 마디는 한마디로 교향곡 전체 분위기의 요약이다.

늘임표로 잠시 뜸을 들인 후 자연에 대한 '회상'이 시작된다. 선율은 이음매를 구분할 수 없을 정도로 자연스러워 어느새 2주제에 다다른다. 1주제♪37초 이하가 리드미컬하다면 2주제♪1분 19초 이하는 부드럽고 반복적이어서 마치 유유히 흐르는 시냇물을 연상시킨다.

전체 진행은 아주 완만하다. 핵심이 되는 모티프는 1주제 둘째 마디의 하강 음형인데 베토벤은 발전부139~280마디에서 이 모티프를 무려 72마디 동안이나 반복시키면서 ♪5분 27초~7분 살을 붙여나간다. 바이올린에서 가볍게 제시된 이 음형은 점점 불어나 전체 관현악까지 확대된다. 이것은 '운명 모티프'의 반복과 비교할 만큼 집요한 반복이지만 효과는 완전히 다르다. 강력한 타격과 불안정한 화성과 못갖춘마디, 어두운 단조 진행이 특징적이었던 「운명」의 발전부와 달리 이 부분은 계속 순환하며 완만히 고조되는 규칙적인 갖춘마디로 되어 있다. 자연은 이렇게 서서히, 부드럽게, 그러나 충만하게 들

* 가죽 공기주머니와 몇 개의 리드가 달린 관으로 된
악기로 스코틀랜드의 대표적 악기로 여겨진다.

는 이에게 밀려든다. 이 구간에서 화성 변화는 단 세 번만 일어난다. 전체적으로 곡은 거의 기본화성인 F장삼화음^{으뜸}, C장삼화음^{딸림}, B♭장삼화음^{버금딸림}을 벗어나지 않으며 단조로의 전환도 극도로 자제한다. 이를테면 255마디에 등장하는 단조^{사단조}는 스포르찬도-피아노^{sforzando-piano, 악센트를 넣어 곧 약하게*}로 강조되어 인상을 남기지만 ♪^{7분 21초 이하} 곧바로 등장하는 다장조에 의해 와해된다. 마치 구름이 잠시 햇살을 가렸다가 금세 자리를 비키는 듯한 장면이다. 결과적으로 「전원」의 1악장은 그동안 베토벤 교향곡의 상징이었던 잦은 변화, 불협화, 예상을 뛰어넘는 전환, 다채로운 색채 등을 모두 걷어내고 아주 '맑고 밝은' 세계를 들려준다.

그렇다고 음악이 단조롭게 들리는 것은 아닌데 악기 편성, 셈여림, 음층의 두께, 화성 진행의 속도 등에 변화를 주기 때문이다. 가득 차 있는 음층 내부에서 움직이는 소리들은 일종의 무궁동 음악을 연상시킨다. 포르테와 피아노, 현과 관, 상이한 음형 등 베토벤다운 대비 효과가 여전히 힘을 발휘한다. 다만 그같은 대비 효과가 좀 더 느긋하고 온화하면서 점진적으로 적용되고 있다. 코다에 등장하는 복합박자^{428-467마디, ♪10분 24초 이하}나 마지막에 등장하는 익살스러운 바순과 클라리넷의 이중주^{♪11분 26초 이하}도 곡의 변화에 기여한다. 충만함 속에 약동하는 기운이 표현된 것이다.**

모든 것이 매끄럽다. 돌출된 부분을 찾을 수 없다. 듣는 이는 자연의 내적인 평형 상태, 충만함 속의 생기발랄함을 자기 내면에 채운다. 베토벤 못지않은 산책가였던 루소^{Jean-Jacques Rousseau, 1712-78}의

---

* 스포르찬도는 연주 중인 특정 음에 갑작스럽게
악센트를 부여하는 셈여림 지시다. 스포르찬도-피아노는
스포르찬도 이후 '곧바로 여리게'를 뜻한다.
** 데이비드 W. 존스, 앞의 책, 95-96쪽.

글은 곡에 대한 탁월한 묘사가 될 것이다.

그것은 완전한 고요도 아니요, 동요가 많은 상태도 아니다. 그것
은 같은 모양의 적당한 움직임이되 갑작스러움이나 중단이 없는
상태다.*

2악장 시냇가 정경·안단테 몰토 모소: 2악장은 자연의 품에서
누리는 포근한 휴식시간이다. 한가로이 걷는 빠르기 '안단테'에 '많
은 활기'molto mosso가 분위기를 말해준다. 약음기를 낀 첼로의 현악
앙상블은 흐르는 시냇물이고 바이올린의 1주제♪처음 부분는 그 위에
불어오는 바람 같다. 부분부분 끊어져 있지만 저음의 현이 그려주
는 물결 소리에 완전히 녹아 있어 연속성이 온전히 느껴진다. 1주제
가 반복될 때 바이올린은 긴 트릴7마디을 수놓는다. 이것은 바람에
하늘거리는 잎새일까. 자연의 신성을 예감하는 내면의 설렘일까. 정
확히 무얼 그렸는지는 모호하지만 정경의 운치를 느낄 수 있다. 길
고 여유로운 연결구12-30마디에서는 잠시 시냇물 소리가 멈추고 가
만히 서서 무엇을 관찰하는 듯한 대목♪1분 53초 이하도 나온다. 이런
장면에서 우리는 멈춘 시냇물이 듣는 이의 내면에서 흐르고 있음을
알 수 있다.

2주제31마디, ♪3분 11초 이하는 바순의 완만하고 편안한 노래다. 이후
목관악기가 현악의 '시냇물' 위에서 주선율을 노래하는 경향이 점
점 짙어진다. 발전부 첫머리54마디부터에 등장하는 플루트의 상승 음
형58마디, ♪5분 44초도 그중 하나다. 상승 음형은 곧 주선율을 노래하

---

* Martin Geck, *Die Sinfonien Beethovens*,
Hildesheim, 2015, S.115.

는 오보에와 어우러져 작은 이중주^{6분 5초-6분 36초}가 된다. 그 다음 부분에서 주선율을 맡는 것은 클라리넷^{69마디 이후}이다. 꽤 넓은 음역대를 오르내리는 클라리넷^{7분 24초 이하}은 평온함 속의 자유 그 자체다. 이 두 번의 목관 솔로 부분은 모두 트릴로 끝난다. 발전부의 마지막은 신비로우면서도 침잠하는 듯한 느낌을 준다. 주선율은 다시 바이올린이 맡지만 이때에 이르러 듣는 이들은 전체적인 자연의 인상뿐 아니라 그 속에서 노니는 '개체'들 또한 선명히 확인할 수 있다. 때문에 재현부의 첫머리^{91마디 이하, 9분 4초 이하}는 제시부와 확연히 다른 느낌이다. 집합적 인상에서 개별 이미지로 나아가려는 베토벤의 의도가 명확히 드러난다. 자연에서 머무는 시간이 늘어날수록 더 많은 것이 보이고 들린다. 말 그대로 우리의 눈과 감각이 열리는 것이다.

마침내 베토벤은 이 교향곡에서 가장 유명한 장면을 선보인다. 코다에 등장하는 '새소리 장면'^{129마디 이하, 12분 50초 이하}이 그것이다. 이 지점에서 베토벤은 아예 드러내놓고 새 소리를 모방한다. 악보에는 꾀꼬리^{플루트}, 메추라기^{오보에}, 뻐꾸기^{클라리넷}의 이름이 쓰여 있다. 연주자에게 이 부분이 직접적인 새의 묘사임을 전달하기 위해서다.

베토벤은 왜 새 소리를 흉내 낸 것일까. 자연의 품속에서 온 감각이 열린 '교향악적 자아'*가 마침내 전체 인상뿐 아니라 구체적 개체들을 알아보게 되었다고 알려주기 위해서다. 결국 새들의 앙상블 장면은 '시냇가 정경'에서 만난 자연이 주는 아름다움의 절정이다.

---

* 음악학자 게크는 마치 '시적 자아'와 비슷하게
교향곡을 표현하는 자아를 '교향악적 자아'
(sinfonisches Ich)라고 부른다.

브뤼헐(Pieter Bruegel), 「농부들의 춤」(1567).
시골 사람들의 즐거운 춤 장면을 익살스럽게
포착했다.

자연은 이렇게 우리의 감수성을 회복시켜준다.

너무나 아름다운 장면을 본 사람들은 종종 이렇게 말한다. "꿈이야! 생시야!" 베토벤은 꾀꼬리, 메추라기, 뻐꾸기의 입을 빌려 그에게 답한다. "꿈이 아니야, 이건 당신이 진짜 겪은 실존하는 아름다움이야." 시냇물 정경의 인상이 추상적이 될까 염려했던 베토벤은 우리에게 세 마리의 새를 보내주었다. 이들은 결코 태엽장치로 움직이는 가짜 새가 아니다. 우리 기억 속에 둥지를 트고 마음이 메마를 때마다 생명의 기운을 전해줄 어여쁜 전령이다.

3악장 시골 사람들과의 즐거운 회합 · 알레그로: 시골에 갔는데 시골스러움이 빠져서야 되겠는가. 사람 냄새 그득한 시골 잔치의 한 장면이 3악장에서 재현된다. 모인 사람들은 단순하고 건실한 농부들이다. 꾸밈없고 기운찬 시골 정서 덕에 마치 깽깽이, 피리, 나팔이 춤곡을 반주하는 것처럼 흥겹다.♪처음 부분 원래보다 한 박 먼저 나오는 오보에의 유머91마디 이하, ♪1분 1초 이하나* 우악스럽게 밀고 들어왔다 밀려나가는 트리오 부분♪1분 52초 이하의 움직임도 생생하다. 왁자한 「전원」의 스케르초 또한 교향곡 제4번의 경우처럼 스케르초와 트리오를 한 번 더 반복한 다섯 도막의 악곡이다. 이로써 이 춤은 좀더 반복적이고 민속적인 성격을 부여받는다. 악장의 마지막 31마디 구간은 알레그로보다 더 빠른 프레스토♪5분 32초 이하다. 빨라진 속도, 포르티시모의 셈여림, 전체 오케스트라의 총주 등은 춤의 열기가 달아올라 최고조에 달했음을 알려준다. 그런데 갑자기 그때 흥겨운 잔치가 뚝 끊긴다. 하늘이 어두워지고 뇌우가 다가오기 시작한 것이다. 음악은 이제 중단 없이 4악장으로 이어진다.

* Renate Ulm, 앞의 책, S.189.

4악장 악천후, 폭풍 · 알레그로: 이 짤막한 악장은 베토벤의 음화 가운데 단연 으뜸이다. 잠시 악천후의 전조♪^{처음 부분}가 바이올린으로 제시되고, 곧 전 관현악의 격렬한 뇌성♪^{30초 이하}이 엄청난 비바람을 몰고 온다. 천둥을 연상시키는 팀파니의 타격과 금관의 포효, 빗줄기처럼 쉴 새 없이 이어지는 현악의 불안정한 움직임, 쏟아지기와 잦아들기를 반복하는 역동적이고도 실감나는 셈여림 등 이 악상은 짧지만 강렬하게 듣는 이를 몰아친다.

화성적으로도 이 짧은 악장은 무척 도드라진다. 앞선 악장들에서 단조 화성을 최대한 피해왔던 터라—연주 시간으로 치면 거의 30분 동안이나!—폭풍우를 지배하는 어두운 바단조는 최대의 대조 효과를 발휘한다. 또한 선행 악장들에서 주로 완만하고 여유롭게 화성이 진행되는 것에 비하면 폭풍우 장면은 상대적으로 화성 변화가 잦아 불안정하다.* 전조 시에 거치게 되는 라단조, 사단조, 다단조 등도 앞선 악장들과 대조적인 음향적 세계를 선보인다.

악기 편성도 특별하다. 1악장과 2악장까지는 트럼펫이 제외된 기본 편성을 유지하다가 '농부들의 춤'에 와서야 트럼펫이 추가되었다. 그런데 베토벤은 다음 장면에서 두 대의 트롬본과 피콜로 그리고 팀파니를 추가로 기용한다. 타악기인 팀파니는 오직 4악장에만 나와 천둥소리를 맡고 트롬본은 특유의 단단하고도 직선적인 저음으로 폭풍우의 강렬함을 보강한다. 피콜로♪^{2분 11초}가 추가된 것은 전체의 음역대를 확대하기 위함이다. 곧 우르릉거리는 최저음의 콘트라베이스와 찢어지는 듯한 피콜로의 고음이 인상적으로 대비되며 극적 효과를 배가시킨다.

악장의 마지막 20마디 동안 폭풍우는 잦아들고♪^{3분 이하} 다시 악

---

* 데이비드 W. 존스, 앞의 책, 112-113쪽.

상은 원조인 바장조 화음을 회복한다. 짧고 강렬한 폭풍우가 지나가고 이제 곡은 목동의 찬가로 접어든다.

5악장 목동의 노래, 폭풍우가 지나간 뒤의 기쁨과 감사의 감정·알레그레토: 먹구름이 지나간 하늘을 플루트가 반짝이는 상승 음형으로 수를 놓는다. 돌고 도는 클라리넷의 선율에 비올라와 첼로가 백파이프를 연상시키는 지속음을 깔아주자 다시 세계는 충만한 자연—곧 1악장의 세계—으로 회귀한다. ♪처음 부분 먼 산에서 알프스 호른 소리 ♪9초가 들려온다. 겹쳐지는 호른의 잔향은 특별한 서정성을 부여한다. 1악장과 마찬가지로 자연의 음향 바장조의 으뜸화음이 공간을 따뜻하게 채운다.

교향곡의 피날레 악장을 '노래'로 지칭하는 것은 이례적이었다. 하지만 베토벤은 '노래'라는 표현으로 지금까지 이어진 음악적 드라마가 투쟁이나 승리가 아닌 화해와 회복의 드라마임을 강조한다. 이에 걸맞게 전체 악장은 론도-소나타 형식으로 되어 있다. 대립과 발전을 중심원리로 삼는 전형적인 소나타 형식 대신 반복과 서정성, 점진적 변화를 강조하기 위해서다. 이 부분을 이해하기 위해서는 론도의 기본적인 구성을 먼저 살펴볼 필요가 있다.

론도는 중심주제^{A}가 계속 반복되는 가운데 새로 삽입주제^{쿠플레} $^{(B·C)}$ 등가 끼어드는 형식$^{A-B-A-C-A-B-A}$이다. 때문에 악곡은 안정적이고 반복적인 성격을 지니게 된다. 하지만 교향곡에 사용되는 론도는 소나타 형식의 기능도 일부 수행하는 '론도-소나타'다. 주제부^{A}와 제1삽입부^{B}가 마치 제시부의 1주제와 2주제처럼 기능하고 가운데 위치하는 새로운 삽입부^{C}는 소나타 형식의 발전부처럼 기능하는 것이다. 이때 C부분이 길면 곡은 발전적인 성격이 강해지고 짧으면 순환적인 성격이 강해진다. 뒤에 위치한 주제부와 삽입부의 짝은 다시 소나타 형식의 재현부와 상응한다. 여기에 코다가 붙어 곡을 갈무리하는 것이 론도-소나타 형식의 기본적인 얼개다.

베토벤은 유기체적인 음악의 선구자답게 주제부가 반복될 때마다 이를 조금씩 변형$^{A\to A'\to A''}$하고 악기 편성을 달리하여 곡에 내적인 변화를 주었다. 삽입부$^{B'\to B''}$ 또한 변형된다. 론도-소나타 형식에 변주곡의 요소를 가미한 것이다. 반복될수록 음악은 점점 율동이 증가하는 방향으로 바뀐다. 이처럼 유기체적인 변모를 통해 전체 악곡은 처음의 평온한 감정에서 찬가풍의 고양된 감정으로 나아간다. 반복과 변화의 완벽한 조화인 자연도 우리가 모르는 사이 조금씩 영혼을 벅차오르게 하지 않는가.

특이한 것은 발전부에 상응하는 둘째 삽입부^{C}다. 소나타 형식의 발전부는 제시부의 악구들$^{A나 B}$을 다양하게 변형·발전시키는 것이 보통이다. 그런데 베토벤은 「영웅」에서 했던 것처럼 전혀 새로운 악상을 도입한다. 새로운 주제는 전체 악상의 순환적 성격을 침해하지 않으면서도 참신한 색채를 입혀준다. 발전부라고 하기엔 변화의 추동력이 약하지만 더 천천히, 점진적으로 정점에 도달하려는 곡의 의도와 부합한다. 결국 베토벤이 선보인 5악장의 얼개는 이러하다.

A－경과구－B－A′－C－A″－경과구－B′－코다*

　　제시부　　　유사 발전부　재현부
　　　　　　　　(새로운 악상)

이제 세부를 살펴보자. 1주제는 앞서 '알프스 호른'$^{5\text{-}8마디}$을 이어받은 듯한 순환적인 선율$^{9마디\ 이하,\ \flat17초\ 이하}$이다. 차분하고도 경건

* 데이비드 W. 존스, 앞의 책, 118쪽.

한 이 주제에는 운동성이 내포되어 있다. 특히 11마디의 네 개의 음은 「영웅」의 유명한 네 개의 음처럼 완만한 포물선을 그리며 운동하는 성격을 가지고 있다. 베토벤은 이 운동성을 이후 변화의 동력으로 이용한다.

한편 1주제는 1주제부A, 9-31마디에서 악기를 달리하며 세 번 울려 퍼지는데 그때마다 음악적 공간이 점점 밀도 있게트레몰로, 트릴 등 채워진다.

당김음의 상승 음형과 트릴이 인상적인 경과구31-42마디, ♪1분 6초 이하를 지난 뒤 곡은 첫째 삽입부B, 42-64마디, ♪1분 23초 이하에 들어선다. 이 삽입부는 앞선 경과구를 뒤집은 형태다. 매끄러운 흐름 속에 미묘한 변화와 일관된 운치를 느낄 수 있다. 이 부분 말미54마디 이하, ♪1분 58초 이하에는 '알프스 호른 음형'을 다양한 악기가 이어 부르고 다시 1주제가 이어지기에 곡은 마치 처음으로 되돌아간 것 같은 느낌을 준다. 하지만 다시 돌아온 주제부A′는 분명히 뭔가가 달라졌다. 선율의 끄트머리가 하강원래의 b♭ 대신 상승75마디의 c음, ♪2분 38초한 것이다. 때문에 선율은 순환의 연결고리에서 벗어나 상승 음형을 타고 고조된다. 베토벤은 여기서 바로 1주제 셋째 마디의 네 개 음을 상승하는 방향으로 바꾸어♪2분 45초 이하 단숨에 음악적 고조를 이끌어낸다.

곡은 여전히 매끄럽게 둘째 삽입부C, 80-117마디에 돌입한다. 이 부분은 소나타 형식상 발전부 위치에 있기는 하지만 주제들 사이의 격렬한 경쟁의 장이 아니다. 오히려 마치 한 사람의 노래에 전체 회중이 화답하는 듯한 이미지가 이어진다. 클라리넷과 바순이 이끄는 코랄풍의 선율에 전체 오케스트라가 8분-4분-8분음표의 음형으로 화답하는 모습♪2분 49초 이하은 전원 음악과 긴밀히 연결되어 있는 교회음악을 연상시킨다. 하지만 95마디부터는 다시 알프스 호른 음형이 등장하여 주제부의 회귀를 예고한다.

다시 돌아온 주제부A'', 117-140마디에서 1주제는 16분음표의 매끄러운 움직임과 4분음표 하나와 8분음표 네 개의 조합으로 분화된다.♪4분 11초 이하 같은 주제에서 나온 이 두 개의 리듬은 다시 증폭되어 전체 공간을 가득 채운다. 이어지는 경과구140-147마디와 첫째 삽입부의 재현B', 148-164마디은 좀더 축약되어 곡의 대단원을 준비한다.

「전원」의 코다는 자연·인간·신성의 드라마를 마무리하기 위한 광대하고도 심원한 악상이다. 5악장 전체의 1/3을 차지164-264마디하는 이 결말부는 서로 모순되는 두 가지 목표를 지니고 있다. 즉 절정에 다다른 열광적인 감사와 전체 악상을 회상하게 하는 평온함을 동시에 전달해야 한다는 것이다. 「운명」 교향곡 피날레의 코다가 승리의 선언과 재확인의 의미가 강했다면 「전원」의 결말은 떠올리기만 하면 언제나 미소가 지어지는 낙원의 기억이어야 한다. 때문에 종교적 열광을 표현하는 고양된 감정은 다시 정화되어 평정으로 되돌아올 필요가 있었다.

코다의 첫 부분에서는 두 단계에 걸쳐 절정의 감사가 드러난다. 첼로와 바순의 나직한 유니즌*에서부터 시작하여 현악 트레몰로로 고조되어 포르티시모에 이르는 가파른 변화177-195마디, ♪6분 21초-7분 1초의 폭을 들려준다. 여기서 처음으로 신성을 상징하는 트롬본이 긴 음을 지속하며 공간을 채운다. 하지만 베토벤은 이 정도로는 충분하지 않다는 듯 모아놓은 음악적 에너지를 다시 흩어놓고 곡의 절정을 재차 시도한다. 호른 음형의 진폭을 점차 증가196마디시키면서 악기들을 배가시키더니, 첼로와 바순의 유니즌부터 다시 시작

---

* 몇 개의 악기 혹은 전체 오케스트라가 같은 음, 같은 선율을 합주하는 것을 말한다.

하는 것이다. 이번 유니즌은 앞서 등장한 16분음표의 활기찬 선율 206마디, ♪7분 24초 이하이다. 이 선율 위에서는 호른을 필두로 1주제가 들려온다. 이제 16분음표의 움직임은 점점 배가되고 1주제 네 개의 음 모티프도 상승하는 방향219마디 이하 첼로와 베이스, ♪7분 51초 이하을 갖추며 음악적 고조를 이끈다. 이 음형은 여기서만큼은 가장 중요한 주제다. '하나님께 다가가려는' 상승의 열망이 드러나기 때문이다. 이때부터 바이올린과 비올라도 격렬한 트레몰로219마디 이하로 가세하고 트롬본의 지속음도 공간을 채우며 절정을 이룬다. 트레몰로 악구 자체가 상승했던 이전과 달리 이번에는 베이스가 상승을 이끌고 현악 트레몰로가 이를 증폭시키는 것이다.

포르티시모, 트레몰로, 상승의 에너지, 공간을 가득 채우는 지속음이 주는 충만감은 219마디에서부터 227마디♪7분 51초-8분 13초까지 지속되는데, 두 마디마다 색채를 달리하며 열광의 농도를 더 짙게 만든다.

이제 내려올 때가 되었다. 베드로는 변화산에서 변용된 예수 그리스도의 영광을 보고 열광에 휩싸여 이렇게 말했다.

선생님 저희가 여기서 지내면 얼마나 좋겠습니까! 여기에 초막 셋을 지어 하나는 선생님을 모시고 하나는 모세를, 하나는 엘리야를 모셨으면 합니다.*

예수는 이를 허락하지 않는다. 낙원에서 살고 싶지만 사람은 육체적 죽음에 이를 때까지는 현실에서 살아야 하는 것이다. 그런 까닭에 베토벤도 음악적 낙원에서 내려오기 시작한다. 228마디부터

* 마르코의 복음서 9장 5절(공동번역).

는 트레몰로를 하행시키고, 229마디부터는 목관의 지속음을 해체시키고, 231마디부터는 디미누엔도[점점 여리게]를 적용시켜 233마디부터는 피아노가 되게 하고, 마침내 234마디부터는 베이스의 상승악구를 해체시키고, 237마디부터는 나직한 목소리[sotto voce, ♪8분 31초]와 피아니시모를 지시함으로써 열광의 시간이 끝났음을 알린다. 경건한 선창과 이에 화답하는 합창. 저물어가는 저녁노을을 배경으로 멀어져가는 '알프스 호른 소리'[♪9분 32초]가 약음기를 달고[콘 소르디노] 아련히 들려온다. 이렇게 자연·사람·신을 경험한 감사한 하루는 영영 마음속에 새겨진다.

■ 교향곡 제6번의 남은 이야기

베토벤의 「전원」은 하나의 회고다. 여기서 회고는 내가 경험했던 자연과 신성을 예술을 통해 반추한다는 의미였다. 하지만 시간이 흐르자 이 작품은 믿음 자체에 대한 회고가 되었다. 세계대전이라는 파국을 겪으며 사람들은 이제 섭리나 신성 따위를 믿기 어려워졌다. 그런 면에서 「전원」 교향곡은 '예술시대'에 대한 회고를 뜻할 수도 있다. 시인 하이네[Heinrich Heine, 1797-1856]가 고전주의와 낭만주의를 통칭하며 사용했던 '예술시대'란 곧 예술을 통해 세상이 바뀔 수 있다는 신념이 여전하던 시대를 말한다. 아름다움은 사람의 마음을 변화시키므로 세상도 바꿀 수 있다고 여긴 것이다.

정말로 예술이 세상을 바꾸는가. 오늘날 우리에게 그런 순진한 믿음은 대책 없는 덕담처럼 들린다. 프랑스의 소설가 지드[André Gide, 1869-1951]는 이 점을 꿰뚫어 보았다. 그의 소설 『전원 교향곡』에서 주인공 목사는 아름다운 장님 소녀 제르트뤼드에게 「전원」 교향곡을 들려준다. 색채를 음악에 빗대어 가르치려는 교육자적 애정에서 비롯된 일이었다.

ANDRÉ GIDE

LA
SYMPHONIE
PASTORALE

ÉDITION ORIGINALE

nrf

PARIS
ÉDITIONS DE LA
NOUVELLE REVUE FRANÇAISE
35 & 37, RUE MADAME. 1919

지드, 『전원 교향곡』 초판 표지(1919).

나는 제르트뤼드에게 … 자연의 붉은색과 오렌지색은 호른과 트롬본의 음색과 유사한 것으로, 그리고 보라색과 하늘색은 플루트, 클라리넷, 오보에를 연상시키는 것으로 상상해보라고 했다. 그때부터 그 애의 내부에서 생겨난 일종의 황홀감이 모든 의혹의 자리를 채워나갔다. … 그 연주회에서는 마침 「전원」 교향곡이 연주되었다. … 연주회장을 나온 뒤에도 오랫동안 제르트뤼드는 여전히 아무 말 없이 황홀경에 빠져있는 것 같았다.*

하지만 제르트뤼드가 눈에 보이는 세상도 정말로 「전원」 교향곡만큼 아름다우냐고 물었을 때 그는 선뜻 대답하지 못한다.

"목사님께 보이는 것들은 정말 그것만큼 아름다운가요?"
"무엇만큼 아름답다는 말이니? 사랑스러운 제르트뤼드야."
"그 '시냇가의 풍경'만큼 말이에요."
나는 말로 표현할 수 없는 그 교향곡의 화음들이 현실 그대로의 세계가 아니라, 있을 수도 있었을, 만일 죄와 악이 없었더라면 가능할 수도 있었을 세계를 그리고 있다는 생각에 즉답을 피했다.**

그가 신학적 양심처럼 내세우는 말은 궁색하다. 죄와 악, 죽음이 존재한다고 해서 자연이나 예술이 아름답지 않다고 할 수 있는가. 오히려 그가 은폐하려던 진실은 자기에게 이제는 더 이상 순수한 믿음이 없다는 사실이다. 자연과 예술에 있는 창조주의 정신을 그

---

* 앙드레 지드, 『전원 교향악』, 김중현 옮김, 펭귄클래식코리아, 2006, 39-42쪽.
** 앞의 책, 42쪽.

는—목사임에도—더 이상 볼 줄 모르는 것이다.

오늘날 우리는 소설 속 목사처럼 믿음을 잃은 채 살고 있다. 「전원」 교향곡의 '알프스 호른 소리'가 귓가에 맴돌 때, 우리는 스스로에게 세상이 아직도 아름다운지 묻는다. 만일 「전원」 교향곡이 자연뿐 아니라 인간 내면의 풍경을 그린 것이라면 다시 이렇게 고쳐 묻게 될 것이다. 나는 아름다움을 발견할 줄 아는 사람인지, 혹시 내가 발견하지 못하여 세상이 아름답지 않은 것은 아닌지, 세상의 어떠함과 관계없이 내게 그러한 인간다운 감수성과 믿음이 남아 있는지를 말이다.

7 우리 속의 영웅

교향곡 제7번 가장조 Op.92

- **작곡 시기**   1811-12년, 빈
- **헌정**   모리츠 폰 프리스 백작
- **초연**   1813년 12월 8일, 빈 대학 강당
- **초판**   S.A. 슈타이너&Co. 빈, 1816년
- **편성**   플루트2, 오보에2, 클라리넷2, 바순2, 호른2, 트럼펫2, 팀파니, 현악
- **악장**   1악장 포코 소스테누토(4/4박자)-비바체(6/8박자)
      2악장 알레그레토(2/4박자)
      3악장 프레스토(3/4박자)-아사이 메노 프레스토
      4악장 알레그로 콘 브리오(2/4박자)
- **연주 시간**   약 35분

웰링턴의 승리

역사는 또 하나의 변곡점에 와 있었다. 러시아의 혹한에 군대를 잃은 나폴레옹 1세는 가파르게 추락 중이었고 중립국으로 운신하던 오스트리아는 1813년 6월 이베리아 반도에서 프랑스를 물리친 영국군의 승전보에 서둘러 반프랑스 동맹으로 복귀했다. 그해 10월 반프랑스 동맹군은 라이프치히 전투에서 나폴레옹 1세를 상대로 승리했다. 애국적 감정과 종전의 해방감이 들끓고 있었다. 20년 만에 승리와 함께 평화가 찾아오고 있었던 것이다.

발명가이자 공연기획자인 멜첼Johann Nepomuk Mälzel, 1772-1838이 보기에 이런 분위기는 더없는 흥행 기회였다. 그는 베토벤을 설득했다. 그렇게 해서 전쟁을 기념하는 교향곡 「웰링턴의 승리」Op.91가 급조되었다. 1813년 12월 8일, 빈 대학 강당을 가득 메운 5,000여 관객들

은 오스트리아 최고의 작곡가에게 열렬한 환호를 보냈다. 성황리에 마무리된 공연은 베토벤에게 넉넉한 재정적 보상까지 안겨주었다.

모두가 행복한 결말 같았다. 하지만 「웰링턴의 승리」는 베토벤다운 음악이 전혀 아니었다. 치열한 대립과 상승 과정은 간 데 없고 곡의 대미를 장식하는 영국 국가마저 진부하고 맥이 빠졌다. 환호성 뒤로 씁쓸한 뒷맛이 남았다. 프라하의 작곡가 토마셰크^{Václav Jan} Tomášek, 1774-1850는 그때의 심정을 착잡하게 적었다.

> 나는 베토벤이 … 지독하게 조야한 물질주의자 사이에 … 서 있는 것을 보고 아주 고통스러운 기분이 들었다. 베토벤은 스스로 그 작품이 바보 같은 것이라고 선언했지만 그런 말을 들어도 내 마음에는 아무런 감동이 일어나지 않았다.*

1825년, 음악이론가 고트프리트 베버^{Gottfried Weber, 1779-1839}는 훨씬 날 선 비판을 가했다.

> 망각이 그 작품「웰링턴의 승리」을 덮고 있는 그럴 듯한 베일을 곧 던져버리기를. 그리하여 그의 뮤즈가 어떤 착란을 일으켰는지, 대중의 찬사를 받은 그 작품으로 베토벤이 어떻게 예술과 자신을 모독했는지가 훤히 드러나기를.**

비판의 화살은 기대에 못 미친 작품보다 기대를 저버린 작곡가에

---

* 메이너드 솔로몬, 『루트비히 판 베토벤』 2,
김병화 옮김, 한길아트, 2006, 188쪽.
** Sabine Mecking, *Musik-Macht-Staat*, Göttingen,
2012, S.77.

게 향했다. 가끔 나오는 공정상의 불량은 용서가 되도 물타기나 모래 섞기는 용서가 안 되는 법이다. 이상하지 않은가. 베토벤이 언제부터 돈과 권력에 아부하는 어용 작곡가였던가. 자유의 사도였던 그가 왕정복고의 행사에 동참하다니, 어찌 된 일일까.

베토벤과 돈

이 모든 일의 밑바닥에는 돈 문제가 있었다. 베토벤도 여느 작곡가들처럼 안정적인 직책을 원했다. 1807년 말, 베토벤은 연간 2,400굴덴의 급여를 받는 왕립극장의 예술감독 자리에 지원했지만 낙방하고 만다.

이듬해인 1808년, 나폴레옹의 동생이자 베스트팔렌 왕국을 다스리던 제롬 보나파르트Jérôme Bonaparte, 1784-1860가 카셀Kassel의 궁정악장 자리를 제안해왔다. 그의 조건은 600두카트의 연금과 연주여행 비용 150두카트로 오스트리아-헝가리 제국의 통화로 환산하면 대략 3,000굴덴에 해당하는 금액이었다. 매력적인 제안이었다. 마치 유럽축구 이적 시장에서 몸값을 올리려는 각종 루머가 떠돌듯이 베토벤도 이 제안을 귀족들에게 살짝 흘렸다. 상황은 베토벤에게 유리하게 돌아갔다. 에르되디Marie von Erdödy, 1779-1837 백작부인과 글라이헨슈타인Ignaz von Gleichenstein, 1778-1828 남작이 베토벤의 잔류 문제를 공론화한 것이다. 그러자 베토벤 음악 애호가 루돌프 대공과 킨스키Ferdinand von Kinsky, 1781-1812 공작, 로브코비츠 공작이 종신연금 계약을 제시했다.

자기 분야에 헌신하려는 자는 가능한 한 여타의 자질구레한 일이나 쓸 것에 대한 근심걱정에서 자유로워야 한다. 그런 자만이 위대하고 숭고하고 예술적 고귀함을 입은 작품을 만들어낼 수 있음은 자명한 일이다. 이에 서명자들은 루트비히 판 베토벤 씨가 물질적 필요에 신경을 쓰느라 그의 강력한 천재성을 가로막는 일이 없도록 다음과 같이 결정한다.

연금은 연간 4,000굴덴에 달했고—이 금액은 당시 중산층 독신 남자의 평균 지출 1,600굴덴의 2.5배에 해당한다—그 외에도 연주 여행과 연 1회 아카데미 수익 보장 특전이 있었다. 지급 조건은 오스트리아를 떠나지 않는 것 정도였다. 4,000굴덴은 걱정 없이 창작에만 전념할 수 있는 금액이었다. 베토벤은 분명 꿈에 부풀었을 것이다. 하지만 일은 꼬이기 시작했다.

베토벤의 연금은 원래 '방코체텔'이라는 지폐로 지급될 예정이었다. 그러나 반프랑스 전쟁 비용을 대야 했던 당국이 무분별하게 '방코체텔'의 발행을 늘린 탓에 급격한 인플레이션이 발생했다. 설상 가상으로 1809년 패전 배상금을 물게 되면서 화폐가치 하락은 더욱 심해졌다. 1797년 7,400만 굴덴 수준에서 유통되던 방코체텔은 1806년에 4억 5,000만 굴덴, 1811년에는 무려 10억 6,100만 굴덴으로 급증했고 통제력을 잃은 오스트리아는 결국 국가 부도를 선포했다.[*]

베토벤과 후원자들은 직격탄을 맞았다. 베토벤의 연금은 1809년 초에 이미 반토막 났고[1620굴덴], 1810년 8월에는 고작 890굴덴, 같은 해 12월에는 원금액의 1/10에 불과한 416굴덴 수준이 되었다. 화폐개혁안에 따라 방코체텔은 원래 가치의 1/5 수준에서 새로 도입

[*] 본 베토벤 하우스 공식 웹사이트의 다음 자료를 참고. "Beethoven und das Geld" (https://www.beethoven.de/sixcms/detail.php/31559)

람피(Johann Baptist von Lampi), 「루돌프 대공」.
오스트리아의 대공이자 올뮈츠 주교였던 루돌프는
베토벤의 가장 중요한 후원자다. 그는 베토벤의
피아노 협주곡 「황제」$^{Op.73}$, 피아노 트리오 「대공」$^{Op.97}$,
피아노 소나타 「고별」$^{Op.81a}$ 「함머클라비어」$^{Op.106}$ 등
베토벤의 명작을 다수 헌정받았다.

되는 '빈 통화'로 교환되었다.* 한마디로 재앙이었다. 만일 베토벤이 카셀로 이직했다면 대략 2,700굴덴을 수령할 수 있었을 것이다. 모든 기대는 물거품이 되었다. 베토벤은 빈 정착 이후 처음으로 심각한 경제적 위기에 봉착했다.

베토벤을 위한 변명

가난 앞에 장사 없겠지만 그가 급히 「웰링턴의 승리」를 쓴 배경에는 교향곡 제7번을 초연시키려는 목적도 있었다. 경제 불안과 문화 전반의 위축으로 신작의 초연과 출판이 기약 없이 미뤄질까 염려했던 것이다. 이런 상황에서 화려한 행사용 음악은 좋은 미끼가 될 수 있었다. 초연 장소를 관객 수용 면에서 훨씬 유리한 대학 홀로 잡을 수 있었던 것도 전승 기념행사 덕분이었다. 베토벤은 솜씨 좋게 립서비스도 했다.

"저는 제가 작곡한 중요한 작품을 우리 조국의 제단에 바칠 수 있었으면 하는 소원을 오랫동안 간직해오고 있었습니다."**

그는 이상과 현실을 저울질했고 작은 것「웰링턴의 승리」을 내주고 큰 것제7번의 초연을 취했다. 문제는 작다 여겼던 것이 결코 작지 않았다는 데 있었다. 당장에는 작았으나 금세 눈덩이처럼 불어나는 정신적 채무, 곧 신념의 상실이었다.

---

* 같은 곳. 같은 기간 오스트리아의 국가부채도
두 배(1797년에 3억 3,800만 굴덴에서 1811년에
6억 7,600만 굴덴)가량 급증했다.
** 메이너드 솔로몬, 앞의 책, 186쪽.

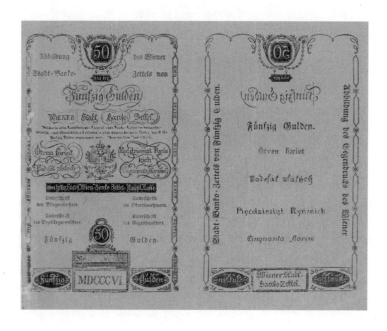

50굴덴짜리 방코체텔(1807).

낡아버린 영웅주의

신념의 상실은 자칫 작곡가를 절필로 내몰 수 있는 중대한 위기가 된다. 과연 웰링턴^{Arthur Wellesley, Duke of Wellington, 1769-1852}의 승리가 나의 승리와 같은지, 나폴레옹의 실패와 함께 자유의 정신도 실패한 것인지 베토벤은 진지하게 물었어야 했다. 베토벤 음악의 뿌리이자 방향성에 대한 질문이었기 때문이다. 그러나 베토벤은 갈피를 잡지 못하고 있었다. 혁명이라는 목표를 잃어버리자 극도의 피로감이 몰려왔던 것이다. 위고는『레 미제라블』에서 이 시기를 다음과 같이 묘사한다.

왕정복고 시절은 ⋯ 피로, 웅성거림, 투덜거림, 졸음, 소란이 뒤섞인 시기였으며 마치 어떤 거대한 국민이 길을 가다 쉴 곳에 다다른 것 같았다. ⋯ 사람들에겐 평화를 향한 갈증과 작아지려는 소망밖에 없었다. ⋯ 큰 사건이나 큰 위험, 큰 모험, 큰 인물은 물리게 보아온 터라, 이제 그런 것들엔 진저리를 쳤다. ⋯ 처음엔 미라보^{Honoré Gabriel Riqueti, Comte de Mirabeau, 1749-91}와 함께, 두 번째엔 로베스피에르와 함께, 세 번째엔 나폴레옹과 함께 이어달리기를 하고는 모두 녹초가 되었다. 너도나도 침대만 찾았다.*

시류의 변화는 분명했다. 의식을 일깨우는 데 일조했던 음악은 이제 현실을 잊는 용도로 활용되고 있었다. 빈 청중들은 점점 로시니^{Gioacchino Rossini, 1792-1868}의 유쾌한 음악을 들으러 몰려갔다. 베토벤의 혁명적 인간상은 일순간 낡은 유물처럼 되어버렸다. 그도 로

■ *빅토르 위고,『레 미제라블』, 염명순 옮김, 비룡소, 2015, 307-308쪽.

시니처럼 가벼운 음악을 써야 했을까 아니면 승자^{왕정}를 새로운 영웅으로 받들어야 했을까. 베토벤은 어느 쪽도 만족스럽지 않았을 것이다.

머뭇거리는 사이, 관성이 그를 움직인 것일까. 베토벤은 처음으로 자신도 납득되지 않는 음악을 쓰고 있었다. 철저하게 자기를 돌아보지 못한 그는 한동안 과거의 영광에 집착했다. 자기 고백이 없는 속빈 작품들은 처음에는 대단한 갈채를 받았지만 곧 시간을 견디지 못하고 사라졌다.

대안적인 영웅상, 에그몬트

하지만 베토벤은 자신도 모르는 사이에 돌파구가 될 만한 작품을 작곡했다. 1810년, 괴테의 희곡 「에그몬트」에 붙인 극음악^{Op.84}이 그것이다. 괴테가 혁명 시대로 소환해낸 16세기 네덜란드 귀족 에그몬트^{Lamoral von Egmond, 1522-68}는 대안적인 영웅상을 보여주고 있었다. 그의 영웅다움은 죽음에 있고 그의 권위는 수난에서 나온다. 베토벤은 이런 영웅상의 변화가 의미심장한 것임을 본능적으로 감지했다.

에그몬트 백작은 평민들의 존경을 받는 지도자다. 귀족임에도 편견을 넘어 평민의 딸 클레르헨을 사랑한 그는 진실된 인간성으로 평등의 신념을 실천한다. 또한 폭력을 거부하고 대화와 타협의 원칙을 지키려는 온건한 이상주의자다. 성상파괴와 약탈로 이어지는 민중의 반란모의를 저지하고 협상을 통한 개혁을 추진한다. 그러나 냉혈한 정치가 알바 공작이 신임 총독으로 부임하면서 스페인 왕가의 무단통치가 예고된다. 정의롭지만 치밀하지 못했던 에그몬트는 결국 알바 공작의 정치적 계략에 걸려들어 반역죄를 선고받는다. 에그몬트를 구출하기 위해 호소하는 클레르헨에게 군중은 싸늘

작자 미상, 「라모랄 데 에그몬트」.

하게 등을 돌리고, 에그몬트의 처형대가 준비되자 클레르헨은 결국 스스로 목숨을 끊는다.

패배한 영웅의 마지막은 감동적이다. 죽음을 앞둔 에그몬트를 정 적 알바 공작의 아들 페르디난트가 찾아온다. 다음 세대를 대표하 는 이 젊은이가 진심으로 인정했던 것은 아버지가 아니라 가슴이 뜨거운 에그몬트였다. 괴테는 마지막 장면에서 그런 의도를 분명히 한다. 에그몬트의 꿈결 속으로 고귀한 음악이 들려오고 빛에 휩싸 인 자유의 여신이 그에게 다가온다. 그런데 여신은 에그몬트의 사 랑 클레르헨의 모습을 하고 있다. 그녀는 신탁을 전하는 여사제처 럼 엄숙하게 에그몬트에게 월계관을 건넨다. 그의 죽음이 네덜란드 해방의 초석이 될 것이라며 그를 승리자로 칭한다. 멀리서 전쟁의 북소리가 들려오고 에그몬트는 깨어나 자신의 사랑과 죽음의 의의 를 깨닫는다. 그것은 그가 죽어 민중의 미래 속으로 들어가는 것이 었다.

피로 얼룩진 발뒤꿈치 … 그녀가 내 앞으로 걸어온다. 그것은 나 의 피였고 많은 고귀한 이들의 피였으나, 헛되이 쏟은 것이 아니 다. 행군하라, 용감한 민중들아! 승리의 여신이 너를 인도하리니! 저 바다가 너희들의 둑방을 부수듯이 그렇게 부숴버려라! … 나 또한 명예로운 죽음으로 이 감옥에서 빠져나가리라. … 자유를 위해 살아왔고 또 싸워왔으니, 이제 자유의 제단에 나를 제물로 바치리라.

희생당한 여인이 자유의 여신이 되었다. 에그몬트도 똑같은 운명 을 따른다. 그의 마지막 외침이 끝나기 무섭게 베토벤의 관현악이 전체 극음악의 마지막 곡인 「승리의 교향곡」Siegessymphonie을 연주한다. 군대의 행진과 자유의 춤이 하나로 응집된 이 곡은 결코 추모의 음악이 아니다. 베토벤 역시 죽음이 다가올 승리의 예표임을 함께 선포한 것이다. 영웅은 죽지만 자유의 정신은 아직 끝나지 않았다. 그의 죽음이 오히려 자유의 가치를 영원하게 해주기 때문이다.

우리 속의 영웅

죽음이 곧 삶이다. 패배가 곧 승리다. 에그몬트의 몸은 죽었으나 넋은 민중 속에 여전히 살아있다. 이 메시지는 혁명이 실패한 허망한 시절에 한 줄기 빛과 같았다. 예수 그리스도가 부활한 뒤 성령이 와서 제자들 안에 머무른 것처럼, 열사들의 죽음이 더 많은 사람에게 민주화의 열망을 지핀 것처럼, 영웅은 죽음으로써 민중의 기억 속에 내면화된다. 이것은 영웅주의의 새로운 차원이다.

중요한 것은 성취가 아니라 지평이다. 지평이 개인에서 역사로 넓어지면 영웅 자신의 성취 여부보다는 그의 뜻을 민중이 계속 이어나가는가의 여부가 중요해진다. 그때야 비로소 그의 뜻이 역사적 가치를 입게 되는 것이다.

그러므로 영웅의 부재가 오히려 남은 자들을 더 영웅답게 만드는 때가 있다. 베토벤이 직면한 역사의 순간이 바로 그런 지점이었다. 이 같은 진실은 너무나 미묘해서 할리우드식의 영웅으로는 표현할 길이 없다. 나폴레옹은 이제 필요하지 않다. 뜻이 살아있는 한 민중은 누구나 영웅이 될 수 있고, 영웅은 언제든지 민중 속에 섞여들 수 있다. 진짜 영웅은 우리 속에 있는 것이다.

갈등과 역동성

이 같은 깨달음은 베토벤의 영웅적 음악에도 중요한 변화를 불러왔다. 이제 영웅적 음악이란 프로메테우스 같은 하나의 영웅상 대신 민중 속의 영웅을 그리는 것이 되었기 때문이다. 그런데 여기에는 불안과 갈등이 내포되어 있다. 그저 영웅을 따르던 이가 스스로 영웅다움을 일깨워야 할 때 필연적으로 겪는 갈등이다. 영웅의 뜻을 따를지 아니면 그냥 소시민으로 남을지는 결국 그의 선택인 것이다. 이것은 베토벤도 직접 겪은 바였다. 「웰링턴의 승리」에서 그는 소시민 같았고, 「에그몬트」에서는 영웅다웠다. 그런 까닭에 민중 속의 영웅을 그려내는 새로운 영웅적 음악은 갈등하는 역동성—영웅 되기와 일상으로 돌아가기를 반복하는 과정—을 담아야 했다. 이는 「운명」과 「전원」에서는 발견되지 않는 면모다. 이를 간파해낸 롤랑은 이렇게 말한다.

갑자기 커다란 그림자가 지나가고 비극적 뇌성, 술렁거리는 무거운 정적에 뒤이어 「영웅」「운명」의 휘몰아치는 바람. 그러나 한낮의 맑은 빛은 그로 인하여 흐려짐이 없다. 기쁨은 여전히 기쁨이요, 슬픔은 꾸준히 희망을 갖고 있다. 그러나 1810년 이후 넋의 균형은 깨어진다. 빛은 야릇하게 변한다. 가장 명랑한 사상들에서조차 수증기 같은 그 무엇이 떠오르는 것을 보게 된다. 그것들은 흩어졌다가는 다시금 뭉쳐져서 난데없이 우울한 어지러움으로 마음에 어두운 그림자를 던진다. … 지금은 즐거움까지도 거칠고 야성적인 성격을 띠었다. 열기와 독기가 모두 감정에 섞여든다.[*]

교향곡 제7번은 이처럼 혼란스러운 시절의 불안과 갈등이 음악

[*] 로맹 롤랑, 『베토벤의 생애』, 이휘영 옮김, 문예출판사, 1998, 86쪽.

적 역동성으로 바뀌면서 탄생된 작품이다. 여기에는 영웅의 메아리가 여전하지만 숭고함보다는 민초들의 원초적인 힘이 전면에 부각된다. 그것은 롤랑이 말한 야성적인 즐거움이자 영웅에게서 민중으로 옮겨온 자유혼의 표현이다. 따라서 교향곡 제7번은 주제를 발전시켜 감동적인 피날레로 나아가는 드라마가 아니다. 오히려 내면의 갈등에서 피어오르는 역동성의 다채로운 파노라마다.

춤에 대한 신격화

그동안 베토벤 교향곡 제7번에 대한 전통적 해석은 영웅과 민중의 측면보다는 주로 춤과 관련되어 있었다. 그 출발점은 바그너가 『미래의 예술작품』에 적은 다음의 글귀였다.

이 교향곡은 춤에 대한 신격화 그 자체다. 곧 그것은 춤의 최고봉이자 음악 속에서 이상적으로 체화된 몸의 율동이 만들어내는 지극히 행복한 행위다.*

위 글에서 '신격화'라는 단어는 '제의' 또는 '축제'를 연상시킨다. 이후 수많은 연구자가 춤 내지는 제의의 범주에 머무르며 다양한 해석을 쏟아냈다. 그 스펙트럼은 농부들의 춤에서부터 기사들의 축제, 가장무도회, 전사를 위한 기념의식 등 무척 다양하다. 롤랑은 베토벤의 네덜란드 혈통을 언급하면서 플랑드르 지방의 케르메스 축제를 떠올렸다. 한편 베커는 이 교향곡을 바쿠스 제례와 연결시켰고 뉴먼Ernest Newman, 1868-1959은 '강력한 디오니소스적 충동의 분출

---

* Dieter Rexroth, "Beethovens Symphonien," *ein musikalischer Werkführer*, München, 2005, S.111.

푸생(Nicolas Poussin),
「판 신상 앞에서의 바쿠스 축제」(1631-33).
디오니소스를 모시는 축제를 바카날리아
(Bacchanalia)라고 부른다. 디오니소스교의
신도들은 신에게 헌주한 뒤 포도주 연회를 벌였고,
도취가 절정에 다다라서는 광적인 춤을 추었다고
한다. 처음에는 여성들만의 비밀 제의로 출발한
이 축제는 점점 난잡하게 변질되어 마침내 로마
당국이 이를 금지하기에 이른다.

과 그 정신의 신성한 도취'*라고 표현했는데 이는 베토벤 교향곡 제7번에 대한 가장 널리 알려진 이미지가 되었다. 교향곡의 균형을 뒤흔드는 극단적인 리듬 편향이 도취와 일탈의 인상을 남긴 것이다.

디오니소스^{Dionysos, 그리스 신화} 또는 바쿠스^{Bacchus, 로마 신화}는 포도와 포도주의 신이자 다산과 풍요의 신이다. 또한 그는 광란과 황홀경의 신이다. 가는 곳마다 음주가무와 난장판의 도가 전파되기 때문이다. 디오니소스는 술뿐 아니라 일탈에 관한 포괄적인 상징이다. 그는 아폴론이 지배하는 세상의 질서정연함에 균열을 일으킨다. 깔끔함, 정리정돈, 준법정신은 모두 좋은 것이지만, 때로는 머리감기를 생략하는 편안함과 널브러진 청바지에서 만원을 찾아내는 횡재와 2교시 후 몰래 까먹던 꿀맛같은 도시락 따위가 삶을 더욱 살맛나게 하는 것이다. 디오니소스 축전은 일탈 욕구를 극대화시켜 표현한 상징적 제의다. 곧 디오니소스는 무질서를 은밀히 갈망하는 인간 본성의 표현인 것이다.

따라서 어떤 음악이 디오니소스적이라면 그것은 아폴론적인 질서에서 벗어나려는 카니발^{carnival}적인 음악을 말한다. 수학적 비례, 화성적 조화, 균형감과 일관성 등을 잠시 접어두고 극단으로 치우쳐서 끝장을 보려는 음악이다. 노래방에서 「말 달리자」를 목에 피가 나도록 떼창할 때의 열띤 해방감을 떠올려보라. 갖가지 쓸데없는 생각에게 "닥쳐!"라고 소리치는 거친 생명력. 디오니소스는 그렇게 삶에 숨통을 틔워준다.

몸을 입은 음악

디오니소스를 떠올리게 하는 열광적인 리듬과 해방감은 분명 제

---

* 메이너드 솔로몬, 앞의 책, 166-167쪽.

▲ 레니(Guido Reni), 「포도주를
마시는 바쿠스」(1623).
▼ 카라바지오(Michelangelo
Merisi da Caravaggio),
「사춘기의 바쿠스」(1595).
레니는 절제를 모르는 도취를
아기 디오니소스의 폭음을
통해 인상적으로 포착해냈다.
반면 카라바지오는 마치
술을 권하는 듯한 젊은
디오니소스의 자신만만한
눈빛을 통해 보는 이를
끌어당긴다. 이 술자리에
참여하기를 바라는 저
눈빛이야말로 베토벤 제7번이
그려주는 민중적 축제와
통한다고 할 수 있을 것이다.

7번의 개성이지만 교향곡이 음의 조형물인 이상 아폴론도 아주 잊어서는 안 된다. 곡이 사방으로 흩어지지 않고 여전히 교향곡의 형태를 갖추고 있는 것은 아폴론의 질서 덕이다. 리츨러는 이 곡을 '리듬의 독재에 맞서 싸워 얻어낸 교향곡의 승리'*라고 칭했다. 한 가지 리듬의 집요한 지배를 받던 음악이 갈수록 다양한 리듬의 공존 상태로 변모하기 때문이다. 비유컨대 교향곡 제7번의 디오니소스가 무희라면 아폴론은 안무가다. 무희의 춤이 제아무리 열광적이더라도 안무가는 냉정함을 유지한다. 몸과 움직임을 어떻게 조직해야 열광을 이끌어낼 수 있는지에 온전히 골몰하기 때문이다.

그러므로 이 교향곡의 의의는 디오니소스 축전에 국한되지 않는다. 어쩌면 앞선 바그너의 언급에서 춤보다는 '몸'이 더 중요한 말이었는지도 모른다. 교향곡 제7번은 '몸을 입고' 육체성과 행동력을 획득했다. 그동안 생각^{주제의 발전 과정}이나 감정^{특정 정서의 재현}을 그린다고 여겼던 교향곡^{정신성}에 원초적이고 직접적인 움직임^{구체성}이 결합된 것이다. 이 곡을 듣는 이들은 도처에서 선율과 화성 너머로 솟구치는 엄청난 에너지를 느낀다. 그런데 그것은 음악이라기보다는 소리로 전달되는 제스처이자 몸짓으로, 실은 악보^{기호}에 온전히 담길 수 없는 실제이다.

■ **교향곡 제7번 깊이 읽기: 교향악적 몸속의 민중과 영웅**

교향곡을 하나의 몸이라 표현한다면 우리는 그 몸이 오케스트라를 통해 이루어짐을 생각하지 않을 수 없다. 이 '교향악적 몸'은 전체^{총주}로서도 존재하고 일부^{솔로나 앙상블}로서도 존재한다. 마치 어린 시절 조립하던 변신과 합체가 가능한 로봇처럼, 합체와 분리가 가

---

* 발터 리츨러, 『베토벤』, 나주리·신인선 옮김, 음악세계, 2007, 226쪽.

능하고 여러 단계로 변신도 가능하다. 교향곡 제7번은 이처럼 변신하는 몸이 춤까지 추고 있는 것이다.

'교향악적인 몸'은 다시 상징적인 의미와 연결된다. '전체'로서의 몸은 곧 '민중'이고 거기서 떨어져나온 개별적인 몸은 '개인'을 의미한다. 만일 여기서 개별악기가 전체의 춤사위를 이끈다면 그 악기는 순간 전체의 인도자^{영웅}를 뜻하게 된다.

예컨대 「영웅」에서 영웅적 숭고함은 선율이나 화성으로 표현되었고, 경우에 따라 특정 악기가—특히 세 대의 호른—마치 영웅 자신을 표상하듯이 부각되기도 했다. 영웅 개인의 성격 묘사에 관심을 두고 있었던 것이다. 그러나 교향곡 제7번에서는 어디까지나 영웅이 한시적으로, 즉 상황적으로 존재한다. 전체 춤을 이끄는 리더가 그때그때 달라지는 것이다. 그래서 교향곡 제7번의 영웅은 민중의 일원이며 민중을 이끄는 자신의 역할을 마치면 다시금 민중 속으로 귀환한다. 나폴레옹이 범한 실수를 교향곡 제7번의 영웅은 반복하지 않는 것이다. 마치 기꺼이 민중과 함께 했던 에그몬트와 같이 말이다. 요컨대 교향곡 제7번은 보다 공화제의 이상에 부합하는 영웅, 춤사위가 끝나면 언제든지 '보통 사람'으로 돌아가는 겸손한 영웅상을 보여준다.

1악장 느린 도입부·포코 소스테누토: 교향곡 제7번은 제1·2·4번에서와 같이 느린 도입부로 시작한다. 특별한 점은 이 도입부가 전 '축제'를 지배하는 '리듬의 탄생' 과정을 그린다는 점이다. 곡은 「영웅」의 첫머리처럼 강력한 수직화음의 총주로 시작된다. 그런데 이 화음에서 곧바로 솔로 악기의 선율이 이음줄을 타고 뻗어나온다. 시작은 총주로 하되 전체 화음과 개별 선율이 분리되어 있던 「영웅」과는 달리 제7번의 첫머리는 곧 전체 화음에서 빠져나왔다가

- 카를로스 클라이버
- 빈 필하모니커
- 도이치그라모폰
- 1975

다시 회귀하는 개별음제1-3마디, ♪처음 부분의 도식을 보여준다. 그래서 전체 화음은 민중, 여기서 나오는 솔로 악기는 여기 속해 있는 개인으로 해석된다.

한편 스타카토로 음계를 타고 오르는 음형10마디, ♪37초 이하은 제2번이나 4번에서 만나볼 수 있었던 구르는 음형내지는 미끄러지는 음형처럼 곡에 에너지를 불어넣는 역할을 한다. 이 음형은 점차 배가되어 전 오케스트라로 퍼지는데 그 뒤 마침내 오케스트라는 앞서 목관 솔로 악기들이 제시했던 모티프15마디 이하, ♪56초 이하에 함께 참여한다. 제1바이올린과 제2바이올린이 목관의 선율을 이어받지만 그것은 이제 전체 오케스트라 내부에서 울린다. 처음 그 선율을 도입했던 목관악기는 이번에는 긴 지속음을 연주함으로써 집단 속에 머물러 있다. 이로써 개별악기의 선창과 전체의 합창, 곧 매기고 받는 형태가 드러난다. 그렇다면 앞서 전체 화음에서 빠져나왔던 개별 악기는 본보기를 보여줌으로써 전체를 이끌다가 다시 전체 속에 녹아든 것이다. 민중을 이끌지만 다시 민중에 속하는 리더의 모습처럼 말이다.

처음부터 22마디까지가 이른바 민중과 민중 속 영웅의 관계를 나타냈다면, 이제 23마디부터는 민중에서 나온 영웅오보에*이 하나의 사랑스러운 선율♪1분 25초 이하을 제시한다. 전체적으로 더 중요한 것

---

* 게크는 이 오보에 선율이 제5번 교향곡 1악장 오보에의 '인간적인 목소리'를 떠올린다고 지적하기도 했다. (Martin Geck, *Die Sinfonien Beethovens*, Hildesheim, 2015, S.122.)

은 이 선율 속에 내포되어 있는 리듬적 요소다. 이를테면 23마디의 음형은 이후 다른 악기들에서 선율성이 제거된 채—즉 같은 음높이로 연주됨으로써—리듬 단위로 활용된다. 또한 이 선율을 받치는 클라리넷, 바순, 비올라의 역할도 그러하다. 24마디에서 그들은 오보에의 선율 아래서 분절된 리듬을 강조하는데 이 리듬은 본 악장에서 마침내 완성되는 중심 리듬의 단초다. 이처럼 베토벤은 선율보다 리듬을 강조한다. 결국 느린 도입부는 서로 상이한 리듬들을 들려준다. 첫 1-3마디의 낙차 큰 움직임, 제10마디의 상승 음형, 23마디의 오보에 선율의 리듬, 24마디의 분절된 리듬 등이 그것이다.* 이 요소들은 서로 상호작용하면서 본 악장에 이르러 마침내 하나의 지배적인 중심 리듬을 탄생시킨다.

1악장 본 악장·비바체: 본 악장의 첫 네 마디^{62-65마디}는 '중심 리듬'을 제시한다. 이는 마치 강강술래의 발걸음처럼 움직이는 부점 리듬과 디딤발처럼 잠시 멈추는 음의 두 세트♪^{3분 50초 이하}로 구성된 반복성이 강한 리듬이다. 이윽고 플루트가 1주제에 등장^{66마디, ♪ 3분 55초 이하}하는데 이 주제는 앞서 제시된 리듬을 선율적으로 풀어낸 것이다. 장음과 단음의 대비, 꾸밈음과 부점 리듬이 역동적인 아주 싱싱한 선율이다. 여기서도 플루트를 받치는 다른 악기들은 화성보다는 리듬을 강조한다. 그것은 마치 오케스트라의 각 악기들이 플루트 '선생님'에게 율동 동작을 배우는 것 같은 느낌을 준다. 플루트의 동작을 군데군데 따라하는 것이다. 점점 많은 악기들이 여기에 동참하고, 손발이 맞아 돌아간다. 마침내 몸이 다 풀렸다. 자, 그

＊ Dieter Rexroth, 앞의 책, S.113-114.

럼 준비[88마디의 늘임표와 일반 휴지Generalpause*, ♪4분 19초] 시작! 스타카토
의 상승 음형은 예비박이다. 이제 온 오케스트라가 다 같이 무대 위
로 뛰어오른다!** 거대한 난장과 불꽃의 군무. 그것은 개인의 불꽃이
전체에 번진 어마어마한 이글거림이다.

이 같은 '리듬의 도취'***는 발전부에서도 여전하다. 베토벤은 교향
곡 제5번의 운명 모티프를 뛰어넘을 만한 응집력으로 이 리듬을 몰
아부친다. 상대적으로 길이가 짧은 이 발전부[177-278마디]에서 특징적
인 것은 음악적 공간을 비웠다가 다시 빼곡히 채우는 중심 리듬의
위력이다. 발전부의 첫 부분에서는 중심 리듬과 결합된 오르내리는
음형[♪8분 25초 이하]이 가볍게 제시되고, 둘째 부분에서는 오보에 주제
의 앞부분만을 분절작법으로 모방한 대목[♪9분 6초 이하]이 특징적이지
만 이러한 요소들은 곧 점점 더 빽빽히 차오르는[크레센도] '중심 리듬'
의 에너지[195마디 이하, ♪8분 35초 이하/236마디 이하, ♪9분 21초 이하]에 금세
뒤덮인다. 전체의 춤사위가 이들을 휩쓸어가는 것이다. 이윽고 곡은
중심 리듬에 완전히 도취된 채 전 관현악의 강력한 군무[255마디 이하,
♪9분 41초 이하]로 연결된다.

상승 음형의 신호와 함께 곡은 이제 재현부[278마디 이하]에 돌입한
다. 하지만 재현부의 첫머리는 이미 그 에너지 레벨이 제시부와는
확연히 차이가 난다. 몸이 후끈후끈 달아오르는 격렬한 춤을 이미
지나왔기 때문이다. 제시부에서 플루트가 주제, 현악이 리듬을 강조
했던 것이 뒤집혀서 지금은 바이올린이 주제, 관악이 리듬을 강조

---

* 모든 악기들이 한꺼번에 쉬는 곳을 말한다.
** Renate Ulm, *Die 9 Symphonien Beethovens*,
München·Kassel,1994, S.206.
*** Romain Rolland, *Ludwig van Beethoven*. Zürich,
1918, S.48(Martin Geck, 앞의 책, S.123에서 재인용.)

한다. 이때 첼로와 더블베이스가 파도치는 듯 중심 리듬을 타고 넘실거려서 곡의 역동성을 극대화시킨다. 베토벤은 여기서 갑자기 곡을 중단시키고는300마디, ♪10분 32초 새로운 요소를 도입한다. 주제에 단조의 그림자305마디 이하가 드리워지고 지금껏 외향적인 움직임이었던 곡에 잠깐의 애상이 틈입한다. 여리지만 엄숙한 팀파니도 이같은 분위기에 적절히 기여한다.♪10분 42초-10분 58초 이것은 집단 속에 섞여 있으면서도 제 목소리를 잃어버리지 않는 인간적 개성의 메아리다. 어둡고도 신비로운 이 부분은 자칫 단조로울 수 있는 리듬의 지배에 특별한 고상함을 부여해준다.

코다401마디 이하, ♪12분 21초 이하는 일종의 요약정리다. 긴 음가가 분절되면서 중심 리듬이 생겨난다. 다양한 악기군은 여기에 함께 참여하고 고조된다. 베이스의 반음계 '노이즈'♪12분 34초 이하는 곡에 긴장감을 불어넣는다. 보여주기와 따라하기, 다함께 무대에 올라서기, 격정적인 군무까지 이어지고, 마침내 호른의 팡파르가 신명나는 춤의 대미를 장식한다.

2악장 알레그레토: 초연 당시 2악장은 두 번 연주되었다. 사람들이 '다 카포'da capo, 처음부터 다시를 외친 것이다. 이듬해 재공연 때도 또다시 앵콜을 받았다. 교향곡 제7번의 알레그레토는 베토벤의 음악 가운데 동시대인의 사랑을 가장 많이 받은 악장이었다. 이 악곡이 듣는 이들을 사로잡는 이유는 무얼까.

전형적인 베토벤이 아니다. 낯설고도 기이하다. 곡은 휑한 4·6화음으로 열리는데 이것부터가 이례적이다. 4·6화음은 보통 곡의 중간 부분에서 지나가는 화음으로만 활용되기 때문이다.* 이를테면

* Renate Ulm, 앞의 책, S.207.

협주곡에서 관현악 파트가 솔로 악기의 카덴차^{cadenza}* 바로 앞에서 들려주는 화음이 바로 4·6화음이다. 말하자면 '자, 이제 독주 나오니까 잘 들어!' 정도의 메시지인 것이다. 게크는 이 화음으로 초월적 세계가 열린다고 표현했다.** 외향적 에너지의 세계^{1악장}와는 아주 딴 세상에 있는 내세지향적 세계^{2악장}로 홀연히 들어선 것이다.

그럼에도 이 악장은 여전히 운동성을 유지하고 있다. 알레그레토는 일반적인 2악장, 특히 내면성을 강조하는 아다지오 등에 비해 빠른 편이다. 그래서 이 곡은 여전히 '리듬의 지배'라는 제7번의 컨셉 안에 머물러 있다.

한편 악곡은 '장-단-단-장-단'의 리듬♪^{처음 부분}을 가지는데 이는 「성모 마리아여, 우리 기도를 들으소서」라는 만령절^{萬靈節, 모든 망자의 영혼을 기리는 날} 노래의 율격과 일치한다.*** 그래서 이 곡은 추모와 제의, 움직임의 성격을 모두 포괄하는 만령절 순례 행렬을 연상시킨다.**** 절제된 비통함이나 고대적이고 엄숙한 느낌도 그와 상응한다. 그래서 제7번의 알레그레토는 하나의 음악적 제의다. 전형적인 노래 악장의 선율은 없지만 듣는 이는 이 제의의 형식과 과정에 참여하는 것만으로도 경건해진다. 담담하고 화려할 것 하나 없는 가톨릭 미사가 성도에게 미치는 감화도 그런 것이다. 비록 점진적이지만 엄숙한 제의는 움직임을 반복하며 절정으로 나아간다.

한편 이 악장에는 마치 스케르초의 트리오 부분을 연상시키는 중간 부분^{101마디 이하, ♪2분 55초 이하}이 들어있다. 어두운 가단조에서 밝

---

  * 관현악이 잠시 쉬고 솔로 악기가 기교를 뽐내는 부분으로 주로 협주곡의 1, 3악장의 중간 이후 부분에 등장한다.
  ** Martin Geck, 앞의 책, S.120.
  *** San-ta Ma-ri-a, ora pro no-bis.
  **** Renate Ulm, 앞의 책, S.208.

은 가장조로 전조가 일어나고 서정적이고 따사로운 클라리넷의 선율은 위로와 사죄의 음성처럼 뭉클하게 다가온다. 하지만 이 선율 밑에서는 여전히 엄숙한 '장‒단‒단‒장‒단'의 리듬이 들려와 이 또한 만령절 제의의 일부임을 상기시킨다.* 달콤했던 이 노래는 갑작스러운 하강 음형에 가로막히고[147마디 이하, ♪4분 13초 이하] 음악은 다시금 본래 행렬 모습을 복원한다. 이제 가단조 행렬은 더 이상 처음의 정적인 모습이 아니다. 목관의 주제선율, 베이스가 피치카토로 연주하는 중심 리듬 곁에서 현악은 16분음표의 음형을 타고 계속 움직인다. 이윽고 곡을 절정으로 이끄는 푸가토[♪5분 19초 이하]가 이어진다. 전 관현악이 포르테로 만령절 노래를 함께 한 뒤 곡은 사그라들어[피아니시모] 다시 4·6화음으로 끝난다. 그런데 이 화음은 근음[제1도]이 아닌 제5음 위에 형성되어 곡 첫머리와는 차이가 있다. 붕 뜬 것 같은 불안정한 느낌과 여린 셈여림은 마치 지금까지 생생한 컬러였던 순간이 일순간 흑백으로 바뀌면서 아득해지는 듯한 느낌을 준다. 제의가 끝난 것이다.

개별악기와 전체의 관계는 2악장에서도 곡의 중심 원리다. 집단은 전례의 리듬을, 솔로 악기는 선율을 연주한다. 가운데 부분을 이끄는 클라리넷은 전체에 변화를 일으키는 리더다. 혹시 베토벤은 클라리넷을 통해 제의를 집전하고 감화시키는 신부님의 모습을 그린 것은 아닐까.

3악장 프레스토‒아사이 메노 프레스토: 베토벤은 늘 3악장에 특

---

* 오스트호프(Wolfgang Osthoff, 1927‒2008)는 이 대목을 만령절 노래 안에서 겸손과 감사의 자세를 고백하는 부분과 합치하는 것으로 보았다. (Renate Ulm, 앞의 책, S.209.)

별한 개성을 부여하려고 애썼다. 프레스토는 지금까지의 베토벤 교향곡 악장들 중 가장 빠르며 첫 부분도 갑작스러운 지그재그식 도약으로 되어 있어 곡은 말 그대로 '요동치며' 시작된다.♪처음 부분 전체 악장의 에너지원인 이 도약 뒤에는 스타카토 음형이 음계를 타고 완만히 떨어진다. 화성적으로도 곡은 요동친다. 원조인 가장조를 고수하는 대신 제7번의 3악장은 바장조와 가장조 사이를 자꾸 옮겨다닌다. 이 같은 3도권의 전조는 곡에 긴장감을 야기한다. 음악이 한 조성에 머무르지 않고 이리저리 넘나드는 것이다.

스케르초 뒷부분25마디 이하에서는 주제를 두 부분으로 나눠 다르게 적용함으로써 대조의 효과를 극대화한다. 날래게 도약하는 악구는 현악에 배치하고 스타카토 악구는 주저하는 듯한 2도 간격의 악구로 변형시켜 목관에 배치♪21초 이하한다. 왈가닥스러운 현악과 소심한 목관이 마치 익살스러운 대화를 나누는 듯하다. 하지만 소그룹 간의 대조는 셈여림이 점점 강해지고 여러 악기가 합세63마디, ♪39초 이하 하면서 다시 전체 관현악 속으로 용해된다. 소그룹 대 전체집단의 관계가 형상화되어 있는 것이다.

제7번의 트리오는 가장 아름다운 음악적 풍경 가운데 하나다. ♪2분 10초 이하 아사이 메노 프레스토qssai meno presto, 프레스토에 비해 확실히 느리게라는 지시어는 트리오가 역동적인 스케르초와 확실히 대조됨을 말해준다. 과연 곡은 라장조로 전조되면서 일순간 정적인 풍경으로 변모한다. 현악이 a음을 페달포인트로 깔아놓고 그 위로 목가적인 목관의 선율이 나타나는 것이다. 제7번 교향곡이 가끔 '제2의 전원 교향곡'이라 불리는 이유다.*

페달음 a는 전체 곡의 원 조성인 가장조를 강조한다. 하지만 동시

---

* 메이너드 솔로몬, 앞의 책, 166쪽.

에 이 a음은 트리오의 조성 라장조의 제5음이다. 「전원」 1악장의 페달음제1도보다 덜 안정적이고, 따뜻하기보다는 상쾌한 느낌에 가깝다. 마치 무더운 여름날 짙은 녹음 아래 쓰름매미 소리가 깔리고 그 위로 새들이 지저귀듯이 싱그럽고 아름답다. 트리오의 멜로디는 니더외스터라이히 지방의 옛 순례가에서 따온 것이다. 전통적인 느린 악장이 없는 이 곡에서 트리오는 내면의 풍경을 살짝 내비쳐준다. 트리오가 교향곡 제7번의 '내적인 정점'이라고 불리는 이유다.*

베토벤은 제7번의 3악장에서 제4번이나 제6번의 경우처럼 다섯 도막A – B – A – B – A의 구조를 취했다. 하지만 코다에서 베토벤은 단순 반복을 피하려는 듯, 작은 유머를 선보인다. 갑자기 곡은 다시 아사이 메노 프레스토로 전환되고 세 번째로 트리오를 반복하려는 듯한 제스처를 취한다. 하지만 이것은 페이크 동작, 바장조에서 다단조로 잠시 드리워지는 단조 화성♩8분 6초에서 듣는 이들은 속았음을 느낀다. '헤헤, 속았지?' 베토벤은 마치 등짝을 후려 맞지 않으려는 듯 날래게프레스토 달아나며—슈만은 여기서 베토벤이 펜을 뒤로 휙 내던졌다고 표현했다**—곡을 마무리한다.

4악장 알레그로 콘 브리오: 슈만은 피날레의 첫머리를 "베토벤이 듣는 이들을 무도회장으로 이끈다"라고 표현***했지만, 거칠게 몰아치는 진행과 강력한 타격은 춤 이상이다. 축제에는 질서와 혼돈, 무방향성과 목적성, 분절된 타격과 구불구불한 선들 등 서로 반대되는 요소들이 한데 뒤섞여 있다. 여기에는 즐거움과 흥겨움도 있지

 * Martin Geck, 앞의 책, S.125.
 ** Renate Ulm, 앞의 책, S.211.
 *** Martin Geck, 앞의 책, S.125.

만 우악스러운 면도 함께 들어있다.

리듬의 향연인 이 피날레는 뭔가 선을 넘었다는 느낌을 주었고 찬사와 비판을 동시에 불러 일으켰다. 작곡가 칼 마리아 폰 베버^{Carl} Maria von Weber, 1786-1826는 베토벤이 "정신병원에 들어갈 때가 임박했다"고 했지만, 바그너는 「헨젤과 그레텔」의 작곡가 훔퍼딩크^{Engelbert} Humperdinck, 1854-1921에게 이렇게 말했다.

"그것은 더 이상 음악이 아니라네. 하지만 그런 것은 오직 베토벤만이 만들 수 있지!"*

이 음악에는 어떤 결론에 가야 한다는 당위가 없다. 내키는 대로, 마음 가고 몸 가는 대로 하는 것 자체가 목적이다. 이것은 방종의 경계까지 나아간 자유다.** 그러나 극단의 자유를 연출해내기 위해서는 역설적으로 치밀함이 필요하다.

처음 네 마디는 기본 리듬을 보여준다. ♪ 처음 부분 8분음표-16분음표-16분음표-8분음표의 도식은 곧 장-단-단-장으로, 2악장 율격을 축약한 형태다. 마지막 음^단을 생략함으로써 이 리듬의 성격이 확연히 달라진다. 알레그레토의 경우에는 리듬 단위가 셈여림상 약음으로 끝나므로^{장-단-단-장-단} 반복할 때 율격이 자연스럽게 흐르는 성격을 지닌다. 하지만 피날레의 경우에는 '장-단-단-장'으로 셈

<hr>

* 같은 책, S.126.
** 게크는 '고삐 풀린' 피날레를 전작들과 비교하면서
중요한 의미를 도출해낸다. 곧 「영웅」 「운명」
「전원」 등과 달리 제7번에는 어떤 윤리적 입장이나
목표 따위가 없다는 것이다. (Renate Ulm, 앞의 책, S.212.)

여림상 강음으로 끝나므로 끊어지는 성격을 가진다.* 게다가 속도
가 아주 빠르고 음가 또한 축소되어 이 리듬은 짧은 호흡으로 쉴 새
없이 반복된다. 셈여림 또한 피아노^{2악장}에서 포르티시모^{4악장}로 바
뀐다. 이렇게 해서 알레그레토의 경건하고도 차분한 발걸음은 이제
미친 듯 헐떡이는 휘몰이 리듬으로 탈바꿈된다. 흡사한 재료로 낯
선 효과를 일으키는 베토벤의 기술은 거의 기괴하기까지 하다.**

　1주제$^{5-12마디, ♪3초 이하}$는 다시 기본 리듬을 선적으로 변형해 만
든 것이다. 8분음표와 16분음표 6개가 조합된 이 리듬은 '기본 리듬'
의 마지막 한 박$^{8분음표-8분쉼표}$을 모두 16분음표로 채운 것인데, 여기
에 오르락내리락 하는 움직임을 부여해 선적인 흐름을 만들어냈다.
강력한 타격의 리듬과 넘실거리는 파도와 같은 움직임이 겹쳐진 것
이다.

　승리의 팡파르 같은 호른과 목관의 연결구$^{25마디 이하, ♪32초 이하}$
를 지나 곡은 2주제로 들어선다. 2주제$^{64마디 이하, ♪1분 3초 이하}$는 3악
장의 트리오 부분을 축약하여 사용한 것이다. 경쾌한 부점 리듬으
로 오르락내리락하며 노니는 이 주제에서 베토벤은 셈여림상 약박
에 포르테를, 강박에 피아노를 부여하여 의도적으로 몸짓을 더 강
조한다. 그렇게 고요한 내면의 풍경이 익살스러운 것으로 변모하여
일종의 풍자로 느껴지는 것이다.*** 가장 진지한 대목까지 휘몰아가
는 이 춤의 소용돌이는 질풍과도 같다. 「영웅」「운명」「전원」 등과

---

* 서양음악에서는 한 마디에 강박이 하나뿐
(강-약, 강-약-약 등)이기 때문이다. 강박 다음에
곧바로 강박이 나올 수는 없으므로 쉼표로 긴장감을 완충시키고
그래서 음악이 일정한 단위로 끊어지게 된다.
** Renate Ulm, 앞의 책, S.211.
*** Renate Ulm, 앞의 책, S.213.

는 달리 이 휘몰이에는 '회상 장면'도 나타나지 않는다. 속도는 그대로 유지된다. 성찰이나 회고의 의미보다는 지금, 여기의 몸짓이 더 중요한 것이다.

한편 악기들이 서로 역할을 바꿔 맡으며 나왔다 숨었다 하는 것도 특징적이다. 예를 들어 제25마디에서 영웅적인 팡파르를 연주했던 호른은 트레몰로의 바이올린$^{33마디 이하}$에게 그 역할을 넘겨주고 리듬 속으로 몸을 숨긴다. 마지막 부분$^{360마디 이하, ♪7분 10초 이하}$에서는 첼로와 베이스가 선두에서 선율을 이끌다가 곧 웅얼거리는 듯 오르내리며 배경으로 물러난다. 하지만 이는 작전상 후퇴인 듯하다. 곡이 고조되는 부분부터 이어지는 포르티시모 부분$^{392-411마디, ♪}$ $^{7분 34초-7분 49초}$까지 a음-g#음을 오가는 2도 간격의 파동을 강력하게 연주하는 것이다. 이것은 그저 단순한 배경이 아니라 귀를 거슬리게 하는 노이즈다. 왜 굳이 노이즈가 필요했을까. 답은 바로 다음 부분에 있다. 412마디부터 첼로와 베이스는 a와 한 옥타브 위의 a음을 이어 연주한다. 이것 또한 파동이지만, 성격은 완전히 대조된다. 폭이 작고 불협화를 유발했던 첫 파동과 달리 둘째 것은 원조 가장조의 으뜸음과 그 동일음$^{옥타브, 곧 완전8도}$으로 만들어낸 폭이 큰 파동이다. 불협화 없이 원조를 힘 있게 강조하는 것이다. 바로 이 대목에서 호른은 다시금 화려한 팡파르$^{♪7분 49초 이하}$를 울린다. 마치 혼란^{노이즈}을 뚫고 나와 선명하고^{으뜸음} 화려한 춤동작을 선보이는 것 같다. 이 혼란은 몸짓을 더욱 돋보이게 해준다. 선율을 이끌던 리더$^{첼로, 베이스}$가 들러리가 되어 그 다음 리더^{호른}를 돋보이게 해주는 장면이다.

화음 대신 으뜸음의 움직임을 활용한 것 또한 전체를 축제로 만드는 데 기여한다. 만일 완전한 삼화음$^{다장조의 경우 도-미-솔}$으로 원조를 강조했다면 「운명」이나 「전원」처럼 숭고한 찬가의 느낌, 곧 아폴론적 느낌을 가지게 되었을 것이다. 그러나 베토벤은 디오니소스 축제에 아폴론 신의 강림을 허락하지 않았다. 정적인 충만감 대신 파동의 기운을 택한 것이다.

축제의 최절정은 폭발하는 듯한 두 번의 포르티시시모^{fortississimo,} _{가장 세게, 430마디, 446마디, ♪8분 2초, 14초} 부분이다. 거의 사용하지 않던 포르티시시모를 지시할 만큼 이 축제의 마지막에는 열광의 에너지 가 이글거린다. 베토벤은 이 모든 것을 단 8분 30여초 안에 담아냈 다. 「운명」 1악장을 능가할 만한 이 같은 응집력은 음악 역사상 더 이상 볼 수 없는 것이다. 초기 낭만주의 작곡가들은 결코 이 같은 열광을 재현하지 못했다. 브루크너^{Anton Bruckner, 1824-96}와 말러^{Gustav} _{Mahler, 1860-1911}는 이러한 열광을 획득하는 데 거의 반시간 정도를 들여야 했다. 듣는 이들은 무질서와 광란을 느끼지만, 연주자들은 고도의 절제력을 발휘해야 하는 음악이다. 창조자 베토벤이 무질서 속에서 질서를, 귀머거리의 완전한 고요 속에서 음악적 소란을 연 출할 수 있었던 것은 모순적인 것을 하나로 통합하는 놀라운 정신 적 경지 때문이었다. 같은 이유로 베토벤은 군중 속에서 영웅을 볼 줄 아는 눈을 얻었고, 영웅을 신화화하지 않고 그 속에 들어있는 평 민성을 있는 그대로 그려낼 수 있었다.

■ 교향곡 제7번 남은 이야기

교향곡 제7번의 남은 이야기는 교향곡 제8번이다. 마치 제3번과 제5번이 연속된 기획이듯이, 또한 제5번과 제6번이 동일한 원리를 내포하고 있듯이 제7번과 제8번 또한 그러하다. 그러면 제7번의 기 운이 다 가시기 전에 다음 장을 넘겨 교향곡 제7번의 남은 이야기 를 확인하도록 하자.

8 심포니 마이스터의 광대극

교향곡 제8번 바장조 Op.93

- **작곡 시기**   1812년, 빈
- **헌정**   없음
- **초연**   1814년 2월 14일, 빈 대무도회장
- **초판**   S.A. 슈타이너&Co. 빈, 1816년
- **편성**   플루트2, 오보에2, 클라리넷2, 바순2, 호른2, 트럼펫2,
                 팀파니, 현악
- **악장**   1악장 알레그로 비바체 에 콘 브리오(3/4박자)
                 2악장 알레그레토 스케르찬도(2/4박자)
                 3악장 템포 디 미뉴에토(3/4박자)
                 4악장 알레그로 비바체(2/2박자 알라 브레베)
- **연주 시간**   약 26분

유머의 교향곡

짧다! 유쾌하다! 베토벤의 교향곡 제8번은 늘 '유머의 교향곡'으로 불렸다. 여기에는 영웅적 몸짓이 없다. 말 그대로 처음부터 끝까지 기분이 좋은 교향곡 같다.[*]

하지만 악장 표시를 잠시 들여다보면 조금 수상쩍다. 2악장은 '알레그레토 스케르찬도'인데 '알레그레토'라는 조금 빠른 속도는 그렇다 치고 '스케르초스럽게'라는 수식어가 조금 거슬린다. 이건 스케르초일까 아니면 스케르초 흉내일까. 3악장도 석연찮다. '템포 디 미뉴에토'Tempo di Menuetto 즉 '미뉴에트의 빠르기로'다. 그렇다면

---

[*] 발터 리츨러, 『베토벤』,
나주리·신인선 옮김, 음악세계, 2007, 231쪽.

3악장은 미뉴에트란 말인가 아니란 말인가. 춤곡을 두 개나 넣은 것일까 아니면 아예 없는 것일까.

게다가 이 곡은 처음부터 끝까지 힘이 잔뜩 들어있다. 본래 유머란 릴렉스한 상태에서 나오는 게 아니던가. 그런데 우리의 베토벤은 도무지 힘을 뺄 생각이 없다. 유머의 대가 하이든이 보았다면 고개를 절레절레 흔들었을 것이다. 더욱이 이 교향곡은 아무에게도 헌정되지 않았다. 이상하다.

가장 거창한 바보짓

베토벤 교향곡 제8번은 즐거운 표정 아래 수상한 면을 감추고 있다. 그것은 탈춤에서 능청스러운 표정으로 덩실거리다가 촌철살인의 한마디를 쏘아붙이는 말뚝이의 모습과도 같다.

혁명의 20여 년이 한낱 물거품이 되고 다시 케케묵은 왕정이 권능을 입은 채 강림하고 있었다. 부활한 과거를 쌍수를 들고 환영할 수도, 대놓고 반대할 수도 없었다. 그래서 속이 꼬이고, 웃음에는 쓴물이 들었다. 혁명의 끝이 왕정이라니! 그간의 노고가 바보짓으로 바뀌는 순간이었다.

베토벤도 다르지 않았을 것이다. 바보같이 예술 열심히 하면 세상이 바뀌는 줄 알았다. 일곱 개의 교향곡도 마찬가지다. 세상에서 가장 거창한 바보짓을 일곱 번이나 하다니. 그는 껄껄 웃는다. 하지만 일부러 크게 웃는 쩌렁쩌렁한 웃음 뒤에는 씁쓸함이 싸하게 남고 울화통인지 반항심인지 모를 기분이 꿀렁거린다. 바로 이것이 교향곡 제8번의 유머다.

디오니소스 축제극의 다음—사티로스 익살극

이런 기분은 초연을 들은 사람들에게도 그대로 전달되었다. 한바탕 웃어야 할지, 진지하게 받아들여야 할지 알 수가 없었다. 어떤 경우에든 반대 감정이 함께 묻어났다. 과거의 양식뿐만 아니라 자기 자신에 대해서도 빈정거리는 작곡가를 두고 모른 척 박수나 점잖게 칠까. 아니면 박장대소를 터뜨리며, "그래, 당신은 바보야! 하지만 우리는 모두 바보잖아!" 하고 추임새를 넣을까.

그런데 이런 바보 놀음은 이미 제7번 피날레에서도 나타났다. 정신없는 춤의 소용돌이에 휘말려 알레그레토와 트리오의 가장 고상한 주제들이 마구 헐떡거렸다. 가벼운 농담인 동시에 무거운 진실의 표현, 제7번과 제8번의 공통분모다. 한때 심각하던 것들이 나중에는 장난처럼 여겨지는 때가 인생에는 얼마나 많은가. 그래서 게크는 교향곡 제8번이 제7번의 후속작이라고 주장한다. 다시 말해 제7번이 디오니소스 축전이라면 제8번은 그 부록인 사티로스^{Satyros} 익살극이라는 것이다.*

원래 사티로스란 반인반수의 숲의 정령이다. 술, 여자, 춤을 너무 좋아한 나머지 디오니소스 신의 축제에 빠진 적이 없고 늘 님프$^{Nymph, 그리스 신화에 나오는 요정}$들의 꽁무니를 쫓아다닌다. 상반신은 사람, 하반신은 염소 또는 말이고 특기는 음주가무·주색잡기·음담패설·농탕질이다. 저급하고 음탕하지만 의외의 지혜가 담긴 익살로 한 방 먹일 줄도 안다. 그런데 바로 이런 사티로스의 성격에서 사티로스 익살극이라는 것이 생겨난다. 원래 디오니소스 축제에서는 하루 세 편의 진지한 비극이 공연되었다. 그런데 하루 종일 비극만 본다면 피곤하지 않을까? 그래서 비극의 막간에 저급하고 익살스러운 소극^{笑劇}이 공연되었다. 덕분에 관객들은 긴장을 잠시 풀었다가

---

* Martin Geck, *Die Sinfonien Beethovens*,
Hildesheim, 2015, S.135-137.

부그로(William-Adolphe Bouguereau),
「님프와 사티로스」(1873).
사티로스는 늘 님프의 꽁무니를 쫓아다니는
호색한이다. 술을 좋아하기로는 디오니소스와
마찬가지이지만 보다 원초적 본능에 충실한
인간상이다.

루벤스, 「두 사티로스」(1619).
이 그림에서 볼 수 있듯이 사티로스의 눈빛에는
열광이나 도취보다 현세적이고 유희적인 충동이
더 선명하게 드러난다. 술기운과 음흉한 웃음이
결합된 풍자야말로 심각한 비극을 뒤집는 사티로스
익살극의 핵심이다.

다시 비극에 몰입할 수 있었다. 더 중요한 것은 이 막간극에서 비극 내용과 영웅들에 대한 풍자를 했다는 것이다. 그래서 사티로스 익살극은 오늘날에도 풍자극을 지칭하는 말로 사용된다.

따라서 제7번이 디오니소스적인 도취를 그렸다면, 제8번은 그에 관한 풍자가 된다. 베토벤은 자기 예술에 취한^{자아도취} 스스로를 풍자한 것이다. 요컨대 제8번은 베토벤의 '바보짓'이다. 하지만 여기에는 또 다른 진실이 숨어 있다. 바보 연기하는 사람은 결코 바보가 아니라는 사실이다. 그 연기를 보고 바보라고 생각하는 사람만이 진짜 바보인 것이다.

자기 풍자의 경지

베토벤은 이 곡을 통해 자신의 교향곡은 엉터리라고 말하는 것 같다. 그런데 들으면 들을수록 그 엉터리를 흉내 낼 길이 없다. 세상에서 가장 기발한 미친 소리로 폐부를 찌를 줄 알았던 기사 세르반테스^{Miguel de Cervantes, 1547-1616}처럼 말이다. 베토벤은 그렇게 제7번의 여러 훌륭한 면들을 우습게 뒤집는다. 그것은 친구들끼리 하는 자기 깎아먹기식 유머다.

예컨대 제7번의 1악장은 앞서 살펴본 것처럼 가장 광대하고 독자적인 선율을 들려주는 느린 도입부를 가지고 있다. 하지만 제8번은 반대로 간다. 여기에는 느린 도입부는커녕 오프닝 악구도 없다. 제1·2·4·7번에는 느린 도입부가 있었다. 제3번^{「영웅」}에는 처음 두 번의 타격이, 제5번^{「운명」}과 제6번^{「전원」}에는 늘임표가 붙어 있는 중심 모티프가 먼저 제시되었다. 하지만 제8번에는 아무것도 미리 보여주는 게 없다. 그냥 바로 시작이다. 이런 식의 첫머리는 즉흥, 우발, 무계획으로 한 번 '아무렇게나' 해보겠다는 예고인지도 모른다.

제7번의 2악장은 종교적 제의의 한 장면을 연상시켰다. 엄숙한 내면성과 닿아 있는 악상과 반대로 제8번은 기계를 연상시킨다. 그동안 베토벤이 얼마나 유기체적인 음악을 만들어내고자 애써왔는지를 아는 이라면 어리둥절할 법하다.

제7번의 3악장은 가장 아름다운 트리오를 담고 있는 독창적인 스케르초다. 하지만 제8번은 벌써 낡을 대로 낡은 미뉴에트 흉내다. 하지만 아무리 흉내를 내봐야 제대로 안 된다. 작곡가가 뼛속까지 평민인데 어떻게 귀족 춤 동작이 나오겠는가.

제7번의 4악장은 격렬한 도취의 한마당이지만 절정으로 몰아가는 베토벤다운 추동력이 느껴진다. 하지만 제8번은 만만찮게 분주하면서도 어디로 가야 할지 몰라 좌충우돌하는 발걸음이다.

교향곡 제8번 깊이 읽기: 심포니 마이스터

뉴먼은 교향곡 제8번을 "위대한 제7번에서 흘러넘친 것을 주워 담은 작품"*이라고 평했다. 물론 이 말은 제7번의 밝고 쾌활한 기운이 제8번에도 여전하다는 의미지만, 동시에 제7번이 제8번보다 더 우월하다는 의미로도 읽힌다. 하지만 베토벤은 제8번이 제7번보다 훨씬 낫다고 생각했다. 제8번은 제7번을 비꼬고 있으니 말이다. 교향곡 제8번이 보여주는 경지는 바로 이 지점이다.

1악장 알레그로 비바체 에 콘 브리오: 생기 있고 또 활력 있다. 곡은 화창한 기운으로 가득하다. 발랄한 열두 마디짜리 1주제♪처음 부는 거의 고전적으로까지 들린다. 하지만 속임수다. 이 주제는 조금 나아가는 듯하다가 금세 다른 내용으로 바뀐다. 주제가 확장·발전되는 것이 아니라 새로운 것에 가로막히는 것이다. 곧바로 연결

---

* 메이너드 솔로몬, 앞의 책, 168쪽.

슐뢰서(Karl Schlösser), 「피아노에 앉은
베토벤」(1890).

- 존 엘리어트 가디너
- 혁명과 낭만의 오케스트라
- 아르히브
- 1992

구12-37마디, ♪13초 이하가 이어지는데 움직임은 많지만 제자리 뛰기에 지나지 않는다. 이 연결구 뒤에 2주제37-52마디, ♪36초 이하가 이어지지만, 불길한 느낌을 주는 감7화음52마디, ♪56초 이하에 가로막힌다.* 2주제는 완결된 형태를 갖추지 못하고 마치 두 번째 연결구처럼 슬그머니 다음으로 이어진다. 게다가 곡은 처음에는 거침없이 나아갈 것 같지만 금방 리타르단도 ritardando, 점점 느리게를 만나 뒤로 내빼기를 수차례 반복한다. 용두사미식 진행인 것이다.

주제 하나를 진지하게 발전시키지 못하고 자꾸 새로운 걸 끄집어내는 것을 두고 스승 하이든은 "하나도 제대로 해내지 못하면서 자꾸 새 곡을 쓰려는 욕심"이라고 말했는데 베토벤이 여기서 하고 있는 것이 바로 그런 짓이다. 새로운 것에 대한 욕심은 급기야 세 번째 주제70-79마디 이하, ♪1분 16초 이하까지 만들어낸다. 전체 관현악의 부점 리듬이 특징인 이 주제는 「영웅」이나 교향곡 제4번에서처럼 곡의 발전 과정에서 유기적으로 파생된 것이 아니라 새로 삽입된 것이다. 게다가 원래는 주제를 정리하고 발전부로 이행해야 하는 코데타Codetta, 작은 코다 90-104에서도 뒷부분에서 중요한 역할을 하는 '옥타브 도약의 모티프'♪1분 48초 이하가 새롭게 나타난다. 자꾸 새로운 것이 나와 기존의 것을 밀어내고 뒤덮는다. 때문에 이 곡을 처음 듣는 사람은 어리둥절하다. 어떤 형식인지 알아채기 어려운 것이다.

곡은 발전부로 진입한다. 발전부 첫 부분의 중심 악구는 독특하

* Dieter Rexroth, "Beethovens Symphonien," *ein musikalischer Werkführer*, München, 2005, S.121.

게도 바로 앞 코데타의 옥타브 도약 모티프다. 첫 부분[104-140마디, ♪ 3분 42초-4분 19초]은 언뜻 보기에 아주 균형 잡힌 구조다. 옥타브 도약 모티프 네 마디, 1주제의 분절작법 네 마디, 총주 네 마디, 도합 열 두 마디짜리 악구가 전조를 거치며 세 번 반복[36마디]되는 것이다. 하지만 이러한 안정적인 느낌 역시 속임수다. 다시 네 마디[140-143마디]의 옥타브 도약 모티프가 제시된 이후 곡은 갑작스레 격렬한 푸가토[143-189마디, ♪4분 23초-5분 11초]에 돌입하는데 여기서 베토벤은 갑자기 바보 가면을 휙 집어던진다. 지금까지 소리만 요란했던 콩나물 대가리들을 어떻게 귀신같이 엮어내는지, 이 오합지졸들을 어떻게 환희에 찬 포르티시시모로 이끌어가는지 경탄이 절로 나온다. 불과 50마디도 안 되는 구간을 가지고 곡을 완전히 바꿔놓는데 그 진행 과정은 다음과 같다.*

143마디: 푸가토 시작. 첼로-베이스가 주제, 바이올린군이 대주제

145마디: 목관악기의 스포르찬도[갑작스럽게 세게 하는 효과]

149마디: 목관악기의 스포르찬도 당김 음형으로 분화[리듬 단위가 조밀해지면서 느낌이 강해짐]

151마디: 주제 반복. 첼로-베이스-바이올린은 주제를 넘겨주고 분주한 교차 진행으로 에너지 증폭

161마디: 호른, 트럼펫, 팀파니가 두텁게 주제리듬 강조. 이때 호른, 트럼펫은 옥타브 더블링[움직임 강조]

164마디: 주제가 두 마디 단위에서 한 마디 단위로 축약, 반복으로 음악적 긴장감 고조[♪4분 49초]

* Michael Broyles, "Beethoven, Symphony No.8," in: *19th Century Music*, Vol.6, no.1, 1982, pp.39-46.

168마디: 바이올린과 베이스가 서로 뒤집어진 음형을 연주움직임
의 간격이 더 조밀해짐

이때부터 전체적으로 반음계를 타고 점진적으로 상승

180마디: 팀파니와 바이올린의 트레몰로. 이때 바이올린은 리듬
단위를 짝수에서 홀수로 바꿔 역동성 배가♪5분 1초

184마디: 목관악기의 스포르찬도가 첫 박셈여림상 강박으로 옮겨옴
느낌이 더 강해짐

첼로, 베이스, 바이올린에서 옥타브 도약 모티프. 바이
올린은 트레몰로를 동반. 요동치는 움직임♪5분 6초

188마디: 피우 포르테piu forte, 좀더 강하게 포르테까지 지시. 첼로-베이
스의 상승 음형을 타고 전체 고조♪5분 10초

190마디: 포르티시시모

이처럼 베토벤은 아주 치밀하게 다양한 요소를 한데 엮는다. 이
과정에서 움직임의 양과 밀도가 점점 증가된다. 본래 선율적이고
1주제의 앞부분을 격렬하게 뒤바꾸고, 단조로 전조하여 유희적인
분위기도 일소시킨다. 곡이 다시 원조인 바장조에 들어서는 순간,
베토벤은 보란듯이 포르티시시모190마디, ♪5분 12초 이하를 지시한다.
이것은 일종의 음악적 세레모니다. 엉망이긴 하지만 이런 것들을
가지고도 마음만 먹으면 얼마든지 멋진 순간을 만들어낼 수 있다는
자신감이다. 여기서 사람들은 바보짓을 하던 사람이 실은 심포니
마이스터였음을 깨닫게 된다.

하지만 듣는 이들은 여전히 어리둥절하다. 발전부의 절정인 제
190마디에서 곧바로 재현부가 시작되기 때문이다. 잘 정돈된 구조
대신 두 부분이 중첩되어 듣는 이들은 순간 자신이 어느 지점에 와
있는지를 놓치게 된다. 게다가 재현부 시작과 동시에 발전부의 멋

진 음악적 장관은 더 큰 감동으로 증폭되지 못하고 해체된다. 용두사미龍頭蛇尾였던 원래의 주제가 되돌아오면서 그간의 악흥이 사정없이 깨져버린다. ♪5분 20초 말하자면, 베토벤은 시치미를 뚝 떼고 다시 바보 흉내를 내고 있다.

코다에 들어선 349마디 ♪8분 5초에서는 다시 한번 포르티시시모가 등장한다. 관객들은 발전부의 절정이자 재현부의 시작이었던 이전 장면을 기억하고, 베토벤이 이 에너지를 몰아 아주 거창하고 끝내주는 결말을 선보일 것이라 기대한다. 350마디에서 전체 관현악이 1주제 앞 소절을 총주할 때만 해도 그런 기대가 여전히 살아있다. 하지만 그럴 줄 알고 베토벤은 음악적 고조를 톡, 톡, 톡354, 358마디, ♪8분 10초, 14초 끊어놓는다. 그러고도 모자라다는 듯이 또 한 번360마디, ♪8분 16초 끊어놓는다. 그뒤 음악적 긴장감은 눈에 띄게 사라져버린다. 주제는 온데간데없고, 음악을 톡톡 끊어놓았던 이 세 개의 음만이 사그라드는디미누엔도 피치카토에 남아 있다. 기대와는 너무나 다른 싱거운 결말이라고 실망하는 순간, 마치 듣는 이를 놀리기라도 하듯 맨 마지막 두 마디372, 373마디, ♪8분 30초에서 1주제가 다시 고개를 빼꼼 내밀었다가 사라진다.

2악장 알레그레토 스케르찬도: 짧아서 부담 없는 8번의 2악장은 신들러 덕분에 유명해졌다. 그의 설명에 따르면 이 악장은 베토벤이 멜첼을 위해 쓴 작은 카논canon에서 나왔다고 한다. '타타타타―' 하이든의 「시계」 교향곡을 연상시키는 기계 소리는 누가 들어도 메트로놈의 발명가요, 보청기 발명에도 애를 썼던 멜첼과 어울린다.

오랫동안 사람들은 이 이야기를 믿었다. 그리고 속았다. 들통이 난 이유는 역설적으로 신들러가 너무 '자세히' 거짓말을 했기 때문이다. 베토벤의 최고 권위자 행세를 하고 싶었던 이 남자는 병적으로 세세함에 집착한 나머지 없던 일을 마구 조합한 뒤 스스로 그것을 믿어버렸다. 신들러에 의하면 베토벤이 영국으로 떠나는 멜첼에게 이 카논을 선물한 것은 1812년 봄이었다. 그것은 메트로놈 발명에 대한 감사의 표시였다. 한편 신들러는 이 자리에 프란츠 폰 브룬스비크Franz von Brunsvik, 1777-1849, 테레제의 남동생이자 요제피네의 오빠와 브로이닝Stephan von Breuning, 1774-1827, 베토벤의 친구이 함께 있었다고 했다. 하지만 차라리 연도를 말하지 않는 게 좋을 뻔했다. 프란츠 폰 브룬스비크는 1812년에 빈에 없었고, 멜첼은 1813년에야 영국으로 떠났다. 게다가 메트로놈은 1815년에 발명되었다.* 결국 이 일로 베토벤 연구자들에게 신들러의 말이라면 일단 의심부터 하는 전통 아닌 전통이 생겨났다. 그런데 이것도 권위라면 권위인 것이다. 의심은 어쨌든 학문을 발전시키지 않는가.

정작 곡은 신들러의 '공들인' 거짓말이 얼마나 허술한지를 말해준다. 베토벤은 여기서 제대로 작동하는 것 같다가 와장창 망가지는 고물단지를 그리고 있으니 말이다. 규칙적인 목관의 스타카토 위에 바이올린이 주제를 연주하지만♪처음 부분 이 주제는 도무지 정확한 비율을 만들어내지 못한다. 강세強勢도 어긋나 있다. 규칙적인 목관이 첫 박을 강조하는 데 반해 바이올린의 주제는 자꾸만 약박인 둘째 박을 강조한다. 반복도 한 마디씩 늦게 나타나거나 겹치거나 짧게 찌그러지거나 하는 통에 질서가 느껴지지 않는다. 어딘가 나사가 풀려 있는 것이다. 그래서 이 곡은 규칙에 대한 풍자다. 교향곡 제7번의 2악장이 엄격한 율격에서 나오는 엄숙의 경험이었던 것을 상기한다면 제8번의 덜떨어진 기계는 인간이 부여하는 온갖 규칙에 관한 희화화인 것이다.

* Renate Ulm, 앞의 책, S.231-233.

L. VAN BEETHOVEN

▲ 뤼저(Jahann Peter Lyser), 「베토벤 캐리커처」(1825).

▼ 뤼저는 작가, 인쇄업자, 스케치 교사, 장식미술가, 음악비평가 등 다방면의 직업을 가졌던 인물이다. 18세 때까지는 음악가를 꿈꾸었으나 귀가 머는 바람에 이를 포기했다. 그는 여러 예술가의 친구였는데 슈만은 자신이 창간한 『음악신보』에 그의 음악비평을 실었고, 클라라 슈만은 그의 글을 소재로 왈츠 곡을 작곡했다. 시인 하이네와도 친분이 있었으며, 멘델스존은 그의 부채를 대신 갚아주었다. 이 베토벤 캐리커처는 그가 남긴 가장 유명한 그림이다.

결정적인 장면은 유명한 64분음표의 반복 장면[23·25마디, 56·58마디, 81마디, ♩1분 2초·1분 8초 등]이다. 점점 잘 안 맞아 돌아가는 기계가 진동하며 부들부들 떤다. 기계는 고장 났다.* 고장 신호 세 번 만에 이 음악 기계는 완전히 작동을 멈추는데, 그 바로 직전 베토벤이 익살스런 장면을 하나 준비해 넣는다. 다 죽어가던 기계가 갑자기 좌충우돌하며 저 혼자 최후의 몸부림[79-80마디, 6잇단음표와 크레셴도, ♩3분 32초 이하]을 치는 것이다. 그런데 이 최후의 두 마디가 역설적으로 제법 규칙적으로 들린다는 게 얄궂다. 뭘 좀 해보려다가 만 것 같은 걸쩍지근한 느낌이 2악장 뒤에 남는다. 한 번 하면 끝장을 보는 베토벤 교향곡에서 하다 만 음악이라니 참 낯설다.

자, 어떤가. 세상에서 제일 음악적인 기계공 멜첼에게 이 곡이 정말 좋은 선물이 될 수 있었을까.

3악장 템포 디 미뉴에토: 3악장에서는 「전원」 교향곡에 등장했던 농부들을 어느 귀족의 무도회장으로 초대했다. 그동안 고생했으니 맛있는 것도 먹고 춤도 추다 가라는 것이었을까. 초대받은 농부들은 이제 난생 처음 미뉴에트를 춰야 한다. "뭐여, 우리 칼질 하는 거여?" "아니여, 춤추라잖여, 아야 좀 가만히 있으랑께!"

아, 이걸 어쩌나. 시종장이 어떻게 손써볼 틈도 없이 춤이 시작된다. "근디, 미뉴에트가 어떻게 하는 거여?" "아, 몰러, 앞에 사람 보고 혀, 그냥!" 그들은 쭈뼛쭈뼛 춤을 추기 시작한다. 그러니 음악이 맞아 들어갈 턱이 없다. 어색해서 박자를 자꾸 놓친다. 우왕좌왕하는 듯한 첫머리가 지나가는가 싶더니 첫 마디부터 트럼펫과 팀파니가 틀린다. ♩3초 원래는 바이올린이 도약하는 둘째 마디에 들어와야 했

* Dieter Rexroth, 앞의 책, S.120.

는데 긴장한 나머지 미리 들어온 것이다. 여섯 번째 마디에서는 다행히 맞았다. 하지만 이번엔 목관이 한 박 늦게[7-8마디, ♪11초] 잘못 들어왔는데, 자기도 모르게 그걸 따라해버렸다.* 아, 다음에도 잘 하리라는 보장이 있을까. 당연히 가망이 없다. 이제는 바이올린도 머뭇거리다 늦어버리고[26마디, ♪54초] 호른과 같이 다니던 팀파니는 아예 혼자 놀기[37마디, ♪1분 8초 이하] 시작한다.** 즐거워 보이는 음악 밑에 망신당할 위험이 함께 흐른다. 눈은 웃고 입가는 긴장해 있다. 춤추는 사람은 죽을 맛이지만 보는 사람은 아주 재밌는 상황이 제8번의 3악장이다.

그런데도 흥이 난다. 낙천적이기 이를 데 없는 트리오의 주제[♪2분 7초 이하]가 흘러나오고 긴장이 조금 누그러지자, "그려, 쪼깨 안 맞으면 어때" 하고 마음이 풀어진다. "아따, 우리가 원래부터 춤을 못 추당가, 그 거시기를 몰라서 그라제잉." 이제 음악에는 숨길래야 숨겨지지 않는 시골 냄새가 물씬 풍겨나온다. "어쩌끄나, 그냥 우리 식으로 출랑가보다." 호른, 바순, 클라리넷은 그렇게 조금은 푸근하고 약간은 섧게도 들리는 선율을 행복하게 연주한다. 그 아래서 첼로와 베이스가 밟는 스텝은 점잖은 미뉴에트의 보폭이 아니라 조금 방정맞은 셋잇단음표다. 아무리 미뉴에트를 추려고 해도 시골풍 렌들러[Ländler]***밖에는 안 되는 상황이다. 하지만 이 우스운 장면도 하나의 풍자다. 아무도 제대로 된 미뉴에트를 출 줄 모르는 지금에 와서

* Dieter Rexroth, 앞의 책, S.121.
** Martin Geck, 앞의 책, S.135.
*** 렌들러는 오스트리아, 남부 독일의 바이에른·보헤미아 지방에서 행해진 민속 무곡으로 3/8 또는 3/4 박자의 느린 왈츠에 가깝다. (Renate Ulm, *Die 9 Symphonien Beethovens*, München·Kassel, 1994, S.236.)

그 시절왕정복고을 다시 불러온다는 게 얼마나 우스운 일인가.

4악장 알레그로 비바체: 제8번의 피날레는 외적으로 볼 때 론도-소나타 형식이다. 하지만 듣는 이는 다시금 혼란에 빠진다. 1818년 라이프치히『일반 음악 신문』의 비평가는 곡에 들어있는 아이디어가 너무 빨리 바뀌는 통에 "마치 카오스처럼 헷갈린다"고 했다.* 1주제는 1악장이 그랬듯이 계속 다른 악상들에 가로막힌다. 피아니시모로 기운이 빠져가는 주제를 갑자기 포르티시모로 막아서는 c#음17마디, ♪13초이 대표적이다. 정신없이 흘러가려는 에너지와는 극명한 대조를 이루는 이 음은 뒤에 재차 등장279마디 등하면서 곡에 의외성과 개성을 부여한다. 한편 부드럽고도 생동감 넘치는 2주제48마디 이하, ♪36초 이하 또한 끝부분이 열려 있어 뒷부분과의 경계가 모호하다. 여러모로 구조를 알아채기 어려운 것이다. 한편 베토벤은 피날레 악장에서도 인상적인 옥타브 악구157마디 및 349마디 이하, ♪1분 54초 이하를 만들어놓았는데 솔로 팀파니와 바순이 연주하는 이 대목 역시 강한 인상을 남긴다.

발전부에서 또다시 등장하는 푸가토281마디 이하, ♪3분 29초 이하는 휘달리듯 흘러가는 전체 악상과 분명한 대조를 이룬다. 이 역시 빠른 템포이기는 하지만, 여기서 감지되는 것은 중심이 잡혀 있는 걸음걸이다. 상대적으로 장중한 이 푸가토는 리듬 단위가 점점 조밀해지고 악기가 배가되는 등 1악장과 유사한 방식으로 고조를 이룬다. 이후 베토벤은 작심을 한 듯 다시 곡을 막아선다. 모두 다섯 차례 369, 371, 373, 374, 375마디, ♪4분 34초 이하나 이전의 c#음을 등장시켜 애써 만들어놓은 음악적 에너지를 집요하게 끊는 것이다. 이곳의 극명한

* Martin Geck, 앞의 책.

대립이 곧 피날레의 절정이다.

음악과 c#음의 실랑이는 이후에도 한 차례[430마디] 더 계속된다. 하지만 음악은 그때마다 장애물을 피해 계속 나아간다. 한 번의 일반 휴지 후♪[5분 22초] 이제 곡은 코다[448마디]로 진입한다. 어렵게 도달한 코다는 에너지가 충만하지만 어딘가 모르게 기계적이다. 규칙적인 높낮이와 간격으로 오르내리는 4분음표들은 2악장을 떠올리게 만들고, 마지막 부분의 격렬한 6잇단음표[488마디, ♪5분 53초 이하]는 이 음악기계가 또 한 번 망가질지도 모른다는 불안감을 자아낸다. 하지만 전체 오케스트라는 결국 집요하게 으뜸화음과 규칙적인 리듬을 강조함으로써 이 '팽팽한' 긴장감을 버텨내고 곡을 마무리한다.

이것은 좌충우돌, 요절복통의 음향이다. 이 음악은 목적을 이뤘을까. 베토벤의 피날레 악장에서 으레 기대하게 되는 메시지가 이 곡에도 있을까. 베토벤은 이렇게 말한다. "재미있었으면 된 거 아니야?" 그냥 썼다 하기엔 온갖 에너지를 퍼부은 작품이지만 딱히 목적과 의미를 부여하기도 거추장스러운 작품이다. 어쩌면 이 피날레는 교향곡의 피날레 악장 자체에 대한 풍자일지도 모른다. 굳이 의미 있는 결론을 내야만 한다는 피날레의 이상에 대한 풍자 말이다. 심포니 마이스터[Meister]의 광대극은 어리둥절함과 경탄의 양극단을 오가며 끝을 맺는다.

교향곡 제8번 남은 이야기*

이 시기 베토벤은 과장하고 풍자하고 떠들썩하게 웃고 소란을 피

---

* 이 장의 내용은 2012년 *Die Zeit* 온라인판
제28호에 실린 게크의 칼럼 "Das Treffen in Teplitz"를
참조하여 서술했다. 다음의 사이트를 참조.
⟨https://www.zeit.de/2012/28/Beethoven-Goethe⟩

웠다. 자신의 천재성이 딱히 쓸 데가 없다는 걸 알게 된 까닭이었다. 교향곡이 합리적 사회의 진보를 상징하지 못하는데 제아무리 열심히 작곡을 잘 한들 무슨 소용이 있었을까. 100년 전 악사들과 다를 게 없었고 뾰족한 대안도 떠오르지 않았다. 그래서 그는 또 한바탕 걸판지게 웃는다. 그런데 그렇게 촉발된 과장과 풍자가 한순간 방향을 잃는 바람에 그는 오랫동안 고대해왔던 만남을 망쳐버리고 말았다.

베토벤은 어린 시절부터 괴테를 마음 깊이 존경해왔다. 「에그몬트」도 일종의 존경의 표시로 출판 계약과 무관하게 순수한 창작 욕구에서 시작된 작품이었다. 이로 보건대 베토벤은 언제든 기회가 허락된다면 괴테를 직접 만나보기를 소망했을 것이다.

1810년 5월 말, 괴테와 베토벤 모두의 추종자였던 베티나[Bettina von Arnim, née Brentano 1785-1859 독일 시인·극작가·소설가]*가 빈을 방문하면서 베토벤은 그런 기회를 진지하게 모색하게 된다. 총명하고 생기 넘쳤던 베티나는 노시인과 베토벤 사이에 다리를 놓아주려고 애썼고 베토벤은 마침내 괴테에게 편지를 쓸 수 있었다.

존경하는 선생님. … 갑작스러운 기회가 생겨 아주 짧지만 시간이 허락하는 대로 편지를 드립니다. … 제가 선생님께 오래도록 가져왔던 감사를 … 표하고 싶었습니다. … 그저 저는 제가 할 수 있는 최고의 겸손과 형언할 수 없는 깊은 감동으로 선생님의 훌륭한 창조물에 조금 더 다가갈 수 있기만을 바랄 뿐입니다. 선생

---

* 그녀는 낭만주의의 중요한 시인인 클레멘스 브렌타노
(Clemens Brentano, 1778-1842)의 누이이자, 아힘
폰 아르님(Achim von Arnim, 1781-1831)의 아내였다.

님, 『에그몬트』에 붙인 무대음악을 라이프치히의 브라이트코프 운트 해르텔 사로부터 곧 받으실 겁니다. … 선생님의 평가를 듣고 싶은 것이 제 간절한 소망입니다. 혹 나무라시더라도 그것은 저와 저의 예술을 위한 양약이 될 것이기에 저는 기꺼이 그것을 제일 큰 칭찬으로 듣겠습니다.

1811년 4월 12일, 선생님을 크게 존경하는
루트비히 판 베토벤 올림

괴테도 베토벤의 예의 바른 편지에 정중한 답장을 보냈다. 바이마르의 노시인도 베토벤의 명성은 익히 알고 있었다. 비록 이 시기 바이마르를 비롯한 독일 지역에서는 아직 베토벤이 뛰어난 피아니스트로만 알려져 있었고, 그의 대규모 교향곡들은 생소한 상태였지만, 그는 이미 1807년 한 연주회에서 베토벤의 성악곡—아마도 「피델리오」 중의 아리아일 것으로 추정—을 들은 바 있었다.

명성이 자자하신 당신의 친절한 편지를 받고 저도 무척 기뻤습니다. 지금까지 당신의 작품을 숙련된 예술가나 아마추어들의 연주로 들으면서, 언젠가 한번쯤 당신이 직접 피아노에 앉아 놀라움을 선사해주신다면 어떨까, 당신의 비범한 재능을 나도 함께 누릴 수 있다면 어떨까, 이런 생각을 여러 번 했습니다.

제게 보내주었다는 「에그몬트」에 관해 이미 많은 사람이 찬사를 보내는 것을 들었습니다. 그래서 저도 그 음악을 올겨울 우리 극장에서 제 작품을 상연할 때 함께 올리는 것을 염두에 두고 있습니다. 그러면 저 자신은 물론이고 우리 지역에 있는 수많은 당신의 팬들에게도 아주 큰 즐거움이 되지 않을까 싶습니다. 그렇지만 가장 바라는 일은 당신의 바이마르 여행 계획이 실현되는 것입니다. 모두가 기대하고 있습니다. 곧 그런 일이 벌어진다면, 궁정뿐 아니라 음악애호가 청중이 한자리에 모일 것입니다. … 당신이 이미 보여주신 많은 좋은 것들에 대해 숨김없는 감사를 표하며 이만 줄입니다.

1811년 6월 23일

카를스바트^{Karlsbad, 체코 서부 온천지}에서

사실 베토벤이 괴테 방문만을 위해 바이마르 같은 시골에 가기는 조금 부담스러웠다. 반대로 환갑이 넘은 괴테가 훨씬 나이 어린 베토벤을 보기 위해 일부러 빈에 찾아오는 것도 사리에 맞지 않았다. 그래서 베토벤은 두 사람에게 적당한 제3의 장소를 생각해냈다. 그것은 유럽의 왕후장상들과 명망 있는 예술가들이 여름휴가를 보내는 보헤미아의 온천 지역 테플리츠^{Teplitz}였다. 유럽 문화 교류의 장이었던 이곳은 베토벤에게도 친숙했다. 중요한 후원자인 로브코비츠스 가문의 여름 궁전^{라우드니츠성}이 있었기 때문이다. 괴테가 작센-바이마르 대공과 함께 보헤미아에 온다는 소식을 접한 베토벤은 외교관이자 작가인 파른하겐^{Karl August Varnhagen von Ense, 1785-1858}을 프라하에서 만나 괴테에게 자신의 방문 계획을 미리 전했다. 혹시라도 우선순위에서 밀릴 것을 염려해 귓병 치료차 왔다는 말로 동정표를 얻을 방법까지 생각했다.

이 같은 준비가 통했는지, 드디어 베토벤은 괴테를 만나는 데 성공한다. 그는 1812년 7월 19일, 테플리츠에서 괴테를 처음으로 만났다. 이날 괴테의 일기에는 "방문"이라는 말이 적혀져 있다. 이날 그는 카를스바트에 머무르고 있던 아내 크리스티아네^{Christiane von Goethe, née Vulpius, 1765-1816}에게 편지를 쓴다.

그렇게 집중력 강하고 에너지 넘치며 내면적 깊이가 있는 예술가를 나는 한 번도 본 일이 없어요. 왜 그가 세상 앞에 그토록 놀라움을 주며 드러나 있는지를 덕분에 잘 이해하게 되었지요.

이틀 뒤인 21일, 괴테는 베토벤의 피아노 연주를 듣고 "근사하다"고 적어놓는다. 그런데 그 뒤 이 두 거인의 만남은 엉뚱한 방향으로 흘러갔다. 수개월 후 괴테가 절친한 친구 첼터Carl Friedrich Zelter, 1758-1832에게 보낸 편지에는 이 둘의 관계가 불편하게 틀어졌음을 보여준다.

베토벤을 테플리츠에서 만났다네. 그의 재능은 정말이지 나를 놀라게 만들었지. 다만, 안타깝게도 그는 전혀 길들여지지 않은 인격의 소유자더군. 물론 그가 이 세상을 역겹다고 여기는 것을 아주 부당하다고 할 수 없지만, 그런다고 해서 세상이 그에게나 다른 사람에게 더 너그러워지는 것은 아니지 않는가. 아주 애석한 것은 그가 반대로 하고 있다는 점이고, 매우 유감스러운 것은 그가 청력을 잃어버린 사실이 곧 자기 존재의 음악적인 면보다 사교적인 면을 더 많이 손상시켰다는 것이라네. 보아하니 꽤나 과묵한 성격이던데 청력 손실 때문에 원래보다 두 배나 더 과묵해질 것이네.

무슨 일이 벌어졌는지 소상히 알려준 것은 베티나였다. 그녀는 수년 뒤 괴테와 베토벤의 산책 사건에 대해 언급했다. 그들이 함께 걷고 있을 때 반대편에서 황제의 신하들이 다가왔다. 그때 베토벤은 괴테에게 이렇게 말했다. "그냥 제 팔을 붙잡고 가만히 계시지요. 길을 비켜야 하는 건 우리가 아니라 그들입니다." 하지만 괴테는 이

뢸링(Carl Röhling), 「테플리츠에서의 괴테와
베토벤」(1887).

미 공손하게 모자를 벗고 길옆으로 비켜선 채 고개를 숙이고 있었다. 그 광경을 본 베토벤은 괴테에게 화를 냈다.

저는 선생님을 존경하고 크게 여기기에 오히려 저들의 인사를 받을 자격이 있다고 생각했는데요. 그런데 선생님은 저들에게 너무 많은 예의를 차리시네요!

베토벤은 조금 실망스러웠다. 정말 존경받을 사람은 괴테 같은 훌륭한 예술가이지 거드름 피우는 혈통 귀족들이 아니었다. 그런데 「프로메테우스」의 시인이, 『에그몬트』의 작가가 이렇게 고루한 태도를 여전히 고수하다니! 베토벤은 출판업자 해르텔Gottfried Christoph Härtel, 1763~1827에게 다음과 같이 썼다.

괴테 선생은 궁정의 공기를 너무 즐긴 것 같소. 시인치고는 너무 많이 마셔버린 거요. 정말이지 대가의 우스운 짓거리라 해도 지나친 말은 아닐 거요. 시인이, 나라의 첫째 스승으로 여겨져야 할 시인이 이런 미미한 빛에 다른 모든 것을 잊을 수 있다니요.

더 나아가 베토벤은 자신이 괴테에게 인간으로서의 위엄에 관한 교훈을 주었다며 유쾌하게 이야기하고 다녔다. 사실 그것은 딱히 괴테를 공격한다기보다 예술가에 대한 풍자의 일환이었다. 베토벤은 이후에도 여전히 괴테를 존경하고 진지하게 괴테의 문학을 작곡하고자 했다. 그 역시 예술가로서 자신의 한계를 인식하고 있었으므로 괴테의 한계도 그럴 것이라고 웃어넘겼다.

하지만 이미 나이 많은 괴테는 이런 공개 망신을 참기 어려웠을 것이다. 괴테가 보기에 베토벤의 행동은 유치하기 짝이 없었다. 길

슈틸러(Joseph Karl Stieler),
「요한 볼프강 폰 괴테」(1828).

을 비키고 말고가 뭐가 그리 중요하단 말인가. 게다가 괴테는 이미 공인으로 살고 있었고 그런 위치에 따르는 책임을 중요하게 생각했다. 일례로 나폴레옹이 황제가 되었을 때 베토벤은 화를 내며 교향곡 표지를 찢어버리면 그만이었다. 하지만 괴테는 반나폴레옹을 표방하던 공국의 풍전등화 같은 상황을 호전시키기 위해 직접 나폴레옹을 알현하고 외교적 역할까지 수행했었다. 나폴레옹이 「젊은 베르테르의 슬픔」을 애독했으므로, 괴테가 직접 나섰던 것이다. 귀족 작위를 얻은 지 이미 30년차였던 괴테는―그는 1782년 작센 바이마르 공에 의해 귀족이 되었다―자신이 잘 다룰 수 없는 불편한 일은 피해버리는 오랜 습관에 따라 베토벤에 대해 침묵을 지켰다.

결국 괴테와 베토벤의 만남은 곧 18세기와 19세기 간의 만남이었다. 괴테가 '질서 속에 자유'를 추구했다면 베토벤은 '모든 것 위에 자유'를 외쳤다. 그것은 계몽 대 혁명의 대결이었다. 만일 괴테가 베토벤 교향곡 제8번을 들었더라면 어떤 반응을 보였을까. 겉으로는 하이든과 모차르트의 모습을 하고 안으로는 '그래, 나 평민이야! 어쩔래!' 하며 소리 지르는 이 교향곡의 정체를, 그는 알아보았을까?

9 환희와 인류애의 교향곡

교향곡 제9번 「합창」 라단조 Op.125

- **작곡 시기** 1812-24년

  착안 포함 시 1790년경까지 거슬러 올라감
- **작곡 장소** 빈
- **헌정** 프로이센의 프리드리히 빌헬름 3세
- **초연** 1824년 5월 7일, 빈 케른트너토어 극장
- **초판** B. 쇼트 운트 죄네, 마인츠 1826년
- **편성** 피콜로, 플루트2, 오보에2, 클라리넷2, 바순2,

  더블바순, 호른4, 트럼펫2, 트롬본3, 팀파니,

  트라이앵글, 심벌즈, 큰북, 현악

  소프라노, 알토, 테너, 베이스와 혼성 합창
- **악장 표기** 1악장 알레그로 마 논 트로포 운 포코 마에스토소(2/4박자)

  2악장 몰토 비바체(3/4박자)-프레스토(2/2박자 알라 브레베)

  3악장 아다지오 몰토 에 칸타빌레(4/4박자)

  4악장 피날레·프레스토-알레그로 마 논 트로포-알레그로

  아사이-알레그로 아사이 비바체 알라 마르시아-

  안단테 마에스토소-아다지오 마 논 트로포, 마 디

  보토-알레그로 에네르지코, 셈프레 벤 마르카토-

  알레그로 마 논 탄토-프레스티시모-마에스토소
- **연주 시간** 약 75분

잃어버린 10년

1800년부터 1812년까지 베토벤은 여덟 개의 교향곡을 썼다. 이 기간 베토벤의 창조력은 정점에 올라 있었고 새로운 곡이 나올 때마다 음악사의 지형을 바꿔놓았다. 얼마쯤 지나자 사람들은 신작 교향곡의 소식을 기다렸다. 하지만 5년이 지나고 10년이 지나도 소식은 들려오지 않았다.

이상 징후가 곳곳에서 감지되었다. 귀가 점점 나빠졌다. 이미 제7번 초연 때부터 숨길 수 없게 된 그의 난청은 1817년경에는 귀머거리 수준으로 악화되었다. 1815년 피아니스트 활동을 접은* 베토벤은 1816년부터 보청기를, 1818년부터는 일상적 의사소통을 위해 대화 수첩을 사용하기 시작했다. 사람들은 자연스럽게 귓병이 그의 음악 성을 침해하고 있다고 여겼다.

이 시기 그의 후원자들도 하나하나 몰락해갔고,** 옛 친구들과의 관계도 끊어졌다. 빈자리를 새로운 추종자들이 채웠지만 그들은 베 토벤의 고독과 침묵의 깊이를 온전히 가늠할 수 없었다. 외로움은 그의 또 다른 고통이었다.

성격은 점점 괴팍스러워졌다. 걸핏하면 화를 냈고 면도와 이발을 하지 않아 야수 같았다. 옷은 아무렇게나 입었고 되는 대로 먹고 잤 다. 한마디로 자신을 돌보지 않았다. 그것은 깊은 절망의 표현이었 다. 자기 음악이 자신과 꼭 닮아야 한다고 믿었던 그가 스스로를 버 려둔다는 것은 그가 병들었음을 의미했다.

왕정복고는 자유의 정신을 짓밟았다. 자기 탓이 아닌 가난은 이 상을 현실의 시궁창에 처박았다. 그리고 결정적 타격이 그의 영혼

---

* 1815년 1월 25일, 가곡 「아델라이데」(Op.46)의 반주가
그의 피아니스트로서의 마지막 공연이었다.(메이너드 솔로몬,
『루트비히 판 베토벤』 2, 김병화 옮김, 한길아트, 2006, 200쪽.)
** 킨스키 공작은 1812년 낙마사고로 사망했다.
리히노프스키 공작은 1814년 4월 15일 심장마비로 사망했다.
라주모프스키 백작(Andrei von Razumovsky,
1752-1836)은 1814년 12월 31일,
호화로운 궁을 화재로 잃었다. 로브코비츠 공작은
파산 선고를 받은 뒤 고생하다 1816년 12월 15일 사망했다.
빈 제일의 재력가였던 프리스(Moritz von Fries,
1777-1826) 백작도 서서히 재산을 잃고 마침내 파산했다.

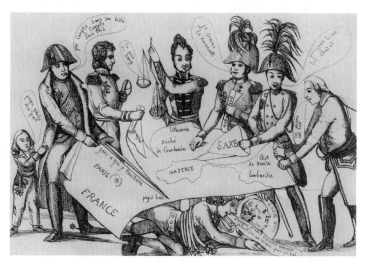

▲ 작자 미상, 풍자화 「왕들의 케이크」(1815).
▼ 작자 미상, 「빈 회의가 춤추다」.
빈 회의에 모인 왕들은
마치 케이크를 자르듯 유럽을 손쉽게
난도질했다.

에 돌이킬 수 없는 균열을 내버렸다. 인생 전체를 뒤흔드는 충격 앞에 더 이상 자기 스스로를 숭고한 인간상과 동일시할 수 없었다. 그토록 예리한 균형감각의 소유자였던 그가 음악과 인생 양쪽에서 무너지고 있었다. 그때부터 사람들 사이에서는 베토벤이 미쳤다는 소문이 돌기 시작했다.

불멸의 연인

결정적 타격은 1812년 7월로 거슬러 올라간다. 「에그몬트」와 교향곡 제7번을 완성한 베토벤은 괴테를 만날 계획을 세우고 있었다. 6월 29일 빈을 떠난 그는 프라하를 거쳐 테플리츠로 갈 예정이었다. 7월 3일, 프라하에서는 외교관 파른하겐과 약속이 잡혀 있었다. 하지만 베토벤은 돌연 약속 장소에 나타나지 않고 이튿날 테플리츠로 떠났다. 그날 밤, 예기치 않은 일이 일어났던 것이다.

베토벤은 눈앞에 벌어진 일을 믿을 수 없었다. 그녀*였다. 어떻게 그녀가 여기에 있는 것인지 생각할 겨를도 없이 베토벤은 그 여인을 붙잡았고 그들은 서로를 알아보았다. 반가움과 애틋함이 차올랐다. 몇 년 사이 그들은 조금 더 늙었지만 서로가 여전히 발하는 광채를 느꼈다. 놀랍게도 그녀는 혼자서 빈을 떠나 프라하까지 왔으며 보헤미아의 휴양지로 갈 예정이었다. 절실한 필요 때문에 유력한 인사를 만나야 했던 것이다. 베토벤도 다음 날 길을 떠나야 했으므로 시간은 그날 밤뿐이었다. 어두운 새벽, 마차가 출발했을 때 하늘은 빗줄기를 내렸다. 그렇게 사랑에 바쳐졌던 사랑이 다시 사랑에 다다랐다. 사랑은 하나이지 결코 둘이 아니었다.

베토벤은 어떻게든 그녀를 붙잡고 싶었다. 며칠 뒤 베토벤은 '불

---

*그녀에 대해서는 이 책 359쪽 「불멸의 연인은 누구인가」 편을 참조.

▲ 클뢰버(August von Klöber), 「루트비히 판 베토벤」(1818).
▼ 맬첼이 베토벤을 위해 만든 보청기. 1817년 이후
　베토벤의 귀는 완전히 멀었다. 이와 함께 그는 점점
　고립되고 괴팍한 성격이 되기 시작했다. 정확한 병명에
　대해서는 의견이 분분하다. 이경화증(otosderosis, 내이의
　난원창에서 뼈가 이상 증식하여 점진적으로 청력이
　소실되는 병), 청신경염(neuritis acoustica, 청각 기관
　외부나 신경 부위에 생기는 염증. 귀울림과 난청이
　주된 증세인데 저음보다 고음을 더 못 듣는 것이 특징),
　미로염(labyrinthitis, 중이염이 악화되어 세균이 내이로
　침투, 점진적으로 청력이 소실되는 병) 등이 거론되었다.

멸의 연인'에게 편지를 썼다.

7월 6일, 아침.

나의 천사, 나의 모든 것, 나 자신과 꼭 같은 그대여,

오늘은 당신이 준 바로 그 연필로 그저 몇 자만 적겠어요.

내일이 되어야 내 방이 확실히 정해질 것 같아요. 무슨 쓸데없는 시간낭비인지.

숙명이 입을 여는 때에 왜 이리도 깊은 회한이 느껴질까요.

우리의 사랑이 다른 식으로 지속될 수 있다면! 서로에게 전부를 요구하지 못하고, 그래서 나도 당신의 전부가, 당신도 내 전부가 되지 못하는 지금 상황을 당신이 바꿀 수 있다면 좋을텐데!

아, 하나님! 그저 아름다운 자연을 바라보고 필연의 위에 서서 당신 마음을 가다듬어요.

사랑은 모든 것을 요구하고 그것이 당연합니다. 그래야 나는 당신과 함께, 당신은 나와 함께일 수 있어요.

당신은 내가 나와 당신을 위해 산다는 걸 너무 쉽게 잊어버립니다. 우리가 온전히 하나가 된다면 당신도 나도 인생의 고통을 별로 느끼지 않게 될 거예요.

내 여행은 험난했어요. 나는 어제 새벽 네 시가 되어서야 여기 도착했는데, 말이 없어서 우편마차는 다른 경로를 택했어요. 그런데 길이 어찌나 험난하던지! 종점 하나 전 역에서 밤에 여행하지 말라는 경고도 받았고, 과연 숲이 무시무시하긴 했지만, 오히려 그게 더 나를 끌어당겨서 그냥 갔더니 역시나 내 잘못이었어요. 마차는 그 지독한 길 때문에 부서질 수밖에 없었지요. 내내 진흙탕에 포장도 안 된 시골길이었으니! 그나마 그런 데 익숙한 마부 두 사람이 있어 다행이지, 그들이 아니었다면 그냥 길바닥에 머

물러있을 뻔 했어요. 에스테르하지$^{\text{Paul Anton III Esterházy, 1788-1866}}$는 이 길 말고 원래 다니던 길로 갔다던데, 우리는 말이 네 필, 그 쪽은 여덟 필이었는데도 같은 꼴을 당했다더군요. 하지만 한편으로 나는 다시 즐거운 기분이 들었어요. 뭔가를 잘 이겨내면 늘 그렇듯이 말이에요.

그럼 다시 얼른 바깥 얘기에서 속 얘기로 넘어가 봅시다.

우리는 금방 서로 만나게 될 거예요.

요 며칠간 내가 내 인생에서 얻은 깨달음을 오늘은 당신에게 말하지 않을 작정입니다. 우리의 가슴이 언제고 가까이 붙어 있다면, 그런 깨달음 따윈 필요 없을 테니까요.

내 가슴은 당신에게 말하고 싶은 것들로 가득 차 있습니다.

아, 하지만 말이라는 게 아무것도 아니라고 여겨지는 그런 순간이 있지요.

내 유일한 보물, 기운을 내요. 신실한 이로 남아줘요. 내가 당신께 그런 것처럼 내 모든 것이 되어줘요.

나머지는 신이 우리에게 알려주실 거예요. 무엇이 우리를 위해 있어야만 하는지, 무엇이 우리를 향한 신의 뜻인지.

당신의 신실한 루트비히

7월 6일, 월요일 저녁

나의 가장 소중한 당신이 아파하고 있군요.

지금 막 알게 되었습니다. 편지를 아침 일찍 부쳤어야 한다는 걸요. 월요일, 목요일에만 우편마차가 K^{카를스바트}로 간다더군요.

당신이 아파하는데…

아, 내가 있는 곳에 당신도 나와 함께 있어야 하는데, 그러면 당신에게 말해서 당신과 내가 같이 살 수 있을 텐데.

이게 무슨 사는 거요! 이렇게 당신이 없는데!

여기저기서 사람들이 좋다 하는 것에 쫓겨 다니다가 나는 이리 생각하게 되었소, 그런 것들을 얻지도 못했지만 또 그걸 굳이 바라고 싶지도 않다고요.

인간에 대한 겸허가 내게 고통을 주는군요. 내가 나 자신을 우주와의 관계 속에서 바라볼 때, 내가 무엇이고 또 신이 무엇인지를 숙고할 때 그 안에 다시금 인간의 신성함이 드러납니다.

아마 토요일이나 되어서야 당신이 내 첫 번째 소식을 받아볼 거라고 생각하니 눈물이 납니다.

당신이 나를 사랑하는 것보다 더 힘껏 당신을 사랑합니다.

이제는 나를 피해 숨지 말아요.

잘 자요. 온천에 들어가려면 이제 자야겠어요.

아, 하나님, 당신은 아주 가까이 있지만, 또 너무 멀리 있군요!

우리의 사랑은 천국에 세워진 집이 아닐까요? 그래서 하늘 요새처럼 굳건할 겁니다.

7월 7일, 좋은 아침에

침대 속이지만 벌써 생각은 당신, 나의 불멸의 연인에게로 달음질칩니다.

기다리던 운명이 우리의 청을 들어줄지 생각하다 보니 여기서는 기뻐하다 또 저기서는 금방 슬퍼집니다.

내가 살 수 있는 삶은 둘 중 하나입니다. 오직 당신과 온전히 함께 살든지, 아니면 아예 없이 살든지, 이 둘뿐입니다.

그래요, 나는 당신의 품속으로 날아들 수 있을 때까지 멀리서 오랫동안 빙빙 돌기로 작정했습니다.

당신의 품을 내 완전한 고향이라고 부를 수 있을 때까지, 온통 당

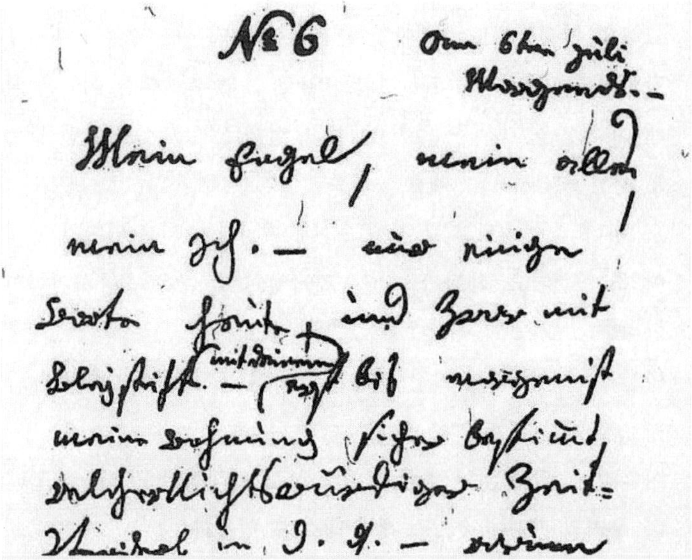

№ 6 Am 6ten Juli
Morgends. –

Mein Engel, mein alles, mein Ich. – nur einige Worte heute, und zwar mit Bleystift (mit deinem) – erst bis morgen ist meine Wohnung sicher bestimmt, welcher nichtswürdiger Zeitverderb in d. g. – warum

베토벤, 불멸의 연인에게 보내는
편지(1812).

신으로 둘러싸인 내 혼을 저 영들의 나라로 보낼 수 있을 때까지 말입니다.

그래요, 안타깝게도 그래야만 할 것 같습니다.

당신은 당신을 향한 내 신실함을 알고 있습니다. 다른 여인은 절대 내 마음을 가질 수 없어요. 절대, 절대로요. 그것을 알면 알수록 평정을 찾게 될 거예요.

오, 하나님, 이리도 서로 사랑하는데 어찌하여 서로 떨어져 있어야 하는 건가요. 게다가 이제 V빈에서의 내 삶은 곤궁하기까지 합니다.

당신의 사랑은 나를 가장 행복한 남자인 동시에 가장 불행한 남자로 만들었습니다.

이 나이가 되니 삶이 조금 더 단순하고 안정적일 필요를 느낍니다. 우리의 관계에서 그런 게 오래갈 수 있을까요?

천사 같은 당신, 나는 방금 우편마차가 매일 출발한다는 걸 알았어요. 그러니 당신이 이 편지를 곧바로 받아볼 수 있도록 마무리를 해야겠어요.

우리의 현재 상태를 편안한 마음으로 바라보아야 함께 살려는 우리 목적에 이를 수 있으니 마음 편히 먹어요.

사랑한다고 말해줘요. 오늘도, 어제도,

당신을 향한 눈물 어린 그리움뿐입니다.

당신에게, 당신에게, 내 삶을 내 전부인 당신에게,

잘 있어요, 오 나를 계속 사랑해줘요. 당신의 연인 L의 신실한 마음을 모른 척하지 말아요.

영원히 당신의, 영원히 나의, 영원히 우리의 사랑으로!

하지만 운명은 이번에도 신실한 베토벤의 소원을 저버렸다. 그녀는 다시금 그를 피해 숨었다. 베토벤에게 이것은 하일리겐슈타트 이후 두 번째 죽음이었다. 그녀가 없는 삶은 소리를 들을 수 없는 삶보다 훨씬 더 비참했다. 이제 죽음은 두 겹이 되어 베토벤의 삶을 옭아맸다. 그는 앓았고 의욕을 잃었으며 우울에 빠졌다. 1812년의 일기에 그는 이렇게 적는다.

> 너는 사람됨을 허락받을 수 없다. 너를 위해서는 안 된다. 오직 다른 이들을 위해서이니, 너를 위해서는 네 자신 속에 들어있는 예술 외에는 어떤 행복도 없으리라. 오 하나님! 아무것도 저를 삶에 묶어놓지 못하오니 스스로 이길 힘을 주시옵소서!*

아버지 아닌 아버지

프라하에서 '불멸의 연인'을 만난 후 9개월 뒤인 1813년 4월 8일 아이가 태어났다. 어머니는 특이하게도 아기의 이름을 '미노나' Minona von Stackelberg, 1813-97 라고 지었다. 생소한 이름 미노나는 오시안Ossian, 고대 켈트족의 전설적 시인 작품에 나오는 어느 음악가 딸의 이름이었다.**

나중에 보니 이 아이는 음악에 재능이 있었고 강인한 성격이었다. 아기의 모습은 베토벤과 닮아 보였지만 어머니는 아무 일도 없다는 듯 행동했다. 아기의 성은 베토벤이 아니었고 어머니는 그의 눈과 세상의 눈을 피하려고 했다.

---

* 메이너드 솔로몬, 앞의 책, 78쪽.
** 어떤 학자들은 이름을 뒤집어 읽으면
'익명'(Anonim)이 된다는 데 의미를 부여하기도 했다.
하지만 그런 의도로 딸의 이름을 짓는 엄마가
과연 있을까 의심스럽다.

베토벤의 인생에는 아내가 되었어야 할 여인의 모습이 어른거렸
고* 그것은 베토벤의 영혼을 집어삼켰다. 베토벤은 가끔 수수께끼
같은 말을 남겼다. 1816년 5월 8일, 그는 빈 근교의 바덴^{Baden}에서
제자 리스에게 이렇게 적었다.

모두들 아름다운 여인을 자기 아내로 맞지만 나는 유감스럽게도
그러지 못했네. 오직 한 사람을 찾긴 했지만, 그녀를 내 것으로
할 수는 없었어.**

베토벤은 바덴에서 연가곡 「멀리 있는 연인에게」^{Op.98}를 작곡했
다. 멀리 떨어져 있는 사랑하는 사람들을 음악이 이어줄 것이라는
내용이다. 또 하나의 수수께끼가 1820년 1월, 베토벤의 대화 수첩
에 나온다.

단 한 번 실수를 저질렀다고 아버지에게서―과거에도 아버지였
고, 지금도 아버지다―아이들을 앗아갈 수는 없다.***

* 과연 베토벤은 이 사실을 알고 있었을까.
나중에 '불멸의 연인'의 유품 속에서 4월 8일(미노나의
생일) 날짜가 기입된 편지 한 통이 발견되었다.
이름이 적혀있지는 않았지만 내용이나 형식으로 보아
베토벤이 유력한 수신자라는 추측이 제기되었다.(Marie
Elisabeth Tellenbach, *Beethoven und seine
"Unsterbliche Geliebte" Josephine Brunswick:
Ihr Schicksal und der Einfluß auf Beethovens Werk*,
Zürich, 1983. S.194.
** Rita Steblin, *Beethovens 'Unsterbliche Geliebte'―
Des Rätsels Lösung*, S.15.
*** Rita Steblin, 같은 책, S.14. 과거에 아버지였다는 것은
미노나와 관련되고 지금도 아버지라는 것은 조카 카를과

작자 미상, 「미노나 폰 슈타켈베르크」.
베토벤과 불멸의 연인 사이에서 태어난 것으로
추정되는 여인. 음악적 재능이 있었고 생활력이
강한 인물이었다고 전해진다.

공교롭게도 이 말이 나오기 조금 전인 1819년 말에는 여섯 살의 미노나가 어머니를 만나러 빈에 와 있었다.

평생 독신이었던 베토벤이 아버지였고 지금도 아버지라니. 이 무렵 베토벤은 이미 반미치광이 소리를 듣고 있었으므로 사람들은 이 말도 그저 얼빠진 소리로 생각하고 넘겼을 것이다. 하지만 이는 베토벤 영혼의 아우성이었는지도 모른다.

사랑을 잃고 아버지되기를 거부당한 그 사건 이래 그는 뿌리에서부터 병든 상태가 되었다. 음악만으로 족하다고 여겼던 젊은 날의 선언은 이제 힘이 없었다. 자기를 닮은 존재를 낳는 자연적 역할에서 배제되었는데 자기를 닮은 음악 따위가 무슨 소용이겠는가. 쓰라린 현실 앞에 그의 뮤즈는 긴 침묵에 잠길 수밖에 없었다. 점점 어두워지는 귀와 함께 죽음 같은 고요가 그의 영혼을 뒤덮었다.

베토벤의 조카*

아버지 되기를 거부당한 그때부터 베토벤은 이상한 행동을 하기 시작했다. 그는 돌연 1813년 4월 12일 조카 카를Karl van Beethoven, 1806-1858에 대한 후견권을 신청했다. 동생 카스파르가 여전히 살아 있는 데도 말이다. 1815년 11월 15일 카스파르가 결핵으로 사망하자 베토벤은 본격적으로 조카의 아버지가 되려고 했다. 그것은 삼촌의 의무를 다하겠다는 게 아니라 말 그대로 죽은 동생의 아버지 자리를 대신 차지하겠다는 의미였다. 그런데 제수가 있는 한 그는 삼촌으로 머물 수밖에 없었으므로 그는 아버지가 되기 위해 카를과

연관된다.

* 메이너드 솔로몬, 앞의 책, 203-255쪽.
위키피디아 "Karl van Beethoven"(https://de.wikipedia.org/wiki/Karl_van_Beethoven) 참조.

어머니 요한나의 관계를 끊으려 했다.

베토벤은 사경을 헤매던 동생 카스파르에게 카를에 대한 독점적 후견권을 요구했다.* 하지만 마지막 순간 카스파르는 요한나를 공동후견인으로 하는 추가조항을 넣어 형에게서 아들을 보호하려 했다. 아무리 생각해도 아들을 엄마 없이 자라게 할 수는 없는 노릇이었다.

베토벤은 요한나의 공동 후견권을 박탈하기 위해 지방법원에 탄원서를 냈고 근거를 만들기 위해 요한나의 도덕성에 흠집을 냈다. 과거 그녀가 저지른 사소한 횡령미수 사건을 들춰냈고 그녀가 동생을 독살했다거나 창녀라거나 자신의 하인을 매수하려 했다는 등 근거 없는 공격을 멈추지 않았다. 그럴수록 베토벤 자신은 불쌍한 아이를 '밤의 여왕' 같은 어머니에게서 구출해내는 선량한 삼촌이라는 일종의 구원자 신드롬에 깊숙이 빠져들었다. 이런 광기 어린 집착 때문에 요한나와 카를은 이루 말할 수 없는 고통을 겪었다.**

솔로몬의 표현에 의하면 그것은 "기괴한 영웅주의 연극"***이었다. 그런데도 베토벤은 1816년 1월 독점적 후견권을 얻어낼 수 있었다. 그가 빈의 유명 인사였던 것이 한몫했다. 이후 요한나는 베토벤의 동의가 있어야만 카를을 만날 수 있었고, 카를은 몰래 어머니를 만

* 베토벤은 조건도 걸었다. 후견권 대신 동생이
빚진 1,500플로린을 대신 감당하는 것이었다.
(메이너드 솔로몬, 앞의 책, 209쪽.)
** 갈등의 절정은 1826년 7월 30일 카를의 자살기도 사건이었다.
조카는 베토벤이 즐겨 산책하던 라우엔슈타인 폐허에서
자기 머리에 권총을 쏘지만 치명상을 입지 않았고
지나가던 마부에게 발견되어 어머니에게로 후송되었다.
경찰 조서에서 이 스무 살 청년은 이렇게 말했다. "삼촌이
저를 더 낫게 만들고 싶어 했기 때문에 저는 더 나쁘게 되었습니다."
*** 메이너드 솔로몬, 앞의 책, 213쪽.

작자 미상, 「카를 판 베토벤」.
베토벤은 조카 카를을 음악가로 만들고자 했으나
그는 결국 삼촌의 뜻과 달리 군인이 된다.

나다가 삼촌에게 들키기를 반복했다. 긴장과 불화의 연속이었다.

하지만 망상에 빠진 베토벤이 아들에게 해가 된다는 확신이 서자 1818년 9월, 요한나는 다시 베토벤의 후견권 박탈 소송을 제기했다. 청력장애, 성격적 결함, 근거 없는 중상모략, 빚 청산을 미끼로 동생을 협박한 사실 등 결격사유는 한둘이 아니었다. 변론이 성공하여 1819년 9월 17일 요한나는 후견권을 회복했지만 이번에는 베토벤이 상고했다.

베토벤은 마침내 힘을 이용해 판결을 뒤집었다. 베토벤의 친구이자 유력자인 루돌프 대공이 재판에 영향을 미쳤던 것이다. 거대한 정치적 힘 앞에 과부였던 요한나는 무력했다. 1820년 4월 8일, 길었던 재판이 드디어 끝났다. 베토벤은 카를의 후견인이 되었고, 요한나는 완전히 후견권에서 밀려났다. 마지막으로 황제에게 호소했지만 소용없었다.

이 이야기는 베토벤의 인생에서 가장 슬프고도 치욕스러운 장면이다. 한때 자유의 사도였던 그가 철저히 약자였던 한 여인, 동생의 아내이자 조카의 어머니를 어떻게 이토록 잔혹하게 짓밟을 수 있었을까. 그것은 베토벤에게도 상처뿐인 승리였다. 조카를 구원한다고 믿었던 베토벤은 사실 조카에게 매달리고 있었다. 카를은 베토벤이 아버지가 될 수 있는 마지막 희망이었다. 그러나 아들을 어떻게 사랑해야 하는지 전혀 몰랐다. 카를을 음악가로 만들려는 베토벤의 사랑은 어머니와 삼촌 사이에서 분노와 무력감을 쌓아가던 카를을 거의 미칠 지경으로 내몰았다.

억지로 아버지가 되느라 베토벤은 너무 많은 기운을 소진했다. 이 무렵 음악평론가 로흘리츠^{Friedrich Rochlitz, 1769-1842}는 이렇게 적었다.

베토벤은 한때 파파 하이든이 그랬듯이 스코틀랜드 노래의 편곡에 몰두하고 있다. 더 큰 규모의 작품에 손대기에는 이제 기력이 소진한 모양이다.*

그러나 지쳤다는 표현만으로는 1813년 이후의 침묵을 다 설명할 수 없다. 그가 특히 공적인 장르―교향곡·오페라·협주곡 등―에서 완전히 침묵했다는 것은 이 시기 그가 세상에 대해 어떤 말도 자신 있게 꺼내놓을 수 없었음을 시사한다. 아버지 되기에 집착할수록 인간 베토벤과 그의 음악이 서로 닮지 않게 되었던 것이다.

1822년 11월 3일, 「피델리오」 공연은 그의 상태를 가장 극적으로 보여주는 사건이었다. 귀가 안 들리건 말건 그는 지휘대에 올랐고 결국 사고가 터지고 말았다. 당시 18세였던 프리마돈나 슈뢰더 Wilhelmine Schröder, 1804-60 는 충격적인 장면을 다음과 같이 전했다.

멍한 표정과 천상적인 영감을 받은 눈빛으로, 지휘봉을 격렬하게 앞뒤로 흔들며 연주자들 한복판에 서 있으면서 그는 단 하나의 음표도 듣지 못했다! … 일어날 수밖에 없는 결과가 나타났다. 귀먹은 대가는 성악가와 오케스트라의 박자를 완전히 틀리게 만들고 엄청난 혼란에 빠뜨렸다. 아무도 자기가 뭘 연주하는지 몰랐다.**

그날 베토벤은 극장에서 달아났고, 다시는 그 후유증에서 회복되지 못했다.

---

* 메이너드 솔로몬, 앞의 책, 279쪽.
** 메이너드 솔로몬, 앞의 책, 283쪽.

'환희'를 품고서 30년

하지만 어떤 힘, 드높은 섭리가 그를 붙들고 있었다. 그것은 인간 베토벤과 예술가 베토벤이 한계에 다다랐을 때 흑암의 내면으로 빛을 비추었다. 시대의 혼탁함과 일그러진 욕망을 뚫고 그 빛은 하나의 이미지를 건져올렸다. 거기, 젊은 루트비히가 있었다. 이제 막 빈에 도착할 무렵의 불꽃 청년 모습이다. 불우한 시절을 벗고 청운의 꿈을 꾸는 그 젊은이에게 고향 사람들은 우러나오는 애정을 숨기지 못했다. 베토벤의 친구이자 본 대학 법철학 교수가 되는 피셰니히 Bartholomäus Fischenich, 1768-1831는 실러의 아내 샤를로테Charlotte Schiller, née Lengefeld, 1766-1826에게 이렇게 적었다.

불꽃이 이글거리는 것 같은 작품 한 곡을 동봉합니다. 그에 대한 당신의 의견을 듣고 싶습니다. 이곳 출신 젊은이가 쓴 것인데 이제 막 하이든에게 가 있습니다. 음악적 재능을 널리 인정받아 선제후께서 그를 빈으로 보내셨거든요. 그는 실러의 「환희의 송가」도 곧 작곡할 생각인데 모든 연을 작곡할 겁니다. 나는 뭔가 완벽한 게 나오겠구나 기대하고 있어요. 겪어보고 하는 말이지만 그는 위대하고 숭고한 것에 온전히 헌신되어 있거든요.*

위대하고 숭고한 것에 헌신된 젊은이. 그것이 베토벤의 본모습이었다. 그로부터 30여 년, 결핍과 과오가 아무리 그를 둘러싸도 그의 내면에서는 여전히 숭고함이 흘러나왔다. 사람들은 베토벤에게서

* Klaus Martin Kopitz und Rainer Cadenbach(Hg.),
Beethoven aus der Sicht seiner Zeitgenossen.
München, 2009, Band 1, S.272.

슈틸러(Joseph Karl Stieler),
「루트비히 판 베토벤」(1824).
베토벤의 손에 들려있는 악보는 「합창」교향곡
바로 직전에 작업했던 「장엄미사곡」이다.

숭고한 미치광이 리어왕의 모습을 보았고,* 오십 줄에 든 그를 '사랑스러운 소년'에 빗대기도 했다. 그릴파르처는 이렇게 말했다.

그가 취하는 온갖 괴상한 태도에도 불구하고 … 거의 공격이라고 해야 할 지경까지 갔음에도 그에게는 뭔가 표현할 길 없이 너무나 감동적이고 고귀한 면모가 있어서 그를 높이 평가하고 그에게 이끌리지 않을 수가 없다.**

실패의 한가운데에서 베토벤은 자기 자신을 돌아보고 있었다. 무엇인가를 정복하고 이뤄내려는 대신 더 높은 섭리가 그를 이끌어가도록 자신을 내맡기기 시작했다.*** 그 무렵 베토벤은 대화첩에 이렇게 적었다.

나는 앉아서 생각하고 또 생각한다. 생각을 오래 붙들고 있는다. 하지만 오선지에 적혀지는 건 없다. 거대한 작품의 시작은 나를 두렵게 만든다. 내가 그 안으로 온전히 들어가야만, 그래야 뭔가 되어가기 시작한다.****

* Alessandra Comini, *The changing image of Beethoven, A study in Mythmaking*. Sante Fe, 1987, p.67.
** 메이너드 솔로몬, 앞의 책, 261쪽.
*** 독일어로 헌신은 'Hingabe'이다. 접두사 hin은 화자에게서 멀어지는 방향(영어의 away처럼)을 뜻하고 Gabe는 '주다'(geben)의 명사형이다. 때문에 이 단어는 '자기에게서 벗어나는 방향으로' 내어주는 것을 뜻한다.
**** Renate Ulm, *Die 9 Symphonien Beethovens*, München·Kassel,1994, S.248.

그리고 베토벤은 불사조처럼 실러의 「환희의 송가」를 다시 붙잡았다.

환희의 송가

실러의 시 「환희의 송가」에는 베토벤이 잃어버렸다고 여겼던 뜻이 여전히 용솟음치고 있었다. 이 시가 그토록 생생했던 것은 시인의 생각뿐 아니라 그의 삶 자체가 녹아 있었기 때문이다.

1784년, 젊은 실러는 정처 없이 떠돌고 있었다. 군주의 폭정을 고발하는 작품을 썼다가 혹독한 탄압을 받은 것이다. 군주는 협잡을 일삼는데 거기에 희생당하는 보통 사람은 더없이 고결하다. 이처럼 고귀한 시민을 비극의 새로운 주인공으로 삼은 것이 실러였다. 당연히 이 혁명적 시민 비극들은 군주의 날선 적개심을 불러일으켰고 실러는 국외추방과 불안한 생활, 늘어가는 빚으로 위기에 내몰렸다.

바로 그때 천군만마와도 같은 편지가 한 통 날아든다. 실러의 기개와 사상에 매료된 젊은 평정관 쾨르너Christian Gottfried Körner, 1756-1831가 후원을 약속하고 나선 것이다. 그는 드레스텐Dresden의 자기 오두막을 선뜻 내주었고, 물질적인 도움을 넘어서는 따뜻한 호의와 인간적인 우정을 나눠주었다.

감동한 실러는 보답할 방법을 궁리하고 있었다. 얼마 후 좋은 기회가 찾아왔다. 이듬해 1785년 여름, 쾨르너가 약혼녀 미나Minna Stock, 1762-1843와 결혼식을 올리게 된 것이다. 실러는 기쁜 마음으로 결혼 축시를 썼다. 이것이 우리가 알고 있는 「환희의 송가」다.

환희여, 아름다운 신들의 섬광이여
낙원에서 나온 딸들이여
불꽃에 취하여 우리는 들어선다

천상의 이여, 당신의 성소로!
당신의 마력은 다시 엮어준다
시류의 칼날이 갈라놓은 것을!
거지들도 왕자들의 벗이 된다
그대 날개 잔잔히 드리운 데서!

(합창)
두 팔 벌려 끌어안으라, 수백만의 사람들아!
온 세상이 보내는 입맞춤을 받으라!
형제들아 저 별들의 장막 위에
사랑의 아버지 살고 계시리니!

한 친구에게 친구가 되도록
자신을 내던지는 데 성공한 이도
고운 여인을 얻은 이도
자기 환호성을 한데 섞어라!
그렇다 이 땅에서 오직 한 영혼이라도
자기 것이라 부를 수 있다면 충분하다!
그러나 그럴 수 없는 이 있거든
울면서 이 동아리에서 물러나거라!

(합창)
이 거대한 동심원에 살고 있는 것은
공감에 경의를 표하는 자니!
저 별들에게로 그가 이끌어간다,
미지의 분의 보좌가 있는 그곳으로^{초판본, 전체 9연 중 제1·2연}

그래프(Anton Gräff), 「프리드리히 실러」(1786-91).

이처럼 힘차고 장엄한 축시가 또 있을까. 기쁨이 쩌렁쩌렁 울리다 못해 글자 밖으로 터져 나온다! 진정한 환희가 퍼뜨리는 불꽃은 강렬한 것이어서 신랑 신부 두 사람에게만 머물러 있을 수 없다. 이 기쁨은 온갖 신분의 제약을 뛰어넘고 "거지들도 왕자들의 벗이 된다" 위험을 감수하며 "한 친구에게 친구가 되도록 자신을 내던진 이도", 이 구절은 직접적으로 실러에게 손을 내민 쾨르너를 연상시킨다 더 많은 사람의 공감을 사고 "공감에 경의를 표하는 자니" 결국 수백만의 사람들을 끌어안는다. 이러한 생각은 아직 신분제가 건재했던 당시에 매우 혁명적인 것이었다. 진정한 환희는 확산된다. 이것이 곧 환희의 본성인 것이다.

이 같은 환희의 정신은 베토벤에게도 옮아왔다. 그는 1793년 이후 계속 「환희의 송가」를 작곡하고자 했다. 1798년의 스케치북에는 "사랑의 아버지 살고 계시리니"라는 구절에 대한 악상이 들어있다. 1802년 교향곡 제2번에는 제9번의 1주제를 연상시키는 대목이 나온다. 1806년에는 오페라 「피델리오」에 실러 송가의 한 시연을 인용했고 1812년에는 "환희여, 아름다운 신들의 섬광이여"의 악상을 시도했으며 이를 주제로 하는 '실러 서곡'을 계획했다. 한편 '환희의 주제'에 대한 탐구도 계속되었다. 1794년 가곡 「보답받은 사랑」, 1808년 「합창 환상곡」, 1810년 괴테 가곡 「색색의 리본으로」Op.83 Nr.3 등에는 '환희의 주제'와 유사한 선율이 계속 등장한다. 1817년에는 런던 필하모닉 협회의 위촉을 계기로 라단조 교향곡의 착상을 발전시킨다.*

1822년, 베토벤은 때가 이르렀음을 느낀다. 지금까지 그는 자유제3번, 승리제5번, 자연제6번, 축제제7번를 교향악에 담아냈다. 그런데

* Dieter Rexroth, "Beethovens Symphonien," *ein musikalischer Werkführer*, München, 2005, S.126.

실러,
「환희의 송가」 육필 초고(1785).

「환희의 송가」에 비추어 보니 오히려 한 가지가 빠져있었다. 그것은 모든 갈라진 것들을 내려다보는 드높은 인류애였다. 사랑의 상실, 혁명의 실패, 가난, 귓병은 저 별들의 장막 위에서 보니 자그마하게 보였고, 거기에 바로 길이 있었다. 그것은 단순히 장애물을 넘는 것이 아니라 장애물이 더 이상 의미가 없는 곳까지 올라가는 것이었다. 거기서는 만인을 형제로 끌어안는 사랑보다 더 중요한 것이 없었다. 그는 이제 지금껏 간헐적이었던 여러 시도를 전례 없는 하나의 악상 안에 담기 시작했다.

인류애의 상징, 합창

그런데 한 가지 문제가 있었다. 말이 없는 순수음악으로 인류애라는 심오한 뜻을 전달할 수 있을까. 어려운 문제였다. 표현하기도 어렵거니와 표현한다 해도 온전히 받아들여질 수 있을지 알 수 없었다. 인류애를 표현하기 위해 복잡하고 고도로 추상적인 음악을 작곡한다면, 그것 자체가 곧 실패다. 그런 엘리트주의적인 방식으로는 수백만을 끌어안을 수 없기 때문이다. 인류 대다수가 배제되는 인류애의 음악이라니! 진실한 베토벤은 이 같은 거짓을 허락할 수 없었다.

이 음악은 실러의 「환희의 송가」가 결혼식 축시였던 것처럼 모두를 위한 축제가 되어야 했다. 하지만 이 축제는 「운명」이 그리는 승리처럼 단순하지 않았고, 제7번의 관현악적 몸의 춤으로도 표현할 길이 없었다. 「전원」의 평온한 내적 관조로는 수백만의 열광적인 포옹을 감당할 수 없었다. 「영웅」은 너무 예술가적이어서 만인을 묶어주는 공감의 원천이 되기 어려웠다. 이 축제에 하객으로 초대받을 수 있는 조건은 단 하나였다. "오직 한 영혼이라도 자기 것이라 부를 수 있으면"「환희의 송가」, 2연 5-6행 되는 것이다. 베토벤은 영웅적 행위나 예술가적 창조력 따위의 조건을 내걸어 수백만의 하객을 물리치는 짓을 할 수 없었다.

이러한 문제는 작곡가에게 결단을 요구했다. 이제는 추상적인 순수 음악의 세계에만 머물러서는 안 되었다. 만인과 소통하고 도움을 받아야 했다. 그리하여 베토벤은 실러의 송가를 새 교향곡의 가사로 직접 활용하기로 결정했다.

절대음악 너머로

교향곡에 가사를 도입한다는 것은 곧 절대음악의 포기를 의미했다. 절대음악의 이상은 사회적·관습적 필요에 기대지 않고 음악 자체의 아름다움을 추구하는 것이다. 덕분에 그동안 종교적 요구나 귀족의 여흥에 복속되었던 음악가들은 절대음악을 추구하며 독립성과 예술적 자유를 쟁취할 수 있었다. 절대음악은 계몽의 산물이었고, 교향곡은 그 대표 장르였으며 그 최고봉이 곧 베토벤이었던 것이다.

많은 오해가 있을 수밖에 없었다. 작곡가 펠릭스 멘델스존의 누나이자 천재적인 음악가였던 파니 멘델스존[Fanny Mendelssohn-Hensel, 1805-47]은 이 교향곡을 "위대한 자만이 만들어낼 수 있는 추함"이라고 표현했고,* 바이올리니스트이자 작곡가인 슈포어[Louis Spohr, 1784-1859]는 "괴물 같고 몰취미하며 통속적이어서 어떻게 베토벤 같은 천재가 이런 작품을 쓸 수 있었는지 이해가 되지 않는다"고 했다.**

동시대인들은 이처럼 당혹감과 충격을 토로했다. 과연 베토벤은

---

* Martin Geck, *Die Sinfonien Beethovens*,
Hildesheim, 2015, S.150.
** Louis Spohr, *Lebenserinnerungen*, in 2 Bänden(1860),
Tutzing, 1968, Band I, S.180.

「합창」을 통해 절대음악에 대한 '신앙고백'을 저버린 것일까.

■ 교향곡 제9번 깊이 읽기: 자기 부정의 교향곡

아니다. 이 작품은 여전히 교향곡―작품의 정식 명칭은 「실러의 송가 '환희에게'를 종결부 합창으로 하는 교향곡」―이다. 그것은 곧 「합창」 교향곡의 순수 기악 부분$^{1-3악장}$에 절대음악다운 상징적 의미가 들어있다는 선언, 곧 선행 악장들이 있어야만 환희의 피날레가 진정한 결론이 된다는 뜻이다.

베토벤의 작곡 스케치북에는 그의 의도를 보여주는 메모들이 남아 있다. "오늘은 축제의 날, 노래와 춤으로 축제를 벌이면 될까?" 이 메모 다음 1악장의 스케치가 이어진다. 그런데 그다음 다시 이런 말이 나온다. "오, 아니야, 내가 원하는 건 이게 아니야. 이것과 달리 좀더 기분 좋은 거야." 다음은 2악장의 스케치다. 이번에도 거부의 말이 나타난다. "이것도 아니잖아, 이런 익살 말고, 좀더 유쾌하고 아름답고 더 나은 것이어야 해." 다음 3악장에서는 "이건 너무 여려, 뭔가 각성된 것을 찾아야 해"라는 글이 쓰였다. 그리고 마침내 '환희의 주제'가 등장한다. "하, 바로 이것이로구나! 이제야 환희를 찾아냈구나!"[*]

그러므로 이 교향곡은 세 번의 부정과 한 번의 긍정 과정으로 이해할 수 있다. '환희'에게 왕관을 씌워주기 위해 세 개의 기악 악장 $_{소나타 형식의 1악장, 스케르초의 2악장, 노래 악장인 3악장}$이 부정된다. 그런데 이는 곧 작곡가의 자기 부정이자 지금까지의 교향악으로는 환희에 이를 수 없다는 고백이다.

하지만 이 같은 자기 부정은 동시에 자기 실현이기도 하다. 절대

----

[*] Martin Geck, 앞의 책, S.142.

- 페렌츠 프리차이
- 베를린 필하모니커
- 헤트비히 대성당 합창단
- 이름가르트 제프리트,
  모린 포레스터, 에른스트
  해플리거, 디트리히 피셔-
  디스카우
- 도이치그라모폰
- 1958

음악의 이상을 부정하는 생각을 절대음악에 담음으로써 여전히 절대음악의 가치를 증명해내고 있기 때문이다. 비록 부정되기는 하지만 베토벤은 최고의 노력을 기울여 기악 음악의 한계선까지 나아간다. 바로 그곳에서 다른 예술^{문학}에게 연대를 요청하려 한 것이다. 이미 인생에서 한계를 맞닥뜨렸던 그는 기꺼이 더 높은 가치^{인류애}를 위해 더 낮은 가치^{절대음악}를 내려놓을 준비가 되어 있었다. 이는 원칙의 배신이라기보다 더 큰 원칙에 대한 새로운 헌신이었다. 음악 또한 결국 인류에 봉사하는 한 가지 방법이 아니었던가.

1악장 알레그로 마 논 트로포 운 포코 마에스토소: 곡의 시작¹⁻¹⁶마디. ♪처음 부분은 공허와 혼돈이다. 3음을 뺀 빈 5도의 스산한 울림*이 마치 어두운 안개처럼 깔린다. 그것은 초월적 존재와의 만남^{누미노제}이나 태초의 장면을 연상시킨다.** 이윽고 5도 아래로 하강하는 모티프가 점점 또렷이 들려오다가^{크레셴도} 이윽고 격렬한 타격과 부

---

* 여기의 빈 5도는 「전원」의 보르둔 5도와는 기능이 다르다.
보르둔에도 3음이 빠져있지만 그것은
관습적인 지속음으로써 음악적 공간을 채우는 역할을 한다.
그러나 여기서는 전통적 화성의 완결성을 피하고
조성을 은폐하려는(장단조를 결정하는 것이 곧 3음이기 때문이다)
의도로 사용되었다.(주대창,『베토벤 교향곡 제9번』,
음악세계, 2009, 118쪽.)
** Martin Geck, 앞의 책, S.145.

점 리듬의 하강이 특징적인 1주제[17-35마디, ♪34초 이하]가 시작된다.

이 주제는 전통적인 주제 개념에 맞지 않는다. 주제 전체가 아닌 주제의 일부와 서주[1-16마디]의 일부가 함께 반복되기 때문이다. 또 1주제의 후반부에는 팀파니와 트럼펫이 군악적인 인상을 주는 모티프[27마디 이하, ♪53초]와 선적인 목관의 모티프가 함께 제시되는데 이들은 연결구나 2주제, 발전부에서도 중요한 역할을 한다. 이처럼 1주제는 2주제 및 다른 부분의 요소를 이미 포괄하고 있다.* 한편 연결구에서는 으르렁거리는 듯한 파동형 음형[66마디 이하, ♪2분 1초 이하]이 강한 인상을 남긴다. 요컨대 곡은 주제 단위가 아니라 모티프 단위로 진행된다. 이런 성격은 이후 전개에 대한 일종의 복선이다.

부드러운 움직임의 2주제[74-92마디, ♪2분 21초 이하] 역시 전통적 주제와 달리 점점 변형 발전[80마디 이하, 84마디 이하]된다. 2주제 첫머리는 피날레의 '환희의 주제'를 연상시키지만, 명확하게 고정되지 않은 채 다양한 모티프와 결합한다. "모든 것이 산산조각 나고 다시 붙여"지는 것이다.**

발전부[160-300마디]는 제시부 첫머리를 회상[♪5분 이하]하며 시작된다.*** 첫부분[160-217마디]에서는 군악 모티프[1주제 27마디]와 우울한 목관 모티프[1주제 19마디]의 대비[♪특히 5분 51초-5분 58초]가 중심이다. 둘째 부분[217-274마디, ♪6분 48초 이하]에서는 푸가토가 이어지는데 여기에서는 이음줄로 만들어낸 당김음 구조[1주제 20마디]가 긴장감을 증폭시키는 중요한 역할을 한다. 1주제 속의 모티프가 아주 정밀하게 활용되고 있는 것이다. 한편 둘째 부분 말미[267마디 이하, ♪8분 11초 이하]에는 현악

* 주대창, 앞의 책, 125쪽.
** Martin Geck, 앞의 책, S.149.
*** 주대창, 앞의 책, 135쪽.

의 상승과 목관의 하강이 겹쳐지는 멋진 반진행 장면이 나온다. 셋째 부분[275-300마디]에서는 서정적인 2주제 모티프가 다뤄지다가 재현부로 이어진다.

그러나 다채롭고 긴장감 넘치는 발전부는 결정적 도약을 이뤄내지 못한다. 위대한 학자 아도르노[Theodor Adorno, 1903-69]는 이 부분을 셰익스피어의 햄릿과 비교하며 이렇게 썼다.

오랫동안 준비해온 계획에 따라 결행해야 할 마지막 순간, 상황의 압박에 묶여 오히려 대책 없이, 몸 가는 대로 행동해버린 햄릿처럼—이 악상은—발전부로서 해야 할 과제를 완수하지 못하게 되었다.*

재현부[301-426마디]는 발전부의 노력을 일거에 무너뜨린다. 격렬한 트레몰로와 포르티시모[♪9분 13초 이하]로 등장하는 악상은 다름 아닌 제시부의 공허와 혼돈의 모티프다. 제시부에서 안개처럼 불명확했던 것이 강력해져서 돌아왔다. 비유컨대 첫머리에서 공간을 떠돌던 공허가 형체를 입고 위압적인 괴물이 된 것이다. 베이스와 팀파니의 천둥 같은 포효는 전율을 불러일으키는 허무의 승리이자 파괴적 혼돈의 완성을 뜻한다.** 파괴력이 너무 강한 나머지 1주제의 후반부는 재현되지도 못한 채 사라져버린다.[특히 ♪9분 50초-10분 17초] 2주제 또한 그 밝기를 상당히 잃어버린다. 이 같은 재현부를 통해 베토벤은 「영웅」의 성취를 부정한다. 유기체적인 음악을 창조하려는 프로메테우스적인 노력은 좌초되었다.

* Martin Geck, 앞의 책, S.149.
** Renate Ulm, 앞의 책, S.250.

코다$^{427-547마디}$ 부분에서는 비통한 몸부림이 이어진다. 모티프 첫 머리의 집요한 반복과 당김음, 피치카토와 트레몰로 등으로 고조 $^{♪12분 57초-13분 58초}$되는 악상은 모든 밝음을 잡아먹을 만큼 어둡다. 마지막에는 다시금 허무의 행군을 연상시키는 군악 모티프$^{♪13분 59초 이하}$가 이어진다. 그리고 호른의 밝은 솔로가 잠시 등장$^{♪14분 9초 이하}$하여 창조 의지가 완전히 죽지는 않았음을 암시한다.*

리타르단도 두 번$^{506, 510마디}$을 신호로 곡은 마지막 부분에 진입한다. 반음계의 트레몰로는 음산하고 1주제의 머리 부분의 부점이 다시 강력한 타격을 가한다. 목관은 누미노제와의 두려운 만남으로 부들부들^{트릴} 떤다.$^{♪15분 33초 이하}$ 음악이 고조되고 마침내 현악 트레몰로는 라단조를 강조하는 옥타브 이동$^{531마디 이하, ♪16분 8초 이하}$의 현악을 선보인다. 그런데 이 음형은 7도 음정이 섞여 혼탁한 느낌을 주고**$ $1주제의 모티프도 반음계를 오르내리며 방황$^{532-538마디, ♪16분 8초-16분 21초}$한다. 긴장감이 증폭될 대로 증폭되었지만 갈 곳이 없다. 곡은 마치 1주제를 중간에서 뚝 끊어버린 것처럼 끝난다. 미완성이라는 인상이 강하게 남는다. 완성은 실패로 끝났다. 이것은 강력한 자기 부정의 첫 번째 이야기요, 영웅주의와의 완전한 결별이다.***

2악장 몰토 비바체 – 프레스토: 「합창」의 스케르초는 베토벤의 모든 스케르초 가운데 가장 광대한 규모^{559마디}를 자랑한다. 전체가 세 도막$^{A-B-A}$인 것은 종래와 같지만 스케르초 부분^{A}이 소나타 형식으로 되어 있는 전례 없는 형식이다. 춤곡 특유의 생생한 움직임은 어

* 주대창, 앞의 책, 140쪽.
** 주대창, 앞의 책, 145쪽.
*** Martin Geck, 앞의 책, S.149.

두운 1악장과 대조를 이룬다. 처음¹⁻⁸마디, ♪처음 부분부터 등장하는 팀파니의 일격은 초연 당시 청중들을 깜짝 놀라게 했고* 그 뒤 춤곡의 발놀림을 네 마디 단위의 푸가로 엮은 1주제⁹마디 이하, ♪5초 이하도 연이어 놀라움을 선사했다. 이처럼 독특한 1주제는 목관악기들이 서로 겹쳐지며 제자리를 맴도는 2주제 전반부⁷⁷마디 이하, ♪39초 이하와 좋은 대비를 이룬다. 하지만 청중들의 귀에 더 인상을 남기는 것은 2주제 후반부⁹³마디 이하, ♪47초 이하다. 특히 호른은 여기서 마치 행진하는 듯한 에너지를 발산한다. 이후 목관과 현악이 두 마디 단위로 서로 매기고 받으며 다시 춤곡의 움직임으로 회귀한다.

한편 바순이 이끄는 스케르초의 발전부에는 인상적인 변화가 있다. 지금까지 네 마디 단위로 진행했던 주제가 세 마디 단위로 바뀌어 진행¹⁷⁷마디 이하, ♪1분 34초 이하하는 것이다.** 리듬 단위가 축약되고 돌림노래식ᵏᵃ는 모방으로 음악은 좀더 역동적이 된다. 익살스러운 목관 사이로 끼어드는 팀파니의 솔로¹⁹⁵, ¹⁹⁸, ²⁰¹, ²⁰⁴마디, ♪1분 43초 이하도 악상을 한껏 고조시키는 원초적 동력이 된다. 종결부 마지막 부분도 역동적이다. 갑자기 어디론가 돌파해 들어가는 듯한 옥타브 간격의 움직임⁴¹²마디, ♪3분 39초으로 트리오로 넘어가는 것이다.

한편 부드러운 상승 선율로 되어 있는 트리오⁴¹⁴⁻⁵³⁰마디는 명랑한 장조의 기운을 머금은 목가적 악상♪3분 41초 이하으로 환희의 주제를 연상시킨다. 뒤따르는 현악 앙상블의 선율♪3분 55초 이하도 부드럽고 풍성한 울림을 선사한다. 이처럼 이 스케르초 악상은 익살과 인간적인 온기를 동시에 머금고 있어 마치 교향곡 제7번을 떠올리게 만든다.

* Renate Ulm, 앞의 책, S.251.
** 주대창, 앞의 책, 154쪽.

스케르초의 반복 뒤에 이어지는 짤막한 코다는 다시금 석연치 않은 느낌을 던져준다. 트리오 주제가 급하다 싶을 만큼 빠르게프레스토, 547마디, ♪10분 16초 이하 재현되지만 갑자기 허리가 뚝 끊긴 뒤555마디, ♪10분 21초 옥타브 리듬557마디으로 휑하게 사라져버리는 것이다. 이 옥타브 리듬은 스케르초의 제일 첫머리를 따온 것이므로 스케르초의 어두움이 다시금 트리오의 밝음을 억눌렀다고도 볼 수 있다. 결국 이는 두 번째 자기 부정이다. 제7번과 같은 생명력으로도 환희에 이를 수 없는 것이다.

3악장 아다지오 몰토 에 칸타빌레: 느린 악장이 셋째 자리로 온 것은 웬만한 악장의 두 배에 달하는 피날레의 방대함 때문이다. 피날레 악장을 기악 부분과 성악 부분으로 나눠 보면 곡은 전체 다섯 덩어리가 된다. 이때 느린 악장은 두 번째보다 세 번째 위치에 놓이는 것이 좀더 균형 잡힌 느낌을 준다.

보통: 알레그로─아다지오─스케르초─피날레기악─피날레성악
9번: 알레그로─스케르초─아다지오─피날레기악─피날레성악

그 외에도 고요한 아다지오 직후 격렬한 피날레가 이어진다면 극한 대비 효과로 앞서 언급한 부정의 의미를 강조할 수 있다는 장점도 있었다.

「합창」의 느린 악장은 베토벤이 만들어낸 가장 깊이 있는 내면세계 가운데 하나다. 이것은 제4번의 느린 악장 이후 처음 나타난 진정한 아다지오로서 제5번부터 제8번에 이르는 중기 교향곡들에서 나타나는 조금 느린 속도안단테, 알레그레토와 상반된다. 또 전작의 느린 악장들이 주로 동적 심상과 결부되어 있었던 것과는 반대로 이

악장은 '노래하듯이'[이 지시어는 제1번 이후 처음이다]라는 가요악장 본연의 성격을 다시금 나타낸다.

지금까지 베토벤 교향곡의 느린 악장은 소나타 형식으로 쓰인 것이 많았다. 하지만 여기서는 느린 악장이 춤곡 악장 자리에 위치하면서 굳이 소나타 형식을 취할 필요가 없어졌다. 그 대신 소나타 형식이 사용된 1·2악장의 긴장감과 대비되는 평온함을 담는 것이 필요했다. 그래야만 열광적인 피날레 악장의 효과를 극대화할 수 있기 때문이다.

이 때문에 「합창」의 아다지오는 아주 느리고 서정적이다. 구성도 주제와 변주로 이뤄져 많은 긴장감을 내포하지 않는다. 선율은 아름답지만 아래로 침잠하는 느낌이다. 이런 인상은 첫머리 목관의 단2도 하행♪[처음 부분]에서부터 나타나고 1주제[3-24마디, ♪17초 이하]에서도 완연하다. 한마디로 이 악상은 베토벤 교향곡의 모든 악장 가운데 가장 힘이 빠져있다. 또 베토벤은 점점 세게 했다가 다시 점점 여리게[messa di voce]를 주문하여 전체 곡의 셈여림이 완만하게 오르내리도록 했다.

내림나장조의 1주제는 매우 특이하다. 주제선율을 맡는 현악기군의 노래 중간에 관악이 틈입[7마디, ♪47초]하여 노래가 중단되는 것이다. 그러나 아직은 관악 삽입구가 중단된 현악 악구의 뒷부분을 그대로 반복[7, 12, 15, 19마디]하고 속도도 아주 느리기 때문에 이질감이 크지는 않다.* 듣는 이들은 끼어든 관악의 한 마디를 선율의 메아리로 인식한다. 이처럼 되뇌는 관악은 시간이 순간순간 멈춰 서는 듯한 느낌을 준다. 이 아름다운 선율이 더없이 회상적인 느낌으로 다가오는 이유다. 한편 이 주제의 말미에서는 관악[특히 클라리넷]이 주선

* 주대창, 앞의 책, 182쪽.

율을 맡아 한동안 노래하고[19-24마디, ♪2분 19초 이하] 현악이 보조하는 모습이 이어진다.

이후 2주제[25-42마디, ♪3분 6초 이하]가 곧바로 이어진다. 조성[라장조] 및 속도의 변화[안단테 모데라토]와 함께 곡의 성격은 달라진다. 자꾸 뒤를 돌아보며 멈추었던 1주제와 달리 아름다운 굴곡을 들려주는 2주제는 자연스러운 선율[4마디 단위로 네 번 진행]로 흘러간다. 첫 두 마디에서는 동형의 악절을 반복하지만 다음 두 마디에서는 좀더 진행하여 천천히 나아가는 성격이다. 분리된 채 제시되었던 현악과 관악도 여기서는 한데 어우러지며 색채를 달리한다.

이윽고 음악은 변주부[43-120마디]로 들어선다. 피치카토의 수식을 받는 바이올린 1주제의 1변주[43-64마디, ♪4분 32초 이하]에는 관악이 중간에 끼어드는 형태가 다시 등장한다. 이번에는 바이올린의 변주가 매우 선율적이기 때문에 관악이 더 이질적으로 다가온다. 하지만 2주제의 변주[65-82마디, ♪7분 7초 이하]가 좀더 고양된 느낌[사장조로 전조]으로 이어져 천천히 나아가는 움직임은 유지된다. 그러면서 선율은 점점 더 많은 자유를 획득하게 된다.

다음 부분은 일종의 자유로운 연결구[83-98마디, ♪8분 28초 이하]다. 관악의 선율이 중심을 차지하고 현악은 피치카토로 물러나 곡은 좀더 정적으로 변모한다. 반주에 머무르던 피치카토가 반복되며 상승 악구를 타고 전면으로 부각되고 인상적인 호른의 솔로[♪9분 39초 이하]가 이어져 곡에 변화를 예고한다. 그동안 현악에 끼어들면서 모방만 했던 관악이 독자적으로 나타난 것이다.

이후 1주제의 2변주[99-120마디, ♪9분 58초 이하]가 이어진다. 이 아름다운 변주에서 바이올린은 마치 물 만난 고기처럼 자유를 만끽한다. 이렇게 노니는 바이올린은 아래에서 안정적으로 박절을 세는 피치카토의 수식을 받는다. 여전히 관악이 이 선율에 끼어들지만 연속되는 피치카토가 분절되는 느낌을 막아주며 이제는 끼어드는 관악도 집합적인 차원을 넘어 솔로 악기의 목소리특히 호른과 플루트를 낸다. 음향과 리듬 모두에서 매우 세련된 변주는 자연스럽게 고조되어 절정에 다다른다.

하지만 이 '절정'은 너무 이질적이다. 관현악제1바이올린 제외의 이 강력한 팡파르121마디 이하, 종결부의 시작, ♪12분 41초 이하는 바이올린의 노래를 끊어놓는다는 면에서 처음의 관악 삽입구가 증폭된 것과 같다. 제1바이올린이 포기하지 않고 다시 트릴이 딸린 율동적인 선율을 노래하지만 관현악의 팡파르131마디 이하, ♪13분 57초 이하가 또다시 막아 세운다. 이번의 팡파르는 좀더 공격적이고 광포하며 어두운 그림자를 드리운다. 이 타격의 여파로 한동안 현악에는 이 팡파르 음형의 잔상이 현에도 지속133-136마디, ♪14분 16초 이하, 첼로된다. 지금까지 나온 모든 부분 가운데 가장 강력하고도 위압적으로 현악의 노래를 끊어놓는 것이다. 이후 곡은 다시 우아한 선율을 회복하지만 체념의 어조로, 마치 작별을 고하는 듯이 뒤로 물러난다.

이러한 전반적인 진행을 숙고해보면 「합창」의 아다지오는 고상하지만 가녀린 미美의 일대기다. 줄곧 노래하고 율동하는 현악특히 제1바이올린이 이상적인 미의 상징이라면 여기에 끼어드는 관악과 관현악 총주는 현실이 아닐까? 처음에는 미의 노래를 따라 되뇌었던 '그들'이 나중에는 이 노래를 막아선다. 더 이상의 자유를 허락하지 않는 현실의 엄한 얼굴과 그 앞에서 좌절하는 미의 이상이 그려져 있는 것이다. 실러는 「비가」에서 이렇게 읊었다.

"아름다움 또한 죽어야 하리"

이것은 또 하나의 부정, 음악가 베토벤으로서는 가장 가슴 아픈 부정이다. 아름다움만으로는 세상을 변화시킬 수 없다. 그것은 너무 연약하기 때문이다.

4악장 피날레* · 프레스토 · 기악 부분: 창조하려는 의지도, 지칠 줄 모르는 생명력도, 내면의 아름다움도 충분하지 않다. 피날레 악장은 격렬한 거부의 의사가 담긴 오케스트라의 굉음으로 시작된다. 바그너가 '공포의 팡파르'**라고 부른 첫 부분¹⁻⁷마디, ♪처음 부분은 아다지오의 고요를 깨뜨릴 뿐 아니라 불협화가 두드러져 앞선 악장들과도 현저히 구분된다.

그 충격이 가시자마자 첼로와 베이스에서 유니즌으로 투박한 느낌의 선율⁸⁻¹⁶, ²⁴⁻²⁹마디, ♪10초, 35초 이하을 제시한다. 이것은 통상적인 멜로디가 아니라 오페라의 낭송레치타티보을 연상시킨다.*** 적막 속에

---

 * 이 거대한 피날레 악장은 다양한 형식으로 설명 가능한데
 이 중 솅커(Heinrich Schenker, 1868-1935)와
 웹스터(James Webster, 1942-)의 구분법이 대표적이다.
 솅커는 첫 부분을 처음부터 터키행진곡까지(1-594마디),
 둘째 부분을 '섭리의 주제'의 제시 부분(595-654),
 나머지 부분을 셋째 부분(655-940)으로 구분했다.
 첫 부분은 '환희', 둘째 부분은 '섭리', 셋째 부분을
 종합으로 본 것이다. 웹스터의 경우 전체를
 소나타 형식으로 설명했다. 첫 부분과 환희의 주제 제시 부분을
 제시부(1-431)로, 짤막한 오케스트라 간주를
 발전부(432-542)로, 이후 '섭리의 주제' 및
 '환희의 주제'와의 종합을 재현부(543-762)로, 나머지 부분을
 코다(763-940)로 해석한 것이다.(주대창, 앞의 책, 191쪽.)
 ** Michael Broyles, *Beethoven: The Emergence and
 Evolution of Beethoven's Heroic Style*, New York,
 1987, p.258.
 *** 이 같은 기악의 성악적 운용은
 베토벤이 「합창」을 구상하던 당시 「피델리오」에 이은

서 누군가가 낮은 목소리로 뭔가를 궁리하는 듯한 느낌, 다시 말해 뭔가를 말하는 것은 분명하지만, 낯선 언어여서 뜻을 알아들을 수 없는 느낌이다. 당연히 듣는 이들은 내용이 궁금해진다. 그런데 집중해서 들어보면 이 말들을 유추해볼 수 있다. '공포 팡파르'와 '기악 레치타티보'가 두 차례 번갈아 나온 뒤 앞선 악장들에 대한 회상 장면이 삽입되기 때문이다. 1악장의 첫머리에 등장했던 빈 5도의 하강 선율[30마디 이하, ♪46초 이하]이 재차 등장한다. 하지만 다시 기악 레치타티보[38마디 이하]가 회상을 중단시킨다. 잠시의 망설임 뒤에 스케르초의 리듬[48마디 이하, ♪1분 22초]이 떠오른다. 하지만 다시금 기악 레치타티보가 이를 가로막는다. 이윽고 아다지오의 주제[63마디 이하, ♪1분 44초 이하]를 되짚어본다. 하지만 이것도 아니다. 앞선 세 개의 악장이 부정된 것이다. 이러한 과정을 거칠 때마다 레치타티보는 마치 떠올리는 음악적 내용의 영향을 받는 듯이 유기적으로 모습을 뒤바꾼다.

그리고 마침내 목관악기에서 환희의 주제[77마디 이하, ♪2분 22초 이하] 앞 소절을 꺼내놓는다. 기악 레치타티보는 여기에 응답[81마디 이하]한다. 관현악이 여기에 동조하고 첼로와 베이스는 레치타티보답지 않은 선율적인 진행[♪2분 35초 이하]을 잠시 선보이며 스스로를 '시험해' 본다.

첼로와 베이스는 완전한 형태의 환희의 주제[92마디 이하, ♪2분 55초 이하]를 연주하기 시작한다. 선율은 찬송가로 불릴 수 있을 만큼 단순하다. 수백만 사람들이 함께 부를 수 있으려면 쉬워야 하는 것이다. 날것의 단선율로 제시된 환희의 주제는 따사로운 비올라와 첼로, 정감 어린 바순의 대선율, 그리고 아래에서 움직이며 감정의 폭

제2의 오페라를 동시 기획하고 있었다는 사실과 맥이 닿는다.

을 넓혀주는 베이스116마디 이하, ♪3분 34초 이하로 채워진다. 바이올린이 주선율을 맡고 비올라와 첼로가 대선율을 맡으며 좀더 선명하게 반복된 주제는 드디어 트럼펫과 관악164마디 이하, ♪4분 55초 이하으로 터져 나오고 팀파니에 맞춰 전 관현악의 절도 있는 움직임도 여기에 겹쳐진다. 이것은 오랜 고심 끝에 마침내 제대로 된 소리를 찾았다는 환호성이다. 관현악은 이제 질풍같이 내달리며 환희의 기운을 발산한다.

4악장 피날레·프레스토·성악 부분: 하지만 곡은 돌연 다시 '공포 팡파르'208마디 이하, ♪처음 부분로 이어진다. 당혹스럽다. 찾았다고 생각했던 결론을 다시 부정하는 몸짓으로 곡은 원점으로 돌아간 것 같다. 베토벤은 환희의 주제마저도 거부하려고 하는 것일까.

1. 그때 사람의 목소리216마디 이하, ♪8초 이하가 앞서 나온 기악 레치타티보와 같은 선율로 들려온다. 처음의 것이 웅얼거림이었다면 지금의 목소리는 누구나 알아들을 수 있는 메시지다.

오, 친구들아, 이런 소리가 아니다
우리 이보다 더 유쾌하고
환희에 찬 노래에 소리를 맞추자

처음 등장하는 성악 가사는 베토벤이 직접 쓴 것이다. 그러므로 이 목소리는 베토벤 자신의 것이라고 할 수 있다. 베토벤이 거부했던 것은 기악절대음악이라는 방식이었지 그 내용환희 자체는 아니었다. 이제 그는 완전히 드러내놓고 모든 사람을 초대한다. 숭고한 인류애와 불꽃같은 환희의 축제로 말이다.

베토벤 교향곡 제9번「합창」피날레 성악부의 구성

부분	주요 내용	가사	성악 편성	마디
1	성악 레치타티보	베토벤 자작	바리톤 및 남성 합창	208-236
2	환희의 주제 제시	제1연 1-8행	바리톤	237-268
3	주제 변주 I	제2연 1-8행	앙상블 및 합창	269-295
4	주제 변주 II	제3연 1-8행	앙상블 및 합창	296-330
5	주제 변주 III (터키풍)	제4연 1-4행	테너 및 남성 합창	331-431
6	관현악의 간주 (허무의 돌파)	없음	없음	432-542
7	환희의 주제 반복	제1연 1-8행	합창	543-594
8	섭리의 주제	제1연 9-12행, 제3연 9-12행	합창	595-654
9	환희, 섭리의 종합	제1연 1-2행, 제1연 9-10행	합창	655-762
10	앙상블의 콘체르탄테	제1연 1-8행	앙상블	763-850
11	축제의 대단원	제1연 1-2행, 제1연 9-10행	합창	851-940

2. 앞서 살펴본 대로 실러의「환희의 송가」는 결혼식 축가였다. 상황에 걸맞게 이 시는 선창자가 부르는 앞부분[8행]과 다른 사람들이 합창하는 뒷부분[4행]이 서로 구분된 노래다. 첫 부분은 주로 지상에서 환희의 작용을 말하고, 뒷부분은 주로 우주적 섭리를 말하고 있으므로 내용상 분위기도 다르다. 그런데 이런 특징을 가진 노래는 만인을 아우를 만큼 거대한 규모로 만들기에 적합하지 않았다. 원 시의 구조를 그대로 이용한다면 음악은 어쩔 수 없이 자주 끊겨

작자 미상, 「베토벤의 작업실 슈바르츠슈파니어 하우스」.

긴장감을 축적하기 어렵기 때문이다.*

베토벤은 사교노래가 아니라 '수백만이 함께하는' 열광적인 축제를 그리고자 했으므로 거대한 구조를 위한 긴 흐름이 필요했다. 그래서 베토벤은 각 시연의 선창부[8행]만을 연달아 배치하고 여기에 환희의 주제와 변주를 적용시켰다. 또한 제4연의 경우 행진하는 느낌의 합창부[4행] 뒤에 관현악의 푸가를 배치하여 긴장감을 증폭시킨 뒤 다시 환희의 주제를 반복시켰다. 이로써 환희의 주제는 고요한 데서 출발해서 열광에 이를 수 있는 거대한 규모[237-594마디]와 내적인 에너지를 획득할 수 있었다.

「환희의 송가」는 바리톤 솔로[241마디 이하, ♪1분 2초 이하]로 시작된다.

환희여, 아름다운 신들의 섬광이여

낙원에서 나온 딸들이여

불꽃에 취하여 우리는 들어선다

천상의 이여, 당신의 성소로!

당신의 마력은 다시 엮어준다

시류가 엄하게 갈라놓은 것을!

모든 사람이 형제가 된다**

* 슈베르트의 1815년작 가곡(D 189)이 그런 경우다.
슈베르트는 선창 부분(2/2박자)은 강약의 율격으로
역동성을 강조하고, 합창 부분(3/4박자)은
3화음의 수식을 받는 성가풍의 멜로디로 표현하여
이 둘을 엄격히 구분한다. 이는 유절형식의 사교용 가곡,
곧 작은 형식에 걸맞은 작곡 방식이었다.
** 실러는 1803년 초판본 제1연 제6행의 "시류의 칼"을
"시류가 엄하게"로 수정하고 제1연 제7행의
"왕자들이 거지가 된다"를 "모든 사람이 형제가 된다"로
바꾼다. 초판의 제9연은 전부 삭제했다.

그대 날개 잔잔히 드리운 데서!

베토벤은 선율의 구조와 셈여림으로 중요한 시어를 강조한다. 당 김음 강조는 '모든 사람'^{Alle Menschen}에, 셈여림 강조는 '형제'^{Brüder}에 걸려 있다. 만인이 형제가 되는 인류애를 가장 중요한 메시지로 보는 것이다. 한편 바리톤의 솔로 뒤에는 합창이 제1연의 5-8행을 반복하여 선창과 합창이 교차되는 축제적 상황이 만들어진다.

3. 「환희의 송가」는 이제 독창자 네 사람의 앙상블^{269마디 이하, 제2연 선창부, ♪1분 44초 이하}로 이어진다.

한 친구에게 친구가 되도록
자신을 내던지는 데 성공한 이도
고운 여인을 얻은 이도
자기 환호성을 한데 섞어라!
그렇다 이 땅에서 오직 한 영혼이라도
자기 것이라 부를 수 있다면 충분하다!
그러나 그럴 수 없는 이 있거든
울면서 이 동아리에서 물러나거라!

독창자 네 사람의 성악 앙상블은 「환희의 송가」에 다채로움과 화려함을 더해주고 첼로와 플루트 등 선율 악기들은 대선율로 악상을 보충한다. 앙상블은 소프라노를 제외하고 시작하다가 제3행

프랑스대혁명의 혼란과 광기를 바라보며 신분제 타파보다 보편적 인류애와 평화를 더 강조하게 된 것이다.

"고운 여인을 얻은 이도"에서 소프라노가 들어온다. 소프라노가 '신부'를 뜻할 수도 있고 제4행의 "환호성을 한데 섞는" 효과를 낼 수도 있는 포석이다. 여기에서도 앙상블 뒤에 합창이 이어져 마지막 4행을 반복 노래한다.

4. 테너와 바리톤에서 시작하여 앙상블로 확장되는 3절의 흐름^{296마디 이하, ♪2분 26초 이하}도 대동소이하다.

모든 존재가 환희를 들이키니
자연의 젖가슴에서 흘러나온다
착한 이 악한 이 모두
그 장밋빛 자욱을 뒤따른다
환희는 우리에게 입맞춤과 포도송이를
죽음의 시험을 통과한 친구를 선사하니
벌레에게도 쾌락이 주어졌고
천사장 케루빔은 신 앞에 선다

하지만 합창의 반복 마지막 부분에서 곡은 더 이상 환희의 주제를 변주하지 않고 "신"^{Gott, ♪3분 8초 이하}이라는 시어를 반복·강조하면서 멈춰 선다. 이로써 베토벤은 악곡의 뒷부분에서 '신'이 주된 주제가 될 것임을 암시한다.

5. 잠시간의 휴지 이후 이어지는 부분은 매우 독특한 인상을 남긴다. 트라이앵글, 심벌즈, 피콜로가 터키행진곡풍의 음악^{331마디 이하, ♪3분 32초 이하}을 연주하는 것이다. 터키풍^{이슬람권} 음악을 삽입한 것은 이 축제가 민족과 문화를 초월하여, 만인을 포괄하는 축제임

을 드러낸 것이다.

> 기쁘게, 주가 지으신 전체들이
> 화려한 하늘 들판을 휘달리듯이
> 행군하라 형제들아 그대의 길을
> 기쁘게 이기러 나가는 영웅처럼!

이 부분은 환희의 주제의 변주이면서도 신선한 느낌을 준다. 아주 호기롭고도 당찬 텍스트는 시편 제19편에 나오는 심상을 원용한 것인데 그에 걸맞게 테너 솔로는 영웅적이고 합세하는 남성 합창도 리드미컬하여 매우 생동감이 넘친다.

6. 상대적으로 짤막한 '터키행진곡'[4행]의 빈자리는 관현악의 열정적인 푸가토[431마디 이하, ♪5분 3초]가 메운다. 이 부분은 악곡을 환희의 주제로 다시 이어주는 연결구 역할을 한다. 이 대위법적 진행에서 중요한 역할을 하는 당김 음형은 다름 아닌 1악장의 허무의 모티프[♪5분 18초 등]다. 그러나 베토벤은 그런 허무 속에 머무르지 않고 날래게 돌파해나간다. 망설임 없이 내달린 음악은 이제 출구를 찾는다. 허무의 음형이 옥타브 도약의 음형[♪6분 15초 이하]을 만난 것이다. 허무는 등 뒤에서 들려오는 메아리[♪6분 23초 이하, 호른]로 멀어져가고 내면에서는 다시 환희의 주제가 떠오른다.

7. 환희의 주제[543마디 이하, ♪6분 41초 이하]가 전 합창을 통해 열광적으로 반복된다. 이로써 환희의 주제가 지배하는 피날레 악장 성악부의 첫 부분이 마무리된다.

8. 이후 곡은 느려지고 장엄한 인상^{Andante maestoso}을 준다. 베토벤은 내용상 매우 유사한 제1연 합창부와 제3연 합창부를 묶어 새로운 주제그룹을 만든다. 이를 '섭리의 주제'^{595마디 이하, ♪7분 28초 이하}라고 부를 수 있을 것이다. 환희의 주제의 축제적 성격과 더불어 이 시가 담고 있는 드높은 숭고미가 드디어 악상에 드러난다.

두 팔 벌려 끌어안으라, 수백만의 사람들아!
온 세상이 보내는 입맞춤을 받으라!
형제들아 저 별들의 장막 위에
사랑의 아버지 살고 계시리니!

그대들은 엎드리는가, 백만인이여
창조주를 예감하는가, 세계여
그를 별의 장막 위에서 찾으라
별들 위에 그가 살고 계시리니

합창은 장식을 자제하고 경건한 하나의 음^{unison}으로 일관한다. 신성^{神性}을 상징하는 트롬본도 엄숙하게 울린다. 비록 화려하지 않지만 섬세한 결을 가진 이 음향은 상당한 몰입력을 가진다. 듣는 이에게 직접적으로 물음을 던지는 가사는 환희의 축제가 결국은 인류애로 나아가야 함을 강조한다. 듣는 이들을 두 번째로 부를 때^{"형제들아", ♪8분 41초 이하}는 합창의 유니즌이 풍성한 화음을 가지는 합창으로 바뀌어 더없이 뭉클한 울림을 선사한다. 창조주를 찾아 올라가는 장면^{♪10분 2초 이하}에서는 합창이 서서히 고조되며 상승하고 이어지는 신비로운 화음^{♪10분 28초 이하}은 가히 우주의 음향이라 할 만하다. 이처럼 베토벤은 동적인 '환희'와 정적인 '섭리'의 주제를 양립시킨다.

9. 이제 베토벤은 '환희의 주제'와 '섭리의 주제'를 하나[655마디 이하, ♪11분 이하]로 엮는다. 성악 4성부와 전 오케스트라가 한데 어우러지는 이 장엄한 푸가는 반복될수록 점점 확신에 찬 행진이 된다. 사이사이 "환희"[Freude!]를 외치는 목소리[663, 665마디, ♪11분 47초, 49초 이하]도 음악의 고조에 기여한다. 이 대위법 직후에는 다소 기묘하게 들리는 당김음의 유니즌[♪12분 27초 이하]이 잠시 삽입된다. 이 부분은 노래라기보다는 말로 던지는 물음이다. 섭리에 복종하라는 메시지를 또렷이 강조한 뒤 곡은 다시 인류애를 말하는 아름다운 선율로 되돌아간다. 나의 환희는 보편적인 인류애로 확장되어야 한다. 베토벤은 실러의 메시지를 두 주제의 종합으로 표현한 것이다.

10. 환희의 주제가 드높은 섭리의 인류애와 만나자 더 높은 차원의 축제의 장[763마디 이하, ♪13분 16초 이하]이 펼쳐진다. 독창자 네 명의 앙상블은 점점 화려한 성악적 기교를 뽐내는 작은 콘서트 장면이 되어 듣는 이에게 즐거움을 준다. 여기서 독창자들은 "그대의 마법"[Deine Zauber]을 두 차례 강조하고 역동적인 합창도 "모든 사람"[Alle Menschen]을 네 차례나 강조한다. 마치 전 세계의 여러 사람을 하나하나 지목하는 듯한 이러한 강조에 전 관현악이 동의하는 듯이 합세한다. 콘서트 말미는 다시 극히 아름다운 성악 앙상블[♪14분 40초 이하]의 향연이다. 각자의 선율선을 기교적으로 노래하지만 이 네 가닥의 선율은 다시 "환희의 날개 아래" 하나의 화성으로 합쳐진다.

11. 드디어 음악은 가장 열광적인 절정에 이른다. 종곡 부분[851-940마디, ♪15분 27초 이하]은 휘달리는 프레스티시모[prestissimo, 가능한 최대

한 빠르게의 빠르기로 진행된다. 정적인 주제였던 섭리의 주제가 여기서는 열광적인 것으로 완전히 변모하며, 이제 두 주제는 서로 완전히 구분할 수 없는 일체가 된다. 성악부 가사로 직접 사용하지는 않았으나 실러의 시 후반부에 나타나는 열광적 요소^{제7-8연}를 베토벤은 놓치지 않고 음악적으로 형상화한 것이다. 이때 리듬의 축약·반복되는 비트, 당김음 구조, 심벌즈, 트라이앵글 등 터키 음악에서 등장했던 타악기의 효과 등이 이 같은 열광을 만들어내는 직접적인 추동력이 된다. 세계의 조화와 보편적 인류애에 대한 믿음이 도취적인 열광으로 치닫는다. 이 같은 열광적인 움직임으로 인류는 모든 경계를 넘어설 수 있다. 그것이 베토벤이 「합창」의 피날레에 담은 신념이었다.

■ **교향곡 제9번의 남은 이야기**

만세! 만세! 만세! 신성한 음악이여! 찬미! 칭송! 그리고 감사를 음악의 고귀한 대제사장에게 돌려라! … 예술과 진실이 이곳에서 빛나는 승리를 자축하였노라!*

1824년 5월 7일, 케른트너토어 극장은 열광의 도가니였다. 실러 송가의 축제가 그대로 현현한 것 같았다. 움라우프^{Michael Umlauf, 1781-1842}가 지휘를 마치자 박수갈채가 천둥과 같았지만 베토벤은 여전히 지휘를 하느라 아무것도 듣지 못했다. 알토 웅거^{Caroline Unger, 1803-77}와 소프라노 존타크^{Henriette Sontag, 1806-54}가 그를 뒤돌아서게 했다. 말문이 막힌 그가 고개를 숙였다. 가슴 뭉클한 장면이었다. 그

---

* Renate Ulm, 앞의 책, S.258.

▲ 슈퇴버(Franz Xaber Stöber),
「헨리에테 존타크」(1827).
▼ 크리후버(Joseph Kriehuber),
「카롤리네 웅거」(1839).
소프라노 존타크는 모차르트
「피가로의 결혼」에서 수잔나,
벨리니 「몽유병 여인」에서
아미나, 베버 「오이뤼안테」에서
동명 주인공으로 이름을
날린 프리마 돈나다. 괴테는
그녀를 두고 '날갯짓하는
나이팅게일'이라고 말했다.
알토 웅거는 「합창」 외에도
「장엄미사곡」을 초연했던
가수다. 이탈리아 오페라에서 큰
성공을 거둔 웅거의 노래를 듣고,
로시니는 "남방의 열정, 북방의
에너지, 놋으로 된 폐, 은빛
목소리, 황금의 재능을 가졌다"고
칭찬했다. 한편 제9번 교향곡의
초연 테너는 안 데어 빈 극장의
감독 하이칭거(Anton Haizinger,
1796-1869), 베이스는 안 데어
빈 극장의 합창 단원이었던
요제프 자이펠트(Joseph Seipelt,
1787-1847)가 맡았다.

것은 음악의 승리이면서 한 인간의 승리였다. 그날 저녁 작곡가는 탈진해 쓰러졌다.

초연 때부터 이 놀라운 교향곡은 음악 이상의 의미를 지니게 되었다. 작곡가 스스로가 이 곡에 들어있는 불멸의 가치를 증명해 보였기 때문이다. 그날 모인 청중들은 음악뿐 아니라 고통받은 영혼 속에 있는 이루 말할 수 없는 숭고함을 함께 경험했다. 베토벤은 한때 이렇게 말한 적이 있다.

실러의 작품들은 음악을 붙이기 극도로 어렵다. 어떤 시에 곡을 붙이려면 작곡가가 시인을 넘어 스스로를 고양시킬 줄 알아야 하는데, 누가 실러를 상대로 그런 일을 할 수 있을까.*

베토벤을 실러의 경지로 들어 올린 것은 고통이었다. 고난을 극복한 인간의 환희가 더 넓은 사랑으로 확장된다는 사실을 이해하려면 고통에서부터 출발해야 했던 것이다. 고통은 자기 부정을 낳았고, 자기 부정은 숭고함을 드러냈다. 고통으로 자아가 깨져 더 이상 자기 예술이 자기를 닮아서는 안 되는 '죽음'을 직면한 후에야, 베토벤은 비로소 한계를 넘어설 수 있었다. 한계를 넘어서자 이 음악은 더 이상 베토벤의 것이 아닌 인류 전체의 환희가 될 수 있었다.

환희는 확장된다. 바로 이 같은 메시지 때문에 「합창」은 숱한 절망과 환희의 순간에 거듭 연주되었다. 작곡가 사후 이 작품은 민주 시민혁명을 상징하는 음악으로 받아들여졌다. 바그너는 1849년 5월, 드레스덴의 바리케이트 투쟁 와중에 「합창」을 지휘했고 그 뒤

* Steven Paul Scher, *Essays on Literature and Music*, New York, 2004, p.151.

LUDWIG VAN BEETHOVEN
VOLLENDETE IN DIESEM HAUSE
IM WINTER 1823/24 SEINE
NEUNTE SINFONIE.
ZUM HUNDERTSTEN GEDENKTAG IHRER ERSTEN
AUFFÜHRUNG AM 7. MAI 1824
WIDMETE DEM MEISTER UND SEINEM WERK
DIESE ERINNERUNGSTAFEL DER
WIENER SCHUBERTBUND.
7. MAI 1924.

「합창」 교향곡 기념 현판, 빈 웅거가세 5번지.
웅거가세 5번지 기념 현판에는 다음과 같은 글이
적혀 있다. "루트비히 판 베토벤이 이 집에서
1823년과 24년의 겨울 그의 제9번 교향곡을
완성했다. 교향곡의 초연일인 1824년 5월
7일로부터 백주년이 되는 날, 거장 베토벤과 그의
작품에 이 기념현판을 헌정한다. 1924년 5월 7일
빈 슈베르트 협회."

지명수배를 받아 망명해야 했다. 1927년 베토벤 서거 100주년을 기념하는 카네기 홀 공연에서 뉴욕 주지사는 베토벤이 진정한 민주주의자였다고 선언했다.*

때로 「합창」은 민족주의와 인종주의의 선전음악으로 전락하기도 했다. 하지만 그때마다 그런 오용이 얼마나 억지스러운지 금방 드러났다. 실러와 베토벤이 드러낸 인류애의 가치가 너무 명명백백한 까닭이었다. 나치가 한창 이 작품을 '독일적 예술'로 선전하고 있던 1938년 작곡가 아이슬러Hanns Eisler, 1898-1962는 다음과 같이 비판했다.

베토벤의 아홉 번째 교향곡은 잘 알려져 있듯이 종결부의 합창으로 끝난다. "모든 사람이 형제가 된다, 자유여(!) 아름다운 신들의 불꽃이여." 파시스트들이 진정으로 이 작품을 감당할 수 있을까? 그들에게는 이 시어들이 이렇게 들리는 게 틀림없다. "모든 사람은 형제가 된다. 단, 우리가 합병하려는 대부분 나라의 국민들은 빼고, 유대인도 빼고, 흑인도 빼고." 베토벤은 파시스트 독재의 증인이 결코 아니다. 오히려 그는 반파시즘의 선구자이자 우리 투쟁의 증인 곧 진리와 정의의 증인이다.**

그러나 무엇보다 이 작품은 줄곧 평화의 상징이 되었다. 1918년 12월 31일, 라이프치히 게반트하우스 관현악단은 대지휘자 니키슈Arthur Nikisch, 1855-1922의 지휘 아래 제1차 세계대전 종전 기념 평화 연주회에서 「합창」을 연주했다. 이 곡은 또한 제2차 세계대전 후 다

* 주대창, 앞의 책, 303쪽.
** Renate Ulm, 앞의 책, S.262.

클림트(Gustav Klimt), 「베토벤 프리즈」(1907).
빈 분리파 회관(제체시온)에 있는 이 벽화는
'행복의 염원, 행복을 지키기 위해 투쟁하는 영웅,
그에 대적하는 악의 세력, 시가 주는 위안, 인류의
구원'의 내용으로 이어진다. 「합창」 교향곡의 주요
내용을 회화적으로 표현한 것이다.

시 문을 연 많은 극장들의 재개관 프로그램이었는데, 그중 1951년 6월 29일 푸르트뱅글러^{Wilhelm Furtwängler, 1886-1954}가 지휘한 바이로이트 축제 개막 공연은 지금도 「합창」의 최고 명연으로 기억된다.

1955년에는 이 곡을 유럽 공식 찬가로 삼자는 제안이 나왔고 1972년부터 '환희의 주제'는 유럽평의회^{Council of Europe}의 공식 찬가가 되었다. 이때 베를린 필하모니의 상임지휘자 카라얀^{Herbert von Karajan, 1908-89}은 이 선율을 세 가지 버전^{피아노, 관악, 관현악}으로 편곡했다. 1985년부터 유럽공동체^{European Community}의 공식 찬가, 1993년부터는 유럽연합^{European Union}의 공식 찬가가 되어 지금에 이른다.

1989년 11월 9일, 베를린 장벽이 무너졌다. 이를 기념하는 연주회가 같은 해 성탄절 베를린에서 개최되었다. 번스타인^{Leonard Bernstein, 1918-90}은 이때 동독^{드레스덴 슈타츠카펠레}, 서독^{바이에른 방송 교향악단}, 분단 독일에 주둔했던 네 나라의 악단^{미국: 뉴욕 필하모니, 영국: 런던 심포니, 프랑스: 파리 교향악단, 러시아: 키로프 오케스트라}의 연합 오케스트라를 구성해 「합창」을 연주했다. 이 연주에서는 "환희"를 "자유"^{Freiheit}로 바꾸어 해방의 의미를 강조하기도 했다. 이듬해인 1990년 10월 2일, 독일 통일의 전야제에 마주어^{Kurt Masur, 1927-2015}의 지휘로 연주된 작품도 「합창」이었다.

「합창」 교향곡의 평화의 메시지는 분단의 현실을 살아가고 있는 우리에게도 큰 울림을 준다. 지난 2011년 광복절, 서동시집 오케스트라가 내한했다. 유대계 지휘자 바렌보임^{Daniel Barenboim, 1942-}과 팔레스타인 문화학자 사이드^{Edward Said, 1935-2003}가 창단한 이 오케스트라는 팔레스타인과 중동, 이스라엘의 젊은 연주자들이 하나의 앙상블을 이룬 평화의 메신저다. 이 오케스트라가 남북 평화를 기원하며 비무장지대에서 연주한 곡도 「합창」이었다.

한 음악 작품이 이처럼 이념과 진영을 넘어 인류 평화의 상징으

단하우저(Joseph Danhauser),
「임종의 베토벤」(1827).
죽기 이틀 전 베토벤은 친구 브로이닝에게 이렇게
말했다. "손뼉을 쳐다오, 친구들아, 희극이 끝났으니!"
1827년 3월 26일, 그의 임종을 지킨 것은 놀랍게도
제수 요한나였다. 조카의 자살 사건(1826년 7월
30일) 이후 베토벤은 동생 니콜라우스 요한의 집에
머물며(1826년 9월) 제수와 조카에게 용서를 구한
것으로 보인다. 생애 마지막 순간의 화해였다.

로 자리 잡은 예는 일찍이 없었다. 인류 공동체 전체가 자랑스러워할 만한 뜻과 아름다움으로 「합창」 교향곡은 2001년 세계기록문화유산으로 등재되었다.

"모든 사람이 형제가 된다." "얼싸안으라 수백만의 사람들아." 실러가 일깨우고 베토벤이 전파한 이 모토가 이상적으로 여겨진다면 그것은 아직도 「합창」 교향곡이 계속 연주되어야 한다는 의미다. 우리가 이 작품을 오로지 그 아름다움 때문에 듣게 되는 날이 오기를 소망한다.

알고 보면 이 일은 한 사람의 호의에서 출발했다. 그 호의에 대한 보답에서 출발했다. 결혼식에서 출발했고 가슴 속에 품은 작은 사랑에서 출발했다. 이 곡은 거창한 영웅의 이야기가 아니라 영웅 되기를 내려놓고 진정한 인류애를 꿈꾼 진솔한 영혼의 자기 고백이다. 우리도 이 같은 일을 할 수 있다. 그것은 어쩌면 우리가 「합창」을 들어야만 하는 진정한 이유일지도 모른다.

불멸의 연인은 누구인가*

베토벤 사후 그의 책상에서 세 부분으로 된 편지가 발견되었다. 편지에는 연도, 지명, 수신인 등이 빠져있었지만 베토벤 생애에서 가장 열렬하고도 간절한 사랑고백이 들어있었다. 사람들은 이 수수께끼 같은 편지의 중요성을 직감했다. 궁금증을 자아내는 편지에는 인간 베토벤이 적나라하게 드러나 있었고 그의 삶이 일대 기로에 서 있었음이 분명해 보였다.

편지의 수수께끼

관심은 자연히 편지의 수신인이 누구이냐로 모아졌다.** 그것이

---

* 이 부분은 주로 독일 위키피디아 항목 'Unsterbliche
Geliebte'와 'Briefe der unsterblichen Geliebte',
오스트리아 포럼 웹북에 실린 리타 스테블린의 칼럼
「Beethovens 'Unsterbliche Geliebte' Des Rätsels Lösung」,
그리고 메이너드 솔로몬의 『루트비히 판 베토벤』
1·2(김병화 옮김, 한길아트, 2006)의 내용을 참조했다.
** 우리말로 된 베토벤 관련 서적들은 주로 오래된 견해들을
소개하고 있어 본의 아니게 불멸의 연인에 관한
독자들의 오해를 불러일으켰다. 대표적인 것은 가장 많이
읽힌 롤랑의 『베토벤의 생애』인데, 여기서 그는
테레제를 불멸의 연인으로 보고 있다.
한편 1994년 버나드 로즈 감독의 영화 「불멸의 연인」도
오해의 원인이 되었다. 꽤 많은 관객이

100여 년도 넘게 이어진 '불멸의 연인' 연구사의 시작이다.

편지의 정확한 날짜는 1812년 7월 6일과 7일로 밝혀졌다. 단서는 7월 6일이 월요일이 되는 해였다. 1795·1801·1807·1812·1818년 등의 후보 가운데 편지에 언급된 에스테르하지 공작^{하이든이 섬겼던 니}^{콜라우스 에스테르하지의 아들}의 보헤미아 여행이나 7월 5일의 악천후— 당시 이 지역에 머물렀던 괴테 역시 나쁜 날씨를 증언하고 있다— 등과 겹치는 해는 1812년이었다.

편지를 쓴 곳은 당시의 온천투숙객 리스트를 통해 테플리츠로 확인되었다. 베토벤은 1812년 7월 1일부터 3일까지 프라하에 있었고, 4일 길을 떠나 5일에 테플리츠에 도착했다. 한편 편지의 목적지는 'K'를 경유하여 하루가 더 걸리는 어느 곳이었다. 여기서 'K'란 카를스바트로 밝혀졌다. 카를스바트는 테플리츠에서 약 100km 떨어져 있는데 이는 당시 우편마차로 하룻길이었고, 첫 번째 편지에서 베토벤이 목요일에 편지를 부치면 토요일에야 받아보게 될 것이라고 말한 점으로 보아 편지의 목적지는 적어도 우편마차로 이틀 거리에 떨어진 에게르^{Eger, 카를스바트에서 50km 거리}나 프란첸스바트 ^{Franzensbad, 카를스바트에서 60km 거리}였을 것이다. 하지만 이 편지를 '불멸의 연인'은 받아보지 못했다. 편지가 베토벤 사후 그의 서랍장에서 발견되었기 때문이다. 이로 보아 베토벤의 편지가 접수되지 못했거나 수신인을 찾지 못해 반송되었을 확률이 높다. 이런 사실은 그녀가 한곳에 오래 머무르지 않고 계속 이동 중이었음을 암시한다.

베토벤이 빈에서 테플리츠로 오는 길에 프라하에 머물렀다는 사실도 중요하다. 편지의 몇몇 구절은 두 사람이 불과 며칠 전에 만나

베토벤이 제수 요한나 라이스를 사랑했다는
자극적인 픽션을 그대로 받아들였다.

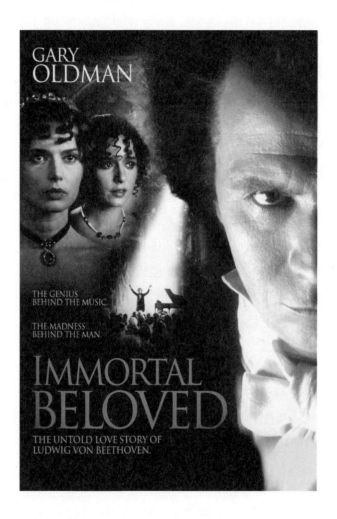

로즈(Bernard Rose), 「불멸의 연인」 영화 포스터(1994).
올드만(Gary Oldman, 1958-)의 열연이 빛을 발하는
흥미진진한 영화지만 불멸의 연인이
누구냐에 관한 한 사실과는 거리가 먼 허구다.
베토벤이 제수 요한나를 사랑했다는 자극적인 픽션을
그대로 받아들였다.

함께 있었음을 알게 한다. 이를 뒷받침하는 것은 베토벤 자신의 편지다. 그는 원래 괴테와의 만남을 도와준 외교관 파르하겐을 7월 3일 저녁에—즉 출발 바로 전날 저녁에—만나기로 했었다. 하지만 베토벤은 돌연 약속장소에 나타나지 않고 그를 바람맞힌다. 7월 14일 베토벤은 파른하겐에게 이런 편지를 쓴다.

파르하겐 씨, 프라하에서의 마지막 밤을 당신과 보내지 못해 미안하게 생각합니다. 제가 결례를 범했습니다. 다만 저로서도 예견할 수 없었던 상황이 벌어진 터라 갈 형편이 못 되었습니다.

이 같은 정황은 베토벤이 7월 3일 저녁 프라하에서 우연히 그녀와 마주쳤음을 강하게 시사한다. 그녀는 과연 누구일까. 그녀와 베토벤 사이에는 무슨 일이 있었을까. 기본적인 공란들이 채워지자 학자들은 이제 본격적으로 그녀를 찾기 시작했다.

후보들

숱한 후보가 나왔다. 신들러는 1840년, 불멸의 연인이 줄리에타가 확실하다고 말했다. 그렇지만 이번에도 그의 말은 믿을 수 없었다. 그녀는 1803년 이후 남편과 함께 나폴리에 살고 있었고, 베토벤과 전혀 연락이 닿지 않았던 것이다.

테레제도 후보군에 올랐다. 이 가설을 처음 제기한 것은 명망 있는 베토벤 연구자 세이어[Alexander Wheelock Thayer, 1817-97]였으나 불행하게도 그의 가설은 잘못된 자료에 근거를 두고 있었다. 텐저[Miriam Tenger, 1821-98]가 1890년에 펴낸 『테레제 브룬스비크의 일기』가 문제였다. 제목은 '일기'였지만, 사실 테레제의 회고에다 텐저 자신의 창작을 덧붙인 공상적인 문학작품이었다. 그로부터 20년 뒤 리프

지우스$^{\text{Ida Marie Lipsius, 1837-1927}}$가 진짜 테레제의 회고를 묶어 책으로 펴내면서 테레제는 베토벤의 사랑이 아니었을뿐더러, 실은 과거에 그의 사랑을 적극적으로 말렸던 사람$^{\text{교향곡 제4번 참조}}$이었음이 드러 났다. 만일 그녀가 정말 불멸의 연인이었다면 동생 요제피네와 베토벤의 사랑을 가로막고 자신이 베토벤을 차지하려 했다는 막장 드라마 스토리가 완성된다. 하지만 현실적인 이 귀족 여인은 결코 그런 막장 드라마의 주연을 맡을 성격이 아니었다.

그 외에도 여러 후보가 있었다. 가수 제발트$^{\text{Amalie Sebald, 1787-1846}}$, 피아니스트 에르트만$^{\text{Dorothea von Ertmann, 1781-1849}}$, 에르되디 백작 부인, 작가 베티나, 베토벤의 피아노 학생 말파티$^{\text{Therese Malfatti, 1792-}}$$^{\text{1851}}$ 등이었다. 그러다 골트슈미트가 1977년 『불멸의 연인에 관하여』를 출간하면서 후보는 요제피네와 안토니$^{\text{Antonie Brentano, 1780-1869}}$ 두 사람으로 압축됐다. 이후 불멸의 연인 논쟁은 양자 대결 구도가 되었다.

안토니 브렌타노

안토니가 급부상하게 된 것은 동유럽 문호가 개방되면서 당시 체코슬로바키아와 헝가리에 보관되어 있던 관련 자료들이 공개되었기 때문이었다. 카를스바트 경찰 등록부, 프라하 신문 보충지의 방문객 정보 등의 공식 자료에 따르면 안토니는 6월 하순 빈을 떠나 7월 1일부터 4일 사이에 프라하에 있었고 7월 6일이 포함되는 주간에는 카를스바트에 있었다. 편지는 이 여인이 베토벤과 마찬가지로 한동안 빈에서 살고 있었음을 암시하는데 안토니는 이 조건 또한 충족시키고 있었다. 지금까지 유력한 후보들의 이름이 새로 조사된 객관적 자료에 누락되어 있었으므로 1972년 솔로몬은 안토니를 불멸의 연인으로 낙점하려 했다.

명망 있는 비르켄슈토크 가문 출신의 안토니는 부유한 상인 프란츠 브렌타노[Franz Brentano, 1765-1844]의 아내로 원래 프랑크푸르트에 살고 있었다. 그러던 1809년 8월, 아버지의 병세가 위중해지자 그녀는 간호를 위해 빈으로 건너왔고, 같은 해 10월 부친이 별세하자 남겨진 유산을 정리하느라 1812년까지 계속 빈에 머무르게 되었다. 가문의 유일한 상속인이었던 그녀는 선친의 대저택과 고가의 미술품 등을 망라하여 무려 14만 5천여 굴덴—베토벤에게 36년간 연금을 줄 수 있는 규모—이라는 막대한 유산을 물려받았다.

1810년 5월, 그녀는 시누이 베티나를 통해 베토벤을 알게 되었고, 두 사람은 점점 깊은 우정을 나누게 되었다. 그녀는 일기장에서 베토벤과 모종의 '친화력'[괴테의 소설 제목으로서 마치 화학반응이 일어나듯이 인간관계에 작용하는 강렬한 이끌림을 뜻함]을 느끼고 있다고 적었으며 1811년 3월 11일에는 베토벤을 자기가 가장 사랑하는 사람들 중 하나라고 말했다.

안토니는 베토벤의 작품을 헌정받기도 했다. 그녀는 「연인에게」 WoO 140라는 가곡을 받았는데, 이 자필 악보에는 "작곡가에게 부탁하여 선물받음"이라는 안토니의 메모가 적혀 있다. 피아노에 재능을 보이던 그녀의 딸 막시밀리아네[Maximiliane Brentano, 1802-61, 당시 10세]도 단악장의 피아노트리오 WoO 39를 헌정받았다. 이로 보건대 안토니가 유력한 후보로 거론되는 것은 이상한 일이 아니다.

강력한 객관적 근거로 무장한 솔로몬의 가설은 마치 오랜 논쟁에 종지부를 찍은 것처럼 보였다. 2001년판 『뉴그로브[New Grove] 음악사전』에는 솔로몬의 견해가 거의 정설로 간주되었다.

의혹

하지만 석연치 않은 점이 있었다. 먼저 불멸의 연인에게 보내는

편지는 어조나 단어 선택 면에서 제4교향곡 시기 요제피네에게 보낸 연애편지와 무척 닮아 있다.[*]

더 중요한 것은 솔로몬의 연구 방식에서 발생될 수 있는 결함이었다. 그는 공식 기록을 근거로 유력 후보군을 소거한 뒤 다시 안토니를 위한 증거를 부연했는데, 이런 방식은 사용된 공식 기록에 문제가 있을 경우 크나큰 위험에 빠진다. 투숙객 리스트에 혹시 누락이 있지는 않을까. 휴양지 방문 기록이 마치 국가기밀문서처럼 철두철미하게 다뤄지리라고 기대하기는 어려울 것이다.

또한 솔로몬의 주장에는 아주 기초적인 결함이 있었다. 불멸의 연인이 프라하와 보헤미아의 온천에 있었다는 명제가 참이라 해도 그 역까지 참이 되는 것은 아니다. 즉 안토니가 그곳에 있었다는 사실이 그녀가 불멸의 연인이라는 충분조건은 아닌 것이다. 그렇다면 불멸의 연인은 혹시 비밀리에 여행을 감행한 게 아닐까. 다시 말해 실제로는 보헤미아 온천에 있었지만 기록에서는 확인되지 않는 누군가가 존재했던 것은 아닐까.

솔로몬은 끝없이 제기되는 의문을 의식하면서 여러 가지 추가 증거를 제시했다. 하지만 대부분 안토니가 불멸의 연인이 맞는 경우에만 의미가 있는 보강 근거였다.

편지가 말해주는 사실

더욱이 편지를 통해 알 수 있는 내적 정황은 솔로몬이 내세운 가설의 입지를 좁게 한다. 편지의 핵심 사실은 다음과 같이 정리된다.

---

[*] 1957년 베토벤과 요제피네의 연애편지들을 출간한 슈미트-괴르크(Joseph Schmidt-Görg, 1897-1981)는 1807년에 이미 그 둘의 관계가 일단락되었다고 했지만 사실은 1809년 이후에도 편지 왕래가 있었다.

1. 그녀는 6월 말 빈에 있었고, 7월 3일 프라하에서 베토벤을 만났다.

2. 그녀와 베토벤은 우연히 만났다.^{파른하겐에게 보낸 편지}

3. 그녀와 베토벤은 오래전부터 사랑하는 관계였을 것이다. 편지에서 자신을 그녀의 '연인'으로 표시하고 있고, 그녀에게 신실함을 다짐하고 있기 때문이다.

4. 이 편지는 테플리츠에서 쓰였고 카를스바트를 경유하여 우편마차로 이틀 거리에 있는 곳으로 발송될 예정이었다. 베토벤은 그녀가 그곳^{에게르 또는 프란첸스바트}에 있을 것이라고 추측했다.

5. 베토벤은 그녀가 어디 있는지 추측했을 뿐이므로 편지가 반송^{혹은 배달 불가}되었을 때 그녀가 있는 곳이 어딘지 몰랐다.

6. "우리는 금방 서로 만나게 될 거예요."[*]라는 말은 영어로 번역될 때 "No doubt we shall meet soon" 즉 "우리는 곧 의심의 여지없이 꼭 만나야 합니다"로 오역되었다. 솔로몬은 이 문장을 과하게 해석하여 베토벤이 이후 다시 안토니를 만났음을 중요한 근거로 생각했다. 그러나 독일어 원문은 단순 미래를 나타내는 말로서 실제 만남을 보장하지는 않는다.

7. 그녀는 베토벤과 마찬가지로 일정 기간 빈에 살고 있었다.

8. 베토벤은 이 시기 영국에 갈 계획이 있었으며 이는 "멀리서 오랫동안 빙빙 돌기로 작정했다"는 말과 합치된다. 베토벤은 그녀가 다시 빈에 돌아가 머물 것이라고 기대했다.^{이 책 308쪽 참조}

9. "더 이상은 나를 피해 숨지 말아요." 이 말은 그녀가 이전에 그를 피해 숨은 적이 있고 앞으로도 그럴 가능성이 있음을 암시

---

* 독일어 원문은 다음과 같다. "wir werden unß wohl bald sehn."

한다.

외적 증거를 완벽하게 구비하고 있는 듯한 안토니에게 편지의 내적 개연성은 불리한 증거로 작용한다. 항목별로 내용을 검토해보면 다음과 같이 정리할 수 있다.

2. 그들이 우연히 만났다면 안토니는 불멸의 연인이 아니다. 안토니는 이미 6월 26일 빈에서 베토벤과 만나 여행과 관련된 이야기를 나눴기 때문이다.

3. 안토니와 베토벤이 친밀한 관계가 된 것은 대략 이 사건이 있기 8개월 전쯤이다. 이 기간에 그녀의 남편 프란츠는—솔로몬의 견해와 달리—안토니와 대부분 함께 있었고 1812년 안토니의 여행도 남편과 자녀를 동반한 가족여행이었다. 그렇다면 베토벤이 '연인'이라는 노골적인 표현을 사용할 수 있었을지 의문스럽다. 그가 남편이 뻔히 보는 앞에서 스캔들을 시도했다는 말인가? 그럴 가능성은 극히 낮으며 이는 부부 간의 신실함을 중요하게 여긴 베토벤의 평소 성정과도 어울리지 않는다.

4·5. 7월 6일, 안토니는 카를스바트에 있었고, 베토벤도 이를 알고 있었으므로 편지의 내용 및 표현과 부합하지 않는다.

6. 역시 안토니를 제외시키는 논거가 된다. 베토벤은 안토니를 카를스바트에서 만날 수 있음을 확실히 알고 있었기 때문이다.

7. 1798년 결혼 이후 안토니는 줄곧 프랑크푸르트에 살고 있었다. 빈에는 그저 한시적으로 머무르고 있었다.

8. 안토니는 여름휴가 이후 남편과 함께 프랑크푸르트로 돌아갔다. 만일 그녀가 이렇게 빈이 아닌 다른 곳으로 가버린다면, "멀

리서 빙빙 돌겠다"는 베토벤의 말은 이치에 맞지 않게 된다.*

9. 안토니는 그때까지 일부러 베토벤을 피한 일이 없었으므로 베토벤이 미리부터 그런 일을 걱정할 필요가 없었다.

이처럼 불멸의 연인이 안토니라는 솔로몬의 견해는 베토벤의 편지 내용 자체와 부합하지 않는 면이 많다. 결국 그는 공식 문서에 연연하느라 정작 더 중요한 부분을 간과하고 만 것이다.

요제피네

동유럽이 열렸을 때 솔로몬은 숙박기록부를 뒤졌고, 한 여성 연구자는 일기장을 뒤지고 있었다. 텔렌바흐Marie Elisabeth Tellenbach**는 객관적인 기록에 등장하지 않는다며 제외시킨 요제피네를 유력한 후보로 부각시켰다.

그간 요제피네는 슈타켈베르크Christoph von Stackelberg, 1777-1841 남작 부인이 되어 있었다. 1808년 두 아들의 가정교사를 구하려고 교육자 페스탈로치Johann Heinrich Pestalozzi, 1746-1827를 만나러 갔다가 알게 된 사이였다. 하지만 재혼 과정은 석연치 않다. 1809년 요제피네는 혼외 임신이 되었다. 요제피네가 남작의 구애를 거절해왔던 것으로 보아 강압이 있었을 가능성도 있다. 결국 요제피네는 1810년 가족의 체면 때문에 어쩔 수 없이 재혼한다. 결혼 생활은 처음부터 불화의 연속이었고, 1812년에는 거의 별거 상태였다.

---

* '빙빙 돌겠다'는 말의 독일어 원문은 'herum zu irren'이다. herum은 어떤 중심 주위를 도는 것이므로 그 '중심'이 여기서는 빈을 의미한다. 바뀐다면 더 이상 의미가 없게 된다.
** 텔렌바흐의 연구를 통해 요제피네의 일생이 상당히 자세하게 복원될 수 있었다.

작자 미상, 「요제피네와 샤를로테 브룬스비크」.

그렇다면 요제피네는 1812년 남몰래 보헤미아로 여행을 떠날 만큼 긴박한 이유가 있었을까. 텔렌바흐가 찾아낸 일기장에 그 단서가 있었다.

프라하에 있는 리베르트에게 이야기해봐야겠어. 아이들을 내게서 절대 떨어지게 하지 않을 거야. … 저 자신에게 모든 책임이 있으니, 오 하나님, 제 영혼을 부축해주소서.

이 시기 그녀는 인플레이션 때문에 심각한 경제적 위기를 겪고 있었고, 두 번째 남편 슈타켈베르크의 즉흥적이고 무책임한 태도는 문제를 심화시켰다. 그는 이미 1812년 6월부터 가정을 떠나있었다. 그런데 1812년 7월, 갑자기 요제피네의 아이들을 이모 테레제가 홀로 돌본다. 요제피네는 어디로 갔을까. 요제피네가 프라하로 여행을 떠났음을 유추할 수 있는 정황이다. 그녀의 전 남편 다임이 죽었을 때 황제 프란츠^{Kaiser Franz II, 1768-1835}는 그녀에게 "그대의 아이들은 짐의 아이들"이라며 도움이 필요할 때 힘이 되어주겠노라고 약속한 바 있었다. 어쩌면 그녀는 일부러 행선지를 숨기고 황제에게 호소하러 갔을 가능성이 있다. 또한 프라하에는 요제피네와 전 남편 다임이 지내던 집이 있었으며 이곳이 당시 베토벤이 묵었던 '검은 말 여관'에서 불과 몇 블록 떨어진 곳이었다. 이 같은 정황은 그녀가 1812년 7월 3일, 베토벤과 우연히 마주칠 수도 있었음을 강하게 암시한다.

편지에 나타난 그밖의 내용도 요제피네와 부합한다. 항목별로 정리해보면 다음과 같다.

3. 요제피네는 베토벤과 과거에 사랑의 관계에 있었던 여성이므

로, 연인이라는 표현과 부합한다.

4. 아마도 요제피네는 프란츠 황제가 머무른 프란첸스바트[테플리츠]에서 이틀 거리에 있었을 것이다. 그녀는 이미 1812년 2월에도 이곳 방문을 계획한 적이 있었다.

5. 황제는 7월 5일 프란첸스바트에 있었으나 그날 바로 다른 곳으로 출발했다. 그녀는 황제를 알현하기 위하여 프란첸스바트를 떠났을 것이다. 그렇다면 베토벤의 편지가 수신인을 찾지 못하고 반송 처리된 상황이 설명된다.

6. 프라하에서의 만남이 우연이었으므로 베토벤은 그녀를 다시 만날 수 있을지 확신하지 못했다.

7. 요제피네는 1799년 이래로 거의 대부분 빈에 살았다.

8. 그녀는 1821년 죽을 때까지도 빈에 계속 머물렀다.

9. 결정적으로 그녀는 이전에도 베토벤을 피해 숨은 적이 있다. 베토벤과 연애편지를 주고받다가 1807년 이후 가족의 압력 때문에 베토벤과 거리를 두었던 것이다. 하지만 그녀가 완전히 베토벤과의 관계를 끊은 것은 아니었다.

이처럼 편지의 내용은 안토니보다는 요제피네를 훨씬 유력한 후보로 지목하고 있다.

이니셜 논쟁

결국 안토니 대 요제피네의 논쟁은 공공기록 대 사적기록의 싸움이 되었다. 이후 요제피네 가설을 지지하는 증거들이 속속 출현했다. 그중 캐나다 음악학자 스테블린은 솔로몬의 추가 논거들을 하나하나 반박하며 요제피네 가설에 힘을 실었다.

솔로몬은 1812년, 1816년의 대화첩, 그리고 연대를 알 수 없는 쪽지에 등장하는 수수께끼의 이니셜을 안토니와 관련지어 해석했다. 1812년의 대화첩에서 베토벤은 이별 후의 절망을 토로한다.

> 오 하나님! 아무것도 저를 삶에 묶어놓지 못하오니 저 자신을 이길 수 있는 힘을 주시옵소서. 이런 방법으로 A와 함께 모든 것이 끝나버렸다.

솔로몬은 A가 안토니라고 주장했다. 그러나 스테블린은 약어 해독 과정에서 오류가 있었을 가능성을 제기하며 이 약어가 'A'가 아닌 'St'라고 주장한다. 같은 구문에서 남편^{슈타켈베르크}을 의미하는 St가 재차 등장함으로써 희망이 사라졌다는 것으로 읽을 수 있다는 것이다. 한편 1816년의 대화첩은 다음과 같다.

> T의 문제에 관해서는 신에게 맡길 도리밖에는 없을 것이다. 허약함 때문에 잘못을 저지를 수 있는 곳에는 가지 않는다. 이는 전적으로 그에게 맡겨야 한다. 그에게만, 전지적인 신에게만!
> 그래도 T에게 최대한으로 좋은 태도를 보이자. 그녀의 헌신은 결코 잊으면 안 된다. 나 자신에게 유리한 결과가 생기는 일이 결코 없다 하더라도 말이다.

솔로몬은 1816년 대화첩의 'T'도 '안토니'를 줄여 부르는 애칭 '토니'^T일 것이라고 해석했다. 동일 인물에 대해서 본명과 애칭을 번갈아가며 지칭하는 것이 충분히 가능하다는 것이다. 그러나 스테블린은 'T'를 '테레제' 곧 그녀의 언니로 해석했다. 그렇다면 이 부분은 비록 테레제가 둘 사이의 관계를 가로막았지만 한때 그녀 역시 베토벤과 따뜻한 관계를 나눴던 일원임을 상기하는 대목이 된다. 마지막 날짜를 알 수 없는 쪽지는 다음과 같다.

사랑, 그래, 사랑만이 나의 삶을 행복하게 만들 수 있지! 아 신이시여, 제가 사랑해도 되는 사람을 찾을 수 있도록 해주십시오. 바덴, 7월 27일, 'M'이 지나가면서 나를 바라보았다고 생각한다.

솔로몬은 'M'을 안토니의 딸인 막시밀리아네라고 해석했다. 하지만 그 뒤 연구에 의해 이 쪽지의 정확한 연도가 '불멸의 연인' 사건 이전인 1807년으로 밝혀졌고, 그에 따라 'M'을 '막시'로 볼 여지는 사라졌다. 당시 4세였던 이 꼬마는 프랑크푸르트에 있었기 때문이다. 스테블린은 이 'M'을 'Mutter'어머니—곧 요제피네의 어머니인 안나 폰 브룬스비크Anna von Brunsvik, 1752-1830로 해석했다. 요제피네의 어머니는 두 차례 딸의 결혼에 결정적 역할을 했다. 이때 요제피네는 가족들의 압력에 못 이겨 베토벤을 만나지 않았으므로 이같은 해석은 개연성이 충분하다. 만일 이같이 해석한다면 일련의 이니셜들은 모두 베토벤과 요제피네의 만남을 방해한 사람들남편, 언니, 어머니이라는 공통점을 지니게 된다.

부부 관계 그리고 아이

1816년 베토벤은 친구이자 학교 교장인 지아나타시오Cajetan Giannatasio del Rio, 1764-1828에게 자신이 5년 전에 알게 된kennen 한 여성을 여전히 사랑하고 있다고 말했는데 이를 그의 딸 파니Fanny, 1790-1873가 엿듣고 일기장에 기록했다. 솔로몬은 이를 토대로 베토벤이 안토니를 언급한 것이라고 결론짓는다. 5년 전이라면 대략 1810년과 근사치가 되기 때문이다. 그러나 스테블린은 그 말이 '새로' 알게 된 것kennenlernen이 아니라 '이성으로서' 알게 되었다erkennen는 의미로 해석한다. 그녀와의 하룻밤을 성경에 나오는 예스러운 표현으로 말했으리라는 것이다.

한편 그녀의 부부 관계 역시 쟁점이 되었다. 솔로몬은 경쟁 상대인 요제피네를 후보군에서 확실히 배제하기 위해 편지가 쓰였을 당시 그녀가 여전히 무탈한 결혼 생활을 유지하고 있었음을 밝히고자 했다. 그가 증거로 제시한 것은 세 통의 편지였다. 첫째 편지는 슈타켈베르크가 1812년 6월 14일, 자신의 어머니에게 몇 개월 후 아내와 아이들을 데리고 방문하고 싶다고 적은 것이다. 둘째 편지는 7월 25일, 요제피네의 오빠 프란츠가 그녀에게 긴급한 재정적 문제에 관해 슈타켈베르크의 대답을 요청하는 내용이다. 마지막 편지는 하거Hager라는 사람이 8월 13일, 요제피네에게 보낸 것으로 다음 날 그의 집을 방문하겠다는 내용이다. 이를 근거로 솔로몬은 1812년 6월에서 8월의 기간에는 이들 부부가 여전히 정상적인 관계를 유지하고 있었으며 베토벤이 끼어들 여지가 없었으리라고 추측한다. 하지만 솔로몬이 제시한 편지들은 모두 남성의 사무중심적인 편지다. 이런 편지로 과연 부부의 속사정을 알 수 있을까.

이에 대해 스테블린 등이 반대 증거로 제시한 것은 테레제와 요제피네 자매 사이에 오갔던 대화와 편지들이다. 이 편지들은 명백히 요제피네와 슈타켈베르크 사이의 불화를 증언한다.

오히려 행복한 부부 생활을 하고 있던 것은 안토니였다. 솔로몬은 안토니의 남편 프란츠가 너무 바쁜 사무 때문에 아내와 아이들을 돌볼 수 없었다고 주장했지만, 코피츠Klaus Martin Kopitz, 1955- 가 2001년 찾아낸 브렌타노 가문의 편지들은 그들 부부 관계가 1812년 당시 아주 돈독했음을 알려준다.

이상의 사실에서 요제피네 가설을 지지하는 학자들은 그녀가 '프라하의 밤' 이후 9개월 만에 출산한 딸 미노나가 베토벤의 아이

베토벤,
「멀리 있는 연인에게」(Op. 98)의 표지 (1816).

일 것이라고 주장했다. 1954년 이스라엘의 학자 카즈넬존[Siegmund Kaznelson, 1893-1959]이 처음 제기한 이 가설은 당시에는 심증뿐인 추측으로 폄하되었으나 후대에 여러 근거가 보강되면서 다시 개연성 높은 설명이 되었다. 미노나의 이름이 음악가의 딸이라는 점, 음악에 재능을 보였다는 점 외에도 텔렌바흐는 요제피네가 연도 기입이 없는[1818년의 것으로 추정] 4월 8일자[미노나의 생일] 편지 한 통을 어떤 남자에게 보내려고 하다가 그만두었음을 밝혀냈다. 그녀는 그 형식과 내용으로 보아 정체불명의 남성 수신자가 베토벤일 수밖에 없다고 주장했다.

재구성된 불멸의 연인의 일대기

이상의 논쟁에서 한 가지 재미있는 경향성이 발견된다. 솔로몬은 계속 증명 가능한 기록과 더불어 남성의 진술, 논리적인 단계를 통해 결론에 다가간다. 이니셜 또한 베토벤 중심 시각에서 사랑하는 대상을 직접 가리키는 것으로 해석한다. 하지만 스테블린은 심증과 상황을 더 믿으며 주변의 관계를 더 많이 고려한다. 요제피네의 결정이 피치 못할 외부 상황에 의한 것임을 고려하였으므로 이니셜 또한 여기에 영향을 미친 주변인들로 해석한다. 그런데 이처럼 사적이고 비밀스러우며 서로가 감추고 싶던 일을 밝혀내는 데 있어서 더 적합한 접근은 전자일까 후자일까.

또한 안토니 가설을 받아들일 경우 베토벤이 사랑했던 여인―요제피네와 안토니―은 둘이 된다. 하지만 베토벤은 여러 편지에서 자신은 한 여인만을 사랑했다고 강조한다. 스테블린은 이렇게 말한다.

"왜 우리는 자기에게 오로지 한 여인만 있었다는 베토벤의 말을 믿으려 하지 않는가."*

그렇다면 요제피네는 왜 베토벤의 아내가 되지 않고 '불멸의 연인'으로 남기로 한 것일까.*

황제의 도움을 구하려던 그녀의 계획은 수포로 돌아갔다. 이런 상황에서 나쁜 건강과 거듭되는 임신은 그녀에게 감당하기 어려운 불안을 안겨주었다. 여전히 지속된 가족들의 압박도 그녀가 베토벤을 선택하지 못한 이유였을 것이다.

불멸의 연인은 희생당한 여인이었다. 전 남편 다임과의 행복한 결혼 생활 이후 그녀는 혼자된 여성이 겪을 수 있는 고통을 다 겪었다. 거듭되는 임신과 육아로 건강을 잃었고, 경제적으로 보호받지 못했으며, 남성 중심적인 성 관념 및 가족들의 귀족 이데올로기에 피해자가 되었다.

만일 미노나가 베토벤의 아이가 맞다면 그녀는 모두 세 번이나 혼외 임신을 했다. 남성들의 이목을 끄는 미모는 오히려 그녀의 삶을 파국으로 몰아넣었다. 슈타켈베르크가 먼저 그녀를 정복했고 그때부터 이 같은 불행이 그녀의 삶에 반복되었다. 가족의 결정으로 원치 않았던 두 번째 결혼을 감내해야 했던 그녀는 같은 이유로 미노나가 태어난 뒤에 슈타켈베르크에게 돌아가 그가 마치 미노나의 아버지인 것처럼 믿게 해야 했다. 하지만 결국 그는 그녀를 떠났다.

그 뒤로 결정적인 타격이 요제피네를 덮쳤다. 불미스럽게도 두 아들의 가정교사 안드레한Karl von Andrehan이 다시 그녀를 임신시킨 것이다. 그녀는 마이어스펠트Mayersfeld라는 가명을 쓰고 한 농가로

* Rita Steblin, *Beethovens 'Unsterbliche Geliebte'*
— *Des Rätsels Lösung*, S.16.

피신하여 딸 에밀리를 출산하고 아이를 아버지에게 넘기지만 에밀리는 두 돌이 되기 전에 죽고 만다.

그렇게 피아노 레슨을 받던 매력적인 소녀는 기억에서 지워졌다. 경찰 기록에는 다임 백작부인의 처신이 단정하지 못하다고 되어 있다. 가족은 그녀를 저버렸고 1821년 3월 31일, 그녀가 한 많은 마흔 두 해의 삶을 등졌을 때 비석 세우기를 거부했다. 그러나 그것이 과연 한 여인의 존재 전부를 말해주는 것일까.

요제피네가 죽던 해, 베토벤은 마지막 피아노 소나타 두 곡^{OPP.} 110·111을 작곡한다. 학자들은 이를 "요제피네를 위한 레퀴엠 소나타"라고 불렀다. 베토벤이 그녀에게 선물한 「안단테 파보리」와 연관성을 가지면서도 깊은 내면의 체념과 고통의 정화가 마치 지상의 음악이 아닌 듯 경건하게 울리기 때문이다.

기억이 낡고 추억이 흐릿해져 두려움이나 원망 따위가 남아 있지 않게 된 칠순의 테레제는 오래전에 이별한 동생과 그를 사랑했던 한 남자를 이렇게 추억한다.

베토벤! 그가 우리 가족과 절친한 친구였다니, 꿈만 같지 않은가. 그는 얼마나 훌륭한 정신의 소유자였는가. 어쩌다가 내 동생 요제피네는 다임의 과부였을 적 그를 남편으로 맞지 못하게 된 걸까. 슈타켈베르크보다는 베토벤과의 삶이 더 행복했을 텐데. 엄마로서의 사랑이 내 동생 자신의 행복을 단념하도록 만든 것이다. … 그 둘은 서로를 위해 태어난 듯 살았으니 서로 결합했더라면 더 좋았을 텐데.

베토벤 교향곡 음반 추천

베토벤 교향곡 음반 추천은 결코 쉬운 일이 아니다. 지금까지 나온 명반이 너무나 많기 때문이다. 그 때문에 어떤 것을 고르더라도 주관적인 선택이 될 수밖에 없고 이 책에 소개되지 않은 음반 가운데 얼마든지 '나만의 베스트'가 나올 수 있다. 그럼에도 필자가 나름으로 음반 추천을 하기로 한 것은 전적으로 이 책을 읽고 처음 베토벤을 듣는 이들을 돕기 위해서다. 작품의 다채로움을 경험해볼 수 있도록 가급적 서로 스타일이나 해석이 다른 방향으로 선정하고자 했다.

클래식 초심자를 위해 음질이 떨어지는 모노 음반^{대략 1955년 이전 녹음}은 추천에서 제외했다. 음질 문제 때문에 감상에 어려움을 겪거나 곡의 진가를 느끼지 못할 가능성이 있기 때문이다. 그럼에도 푸르트뱅글러의 「영웅」^{1953년 EMI}, 「운명」^{1947년 DG}, 「합창」^{1951년 EMI, 바이로이트 축제 실황}과 토스카니니^{Arturo Toscanini, 1867-1957}의 「영웅」^{1953년, RCA}, 「전원」^{1952년 RCA}, 제7번^{1951년 RCA} 등은 필청의 가치가 있다. 이 두 사람은 음반 시대 이후의 대표적인 베토벤 해석자들이다. 푸르트뱅글러는 바그너로부터 내려오는 극적이고 영웅적인 베토벤 해석의 대표자이고 토스카니니는 멘델스존으로부터 내려오는 단정한 고전성을 강조하는 베토벤 해석자라고 볼 수 있다.

제1번 다장조 Op.21

베토벤 제1번은 하이든의 영향을 보여주는 가장 고전주의적인 작품이다. 영웅적인 무게감이나 극명한 대비보다는 균형감 속에 나타나는 싱싱한 활력이 매력이다. 하이든다운 균형감과 베토벤 본연의 역동성을 어느 정도로 배분하느냐, 또 그와 관련하여 어떤 속도를 설정할 것이냐에 따라 다양한 해석의 스펙트럼이 생겨난다.

- 클라우디오 아바도
- 베를린 필하모니커
- 도이치그라모폰
- 2000

베를린 필의 수장이었던 아바도(Claudio Abbado, 1933-2014)는 베토벤을 담백하게 연주한 대표적인 지휘자다. 그는 전임 카라얀을 비롯한 전통적인 베토벤 해석이 지나치게 영웅주의적으로 흐르는 것을 경계했다. 그래서 그의 해석에는 과장이 없다. 다소 추동력은 덜하지만 세련된 균형미와 정교하게 조탁된 디테일이 그의 매력이다. 특히 유연한 2악장의 아름다움은 은근한 미소를 자아낸다.

- 존 엘리어트 가디너
- 혁명과 낭만의 오케스트라
- 아르히브
- 1993

원전연주(그 시대의 악기와 연주법으로 연주)로 발매 즉시 선풍을 일으킨 음반이다. 연주는 시종일관 역동적으로 흐르지만 그럼에도 앙상블의 정확성은 놀라운 수준으로 유지된다. 저음부의 따뜻함과 고음부의 청량함도 싱싱하게 대비된다. 3악장 스케르초의 균형미는 특히 인상적이다. 1994년 그라모폰 에디터스(Gramophone Editor's) 및 크리틱스 초이스(Critics Choice) 음반이며 가디너(John Eliot Gardiner, 1943-)는 같은 해 그라모폰 올해의 아티스트에 선정됐다.

- 마리스 얀손스
- 바이에른방송 교향악단
- 바이에른방송
- 2012 | 라이브

현존하는 최고의 거장 가운데 한 사람인 얀손스(Mariss Jansons, 1943-)의 베토벤 전집은 최근에 나온 베토벤 교향곡 음반 가운데 가장 완성도가 높다. 전통 있는 악단인 바이에른방송 교향악단은 격조 높고 견고하며 합주든 독주든 뛰어난 숙련도를 자랑한다. 얀손스는 다채로운 뉘앙스를 표현하면서도 개별 악상에 치우침 없이 적절한 무게를 유지한다. 라이브 연주의 적절한 긴장감도 듣는 맛을 선사한다.

- 리카르도 샤이
- 라이프치히 게반트하우스 오케스트라
- 데카
- 2011

또 하나의 싱그러운 녹음이다. 왕립 콘세르트헤바우 관현악단에서 휘황찬란하게 말러의 곡을 지휘했던 그가 보수적인 라이프치히에 입성했을 때 사람들은 이 낯선 결합의 결과물을 적잖이 궁금해했다. 가디너의 원전연주보다도 빠른 속도인 그의 제1번은 역동성 그 자체다. 가볍고 색채가 분명한 울림, 변화무쌍한 프레이징(Phrasing), 마주어의 중후함과는 대비되는 현대적 감성이 돋보인다.

제2번 라장조 Op.36

베토벤 제2번은 느린 도입부와 라르게토의 내면적인 목소리, 의미 있는 결론의 모습을 갖춘 피날레 등에서 진일보한 작품이다. 보다 긴 호흡에 담기는 큰 긴장감을 어떻게 다루느냐가 해석의 중요한 포인트가 된다. 베토벤 특유의 목소리가 드러나기 시작했지만 여전히 빈 고전주의의 영향력도 감지되는 작품이기에 다양한 개성의 명연들이 나왔다.

• 카를 뵘
• 빈 필하모니커
• 도이치 그라모폰
• 1971

뵘은 슈트라우스(Richard Strauss, 1864-1949)의 제자로서 독일 교향악의 중요한 해석자다. 뵘은 이 작품의 매력을 가장 설득력 있게 전달해주는 해석으로 특히 여유롭고 중후한 라르게토는 악곡 본연의 서정적 깊이를 잘 드러낸다. 마치 모차르트 후기 음악을 떠오르게 하는 신비로움, 그러면서도 어두움으로 침잠하지 않는 천진함이 음악을 더없이 고상하게 만든다.

• 라파엘 쿠벨리크
• 암스테르담 콘세르트헤바우
• 도이치그라모폰
• 1976

유려한 색채와 역동적인 장면 전환이 인상적인 명연이다. 쿠벨리크(Rafael Kubelik, 1914-96)는 머리 악장에서 서두르지 않고 긴 호흡으로 긴장감을 만들어내고 마지막까지 이어간다. 일관된 속도를 유지하지만 군데군데 유기적인 변화를 주며 생동감을 부여한다. 2악장 발전부에서의 음영 변화와 자연스러운 고조는 이 음반의 가장 뛰어난 대목이며 피날레의 응집력도 탁월하다. 결코 놓쳐서는 안 되는 명연이다.

- 존 엘리어트 가디너
- 혁명과 낭만의 오케스트라
- 아르히브
- 1991

원전연주 가운데서는 제1번에 이어 가디너의 음반을 추천한다. 그는 속도를 여유 있게 설정해 느린 도입부에 담긴 의미를 흘려보내지 않는다. 일사불란한 각 파트의 움직임은 여기서도 빛을 발한다. 뵘이 들려주는 정감 어린 내적 움직임이나 쿠벨리크의 색채적인 긴장감보다 선명함과 깨끗함이 가디너 음반의 미덕이며 그러한 장점은 라르게토보다는 빠른 악장들을 더 돋보이게 만든다.

- 조지 셀
- 클리블랜드 오케스트라
- 소니
- 1964

헝가리 출신의 대지휘자 셀(George Szell, 1897-1970)의 베토벤은 옹골차다. 그는 시종일관 탄탄한 추진력과 지배력을 가지고 악상을 이끌어간다. 음악 자체가 말하도록 과도한 이입이나 꾸밈을 자제하는 편인데, 그것이 전체 음악에 활기를 준다. 피날레의 마지막 부분에서 들려주는 거친 돌파의 몸짓은 라르게토의 담담한 '남성적' 관조와 더불어 셀의 음반에 개성을 부여해주는 멋진 장면이다.

제3번 「영웅」 내림마장조 Op.55

교향곡과 절대음악의 역사를 바꿔놓은 「영웅」의 세계는 깊고도 넓다. 머리 악장에서는 음악 자체가 유기적으로 완성되어 가는 창조의 과정을 그리고 있으므로 어느 정도의 즉흥성과 주관성, 그 속에서 그때그때 흐르는 미묘한 감정의 변화를 담아내야 한다. 영웅주의 음악의 정수인 장송행진곡은 숭고한 슬픔의 제의이자 인간적 내면의 드라마다. 스케르초의 성격적 캐릭터인 세 개의 호른이나 민요적 자유분방함이 전면에 드러나 있는 피날레의 대무곡 등 작품 자체가 다채로운 인상을 지니고 있어 해석도 다양할 수밖에 없다.

- 헤르베르트 폰 카라얀
- 베를린 필하모니커
- 도이치그라모폰
- 1962

20세기 최고의 지휘자로 불리는 카라얀은 모두 네 차례 베토벤 전집을 완성했다. 그중 60년대에 나온 「영웅」은 카라얀의 가장 뛰어난 베토벤 연주 가운데 하나다. 아무런 말 없이도 드라마가 펼쳐질 만큼 이 음반에는 생생하고 열화와 같은 감정이 넘실거린다. 1악장 감정의 흐름은 너무나 매끄럽게 조탁되어 있고, 장송행진곡의 숭고한 슬픔은 뛰어난 배우의 연기처럼 실감난다. 「영웅」의 매력에 가장 쉽게 다가갈 수 있는 호연(好演)이다.

- 카를로 마리아 줄리니
- 로스앤젤레스 필하모니
- 도이치그라모폰
- 1979

줄리니(Carlo Maria Giulini, 1914-2005)는 서두르지 않고 한걸음 한걸음 악상을 전개하여 가장 완벽한 과

정적 음악을 재현한다. 대기만성형이었던 그는 누구보
다도 프로메테우스의 창조 과정을 잘 이해했을 지휘
자다. 이 음반에서는 그 같은 창조의 유기체적 과정을
가장 실감나게 경험할 수 있다. 특히 1악장의 발전부
는 코다의 장대한 악상이 가장 뛰어나게 재현된 필청
음반이다. 그뿐 아니라 사운드나 구조적 측면에서도
이 음반은 빠지는 부분 없는 탄탄함을 들려준다.

- 오토 클렘페러
- 필하모니아 오케스트라
- EMI
- 1959

모노 시대의 푸르트뱅글러를 제외한다면 클렘페러
(Otto Klemperer, 1885-1973)의 「영웅」이야말로 베토벤
의 영웅주의적 아우라를 가장 확연히 풍기는 연주가
아닐까 싶다. 특히 그가 펼치는 장엄하고도 긴 호흡의
장송행진곡은 베토벤의 숭고미를 더없이 잘 전달해준
다. 카라얀이 주로 드라마적인 연출에 가깝다면 클렘
페러는 지휘자 스스로가 영웅을 추모하는 듯한 경건
한 감성을 전한다. 피날레 악장의 회상 장면과 피날레
의 영웅적 제스처 또한 오랫동안 인상에 남는다.

- 호르디 사발
- 르 콩세르 데 나시옹
- 오디비스
- 1997

굉장히 특이한 음반이다. 고음악, 그것도 중세와 르
네상스 음악 전문가인 사발(Jordi Savall, 1941-)이 소규
모 악단으로 「영웅」을 녹음했다. 관현악 전체의 에너
지보다 독주 악기들이 모였다 흩어지기를 반복하는

움직임이 독특하다. 장송행진곡에서는 예스러운 제의 (祭衣)의 느낌이 잘 살아있다. 화성의 수직적 배열이 아닌 수평적 선율 가닥들이 겹쳐지며 다채로운 효과 를 남기는 이 연주는 「영웅」이 그야말로 자유의 상징 임을 다시 한번 상기시킨다.

그밖에 추천 음반에 올리지 않았으나 셰르헨(Hermann Scherchen, 1891-1966, 빈 국립 오페라 관현악단/웨스터민스터/1958)의 연주도 그냥 지나치기는 아깝다. 광 포한 속도, 즉흥성, 과격함, 도발적인 대비 등 오케스트라가 미처 따라오지 못할 만큼 충격적으로 해석한 음반이다. 이 곡을 처음 듣는 이를 생각하면 선뜻 추천 할 수 없는 음반이지만 「영웅」의 자유 정신이 극단적 형태로 드러난 연주이기 에 덧붙인다.

제4번 내림나장조 Op.60

베토벤 교향곡 제4번은 약동하는 유기체적 생명력과 고전적 조화미, 느린 도 입부와 아다지오에서 나타나는 신비로움 등 가장 사랑스러운 기운을 머금고 있 는 작품이다. 사랑의 시기에 나온 곡답게 이 곡에는 매력적인 솔로 악구가 많 다. 듣는 것보다 연주하기가 상당히 어려운 작품이다. 각 악장에 서로 상반된 원리들이 녹아 있는 만큼 지휘자의 유연성과 균형 감각이 중요하다.

• 카를로스 클라이버
• 바이에른 주립 교향악단
• 오르페오
• 1984 | 라이브

베토벤 교향곡 제4번을 불멸의 위치에 올려놓은 음 반이라 해도 과언이 아니다. 클라이버(Carlos Kleiber, 1930-2004)의 일필휘지(一筆揮之)식의 지휘는 유연함과 생기의 극치이고 오케스트라는 마치 살아있는 동물인

듯 그에 반응한다. 느린 도입부와 아다지오는 무게감
있게 다뤄지고 머리 악장과 피날레는 휘몰아치는 듯 빠
르지만 기계적인 빠름이 아닌 급류를 탄 듯한 자연스러
움을 들려준다. 한마디로 제4번 최고 명연이다.

- 세르지우 첼리비다케
- 뮌헨 필하모니커
- EMI
- 1987 | 라이브

위에 언급한 클라이버의 음반과 대비되는 명연이
다. 첼리비다케(Sergiu Celibidache, 1912-96)는 결코 빠
른 속도로 곡을 밀어부치지 않는다. 오히려 한 음 한
음을 제대로 울림으로써 배음(倍音)의 아름다움을 느
끼게 한다. 특히 첼리비다케는 아다지오와 스케르초를
눈에 띄게 여유 있게 해석했다. 그럼으로써 이 악상에
결정적인 내면적 서정성을 부여했다. 밀도 높은 연주
는 클라이버의 제4번과는 판이하게 다르지만 그와 같
지 않음으로써 경쟁력을 가진 수작이다.

- 로저 노링턴
- 런던 클래시컬 플레이어즈
- EMI
- 1989

원전연주의 선구자 노링턴(Roger Norrington, 1934-)
의 제4번은 유쾌하고 재미있다. 명징하고 학구적인 가디
너에 비해 따뜻하고 유희적인 노링턴의 색채는 별도의
프로그램 없이 음악적 즐거움을 선사하려는 제4번과
잘 어울린다. 이러한 방향은 전곡에 걸쳐 일관성 있게
나타난다. 아다지오는 담백하고 스케르초는 단정하며
힘을 주지 않는 피날레는 편안한 유머처럼 느껴진다.

- 에르네스트 앙세르메
- 스위스 로망드 오케스트라
- 데카
- 1958

최고의 악단이었던 스위스 로망드 오케스트라의 목관은 무척 매력적이다. 색채가 또렷한 이 목관은 이 음악을 하나의 정경으로 바꿔놓는다. 앙세르메(Ernest Ansermet, 1883-1969)는 교향곡 제4번이 자연을 표현한 것이라고 믿었다. 한편 이 연주는 바인가르트너(Felix Weingartner, 1863-1943)의 제안에 따라 피날레 악장을 상당히 여유 있게 연주한다. 덕분에 발전부 악상이 무게를 얻고 더 심오하게 느껴진다. 일청의 가치가 충분하다.

제5번 다단조 Op.67

승리의 교향곡인 제5번은 전체 악곡이 하나의 드라마로 이어져 있는 베토벤 최초의 교향곡이다. 치열하고 가차없는 1악장과 내면적이면서도 결연한 2악장의 대비, 3악장의 전투와 피날레의 승리를 하나의 극적인 과정으로 엮어내는 것이 핵심이다. 내적으로 연결되어 있는 모티프의 일관성^{운명의 동기 등}을 세밀하게 살려내는 것 또한 중요하다.

운명의 동기 등을 세밀하게

- 카를로스 클라이버
- 빈 필하모니커
- 도이치그라모폰
- 1975

클라이버의 또 하나의 완벽한 음반이다. 푸르트뱅글러의 「운명」이 아직 바그너적인 신화적 낭만성을 품고 있다면, 카라얀이 극적인 화려함으로 치장되어 있고 클라이버의 「운명」은 군더더기가 없다. 운명의 동기는 시종일관 팽팽한 긴장감으로 몰아치지만 2주제나 오보에 장면은 운명의 타격과는 사뭇 다른 '인간적인' 음조를 들려준다. 피날레에서도 강인함과 유려함을 동시에 들려주는 최고의 「운명」이다.

- 구스타보 두다멜
- 시몬 볼리바르 유스 오케스트라
- 도이치그라모폰
- 2006

베네수엘라 빈민가 출신 지휘자 두다멜(Gustavo Dudamel, 1981-)이 선풍을 일으킨 음반이다. 그와 시몬 볼리바르의 단원들은 엘 시스테마 운동(El Sistema, 베네수엘라 빈민가 청소년들에게 음악을 가르치는 프로그램)을 통해 세계적인 음악가들로 거듭났다. 마약과 폭력에 찌든 '운명'을 음악이 주는 희망으로 극복한 그들의 이야기가 이 음반에 담겨 있다. 전곡에 걸쳐 생동감 있는 리듬과 자연스러운 감정을 들려주지만, 특히 빠른 속도로 몰아치는 피날레의 응집력과 세밀함은 압권이다.

- 다니엘 바렌보임
- 서동시집 오케스트라
- 데카
- 2012

또 하나의 '사연 있는' 오케스트라의 명연이다. 서동시집 오케스트라 역시 운명을 극복한다는 의미를 겹쳐서 아는 오케스트라다. 분쟁지역인 팔레스타인과 중동, 이스라엘에서 모인 이 젊은이들은 세계적인 지휘자 바렌보임의 영도 아래 아주 묵직한 사운드를 들려준다. 과거 푸르트뱅글러의 향수를 간직한 듯 그의 해석은 낭만적 영웅의 일대기를 들려준다. 고전을 고전답게 전하려는 해석의 방향과 진정성 있는 연주가 결합된 수작이다.

- 프란스 브뤼헨
- 18세기 오케스트라
- 데카
- 1992 | 라이브

원전연주 가운데서는 브뤼헨(Frans Brüggen, 1934-)
의 질풍노도와 같은 음반을 추천한다. 절제되고 차가
운 가디너에 비해 위압적인 운명의 모습이나 승리의
해방감을 더 선명하게 들려주는 연주다. 원전연주가
반드시 과거에 대한 고증일 필요는 없다. 브뤼헨의 해
석은 상당히 낭만적인데, 이러한 방향은 본질적으로
드라마인 이 곡과 잘 맞아떨어진다. 1악장의 괘종시계
장면의 선명함, 특히 스케르초 악장에서 피날레에 이
르는 열광적인 고조는 음반의 하이라이트다.

제6번 「전원」 바장조 Op.68

이 곡은 하루 동안의 즐거운 소풍이다. 소박하고도 정감 어린 자연의 회상과
더불어 전능자에 관한 깊은 묵상이 들어있다. 이러한 주제에 걸맞게 곡은 전작
들의 극적인 대립을 회피하고 긴 호흡을 이어간다. 자연 속에 온전히 들어가는
경험을 선사해야 하기에 그에 걸맞은 충만함과 약동감이 표현되어야 한다. 시
냇가의 정경이나 폭풍우, 피날레의 알프스 호른 등의 음화는 듣는 이에게 인상
을 남길 수 있는 중요한 대목이다.

- 브루노 발터
- 콜롬비아 오케스트라
- 소니
- 1958

「전원」에 관한 가장 고전적인 명반이다. 다소 빠른

듯한 속도이지만 프레이징이 자연스럽고 청량하여 듣는 이를 기분 좋게 만든다. 1악장의 속도는 다소 빠른 편이어서 생생한 감정이지만 시냇가의 정경은 편안한 속도. 전체적인 음조는 상냥하게 미소 짓는 듯하다. 이처럼 모난 데 없이 끝까지 유기적으로 흐르는 음악을 만나기는 쉽지 않다. 피날레의 찬가도 과장 없이 진실하다.

- 카를 뵘
- 빈 필하모니커
- 도이치그라모폰
- 1972

발터(Bruno Walter, 1876-1962)와 함께 쌍벽을 이루는 「전원」으로 뵘의 베토벤 전집에 수록되어 있다. 뵘도 뛰어난 서정성을 보여주지만 발터가 신선하다면 뵘은 온화한 쪽에 더 가깝다. 회상적인 느낌의 느린 2악장은 아주 아름답게 표현되었고 특히 새소리의 음화 장면이 주는 효과는 탁월하게 처리되었다. 피날레의 찬가는 종교적 경건함이 가득하다. 어떤 악장도 모자람이 없는 전통적인 명연이다.

- 클라우디오 아바도
- 베를린 필하모니커
- 도이치그라모폰
- 2003

아바도는 「전원」과 어울리는 지휘자다. 그가 고향 밀라노에서 20여 년 만에 지휘를 하게 되었을 때, 개런티 대신 시내에 나무를 심을 것을 요구했다는 이야기는 잘 알려져 있다. 음질 면에서 위의 두 명반을 압도하는 아바도의 음반은 좋은 선택이 될 수 있다. 그의

시냇가 정경은 정말로 속삭이는 듯하고, 마치 자연의
갖가지 풍경을 관찰하는 듯 세밀함이 살아있다. 스케
르초 악장의 사람 좋은 유머, 폭풍우 악장의 세밀한 묘
사가 매력 포인트다.

THIELEMANN
BEETHOVEN
SYMPHONIES

WIENER
PHILHARMONIKER

- 크리스티안 틸레만
- 빈 필하모니커
- 소니
- 2011

틸레만(Christian Thielemann, 1959-)은 샤이, 얀손스
등과 함께 최근 베토벤 전집을 완성한 거장이다. 그의
베토벤은 마치 과거의 명연주가 음질이 개선되어 나
타난 듯한 보수적인 노선을 보여준다. 「전원」은 이 시
리즈 가운데 가장 눈에 띈다. 두터운 음층이 주는 충만
감, 유유자적한 속도, 긴 호흡에서 나오는 평온함이 특
징인 이 음반은 마치 자연 속에 푹 빠져드는 느낌으로
다가온다.

제7번 가장조 Op.92

춤의 교향곡으로 불리는 이 작품은 그야말로 역동적인 리듬의 보고다. 그러
나 격렬한 움직임을 제어하는 고도의 절제력은 필수적이다. 전체를 이끄는 솔
로 악기들의 활약과 이후 이어지는 집합적인 관현악 댄스의 균형감도 중요하
다. 한편 느린 도입부와 알레그레토, 스케르초의 트리오 등 내면적인 악상들을
어떻게 표현하느냐에 따라 해석의 노선이 다양하게 갈릴 수 있다.

- 카를로스 클라이버
- 빈 필하모니커
- 도이치그라모폰
- 1975

클라이버는 리듬의 귀재답게 전곡에 걸쳐 날카롭고 정확한 리듬감을 들려준다. 지휘자와 악단이 이 정도로 일체를 이루기는 쉽지 않다. 솔로 악기들의 매력적인 음색에서나 집합으로 섞여들었을 때의 에너지 면에서나 빈 필은 최상의 능력을 보여준다. 알레그레토 역시 외적으로는 운동성을 잃지 않는다. 그러나 그 음조는 신비롭고 미묘해서 내면적인 인상을 함께 전달한다. 한 치의 오차도 없는 완벽한 피날레를 들을 수 있다. 여러모로 최고의 음반이다.

- 니콜라우스 아르농쿠르
- 유럽 챔버 오케스트라
- 텔덱
- 1992

가디너와 함께 원전연주의 대표자인 아르농쿠르(Nikolaus Harnoncourt, 1929-2016)는 일반 오케스트라를 기용했지만 원전연주 스타일을 접목시켜 매우 색다른 리듬과 색채를 들려준다. 정적인 패시지와 당김음 리듬의 율동감이 인상적으로 대비된다. 알레그레토와 스케르초의 트리오 부분도 무척 경건하다. 아르농쿠르는 알레그레토보다 스케르초의 연주 시간이 더 길 만큼 이 부분을 강조했다. 한편 피날레는 이 같은 내면적인 부분과 완전히 대비될 정도로 거칠고 박력 있다.

- 프리츠 라이너
- 시카고 심포니 오케스트라
- RCA
- 1958

바그너식의 낭만적 어법을 극도로 혐오했던 라이너(Fritz Reiner, 1888-1963)의 전설적인 제7번이다. 정확성과 경제성을 중시한 그는 결코 과도한 이입을 하지 않는다. 다만 음악적 구조 자체의 감정적 굴곡을 충실하게 표현할 뿐이다. 라이너식 해석은 보통 남성스러운 음악에 가깝지만 역으로 그 때문에 제7번의 알레그레토에서 기가 막힌 매력을 발산한다. 거친 보잉, 비장미가 느껴지는 우수는 음질이 다소 떨어지는데도 그의 제7번을 명연의 반열에 올려놓았다.

- 이반 피셔
- 암스테르담 콘세르트헤바우
- RCO
- 2014

피셔(Ivan Fischer, 1951-)는 헝가리인다운 즉흥성을 온몸에 담고 있는 듯한 지휘자다. 그의 매력은 악구의 반복 시에 포착해내는 미묘한 변화와 다채로운 색채다. 잦은 루바토(rubato, 임의로 박자에 변화를 주는 것), 급격한 정서적 전환 등이 독특하다. 과거 악단을 쥐락펴락하던 지휘자들의 주관주의적 즉흥성과는 또다른 조심스러운 '돌출'들이 전체적으로는 온화한 악상 위에 흥미롭게 펼쳐진다. 2악장 첫 화음의 배음이나 3악장 트리오처럼 정적인 장면에서도 순간의 의외성을 느낄 수 있는 색다른 연주로 들을 만한 가치가 충분하다.

제8번 바장조 Op.93

'작은 전원 교향곡' '제7번의 나머지 악상' 등으로 여러 오해를 많이 받은 작품이다. 그래서 제8번의 진가를 알려주는 것은 오히려 과거 대가들이 아니라 우리 시대의 대가들이다. 규모는 작지만 가장 교묘한 이 작품의 풍자적인 뉘앙스와 함축적 악상, 대가적인 관현악법은 결코 영웅주의적인 드라마로는 붙잡을 수 없다. 청중에게 반전의 경험을 줄 수 있는 치밀하고 정밀한 접근이 요구된다.

- 존 엘리어트 가디너
- 혁명과 낭만의 오케스트라
- 아르히브
- 1992

가디너의 제8번은 가장 모범적인 해석을 들려준다. 정확한 프레이징과 역동적인 활력이 돋보인다. 1악장 발전부에서는 긴장감을 차곡차곡 쌓아나가 절정에 이르는 과정을 더없이 깨끗하게 들려준다. 가디너다운 정확성은 2악장의 기계 소리에서도 빛을 발한다. 기계가 고장나는 64분음표 연쇄의 움직임마저도 너무 깔끔한 것이 흠이라면 흠일까. 전체적으로 밝고 서늘한 음조도 제8번과는 아주 잘 어울린다.

- 니콜라우스 아르농쿠르
- 유럽 챔버 오케스트라
- 텔덱
- 1992

아르농쿠르의 1악장은 좀더 여유롭다. 하지만 여유로운 속도는 트릭이다. 유머와 그로테스크(grotesque)를 이해하는 음악가답게 그는 주로 목관악기에 별스럽고 익살스러운 음색을 집어넣는다. 이런 목소리는 1악장 발전부의 당김음 구조에 나타나 듣는 재미를 준다. 3악장의 목관, 호른, 팀파니에서 느껴지는 능청스러운 느낌과 피날레 악장의 과장된 제스처도 제8번다운 면모다. 해석의 방향만을 놓고 보면 최고의 제8번이라 칭해도 좋을 만한 명반이다.

- 리카르도 샤이
- 라이프치히 게반트하우스 오케스트라
- 데카
- 2011

샤이는 제8번에서도 휘몰아친다. 가볍고 날렵하지만 세밀함은 놓치지 않는다. 찬란하게 눈부시다고 표현해야 할 이 연주는 처음부터 끝까지 청량감을 선사한다. 가디너의 음반보다 연주 속도가 빠르지만 원전 연주가 아니기 때문에 축적되는 에너지는 좀더 강렬하다. 아마도 샤이는 짧은 시간에 이것저것 다 담으려는 베토벤의 반어적 의도를 전달하고자 했을 것이다. 어쨌거나 샤이의 음반은 여러 음악적 이벤트가 팡팡 터지는 즐거운 카니발 음악이다.

- 귄터 반트
- 북독일 방송 교향악단
- RCA
- 1985

슈베르트와 브루크너 해석의 대가인 반트(Gunter Wand, 1912-2002)는 독일 교향악의 장인이다. 그의 해석은 늘 충실하고 일정한 수준을 보여준다. 베토벤 교향곡 전집도 충분한 소장가치를 지니는 걸작이다. 그의 해석은 단정하고 단단하여 의외의 일격을 가하려는 어떤 제스처도 취하지 않는다. 그럼에도 음악은 재미있다. 앙상블 자체의 맛과 북독일 방송 교향악단의 질 높은 음향이 듣는 재미를 주는 것이다. 빠른 것이 능사가 아니라는 듯 피날레의 여유도 아주 맛깔난다.

제9번 「합창」 라단조 Op.125

베토벤 교향곡 제9번 「합창」은 교향곡 장르와 절대음악의 역사를 뒤바꾼 걸작이자 인류애와 평화의 상징이 된 전 인류의 문화유산이다. 이 작품은 거대하다. 대규모 관현악에 성악 솔로와 합창대까지 기용되어 차원이 다른 웅대한 악상을 연출한다. 따라서 지휘자에게는 곡 전체를 하나로 아우르는 강한 지배력이 요구된다. 특히 첫 두 악장과 대비를 이루며 피날레 악장을 준비하는 아다지오 악장에서의 긴장감 유지가 중요하다. 피날레 악장은 축제와 숭고함이라는 서로 상반된 두 가지 목표를 향해 나아간다. 환희의 전염 과정, 섭리와의 만남, 승화에 이르는 교향악적 스토리가 일관된 흐름을 가지고 이어져야 한다.

- 페렌츠 프리차이
- 베를린 필하모니커
- 헤트비히 대성당 합창단
- 이름가르트 제프리트, 모린 포레스터, 에른스트 해플리거, 디트리히 피셔-디스카우
- 도이치그라모폰
- 1958

푸르트뱅글러와 토스카니니의 전설적인 모노 음반을 제외했을 때 가장 먼저 떠오르는 초기 스테레오 시대의 명작이다. 50년대인데도 나무랄 데 없는 사운드를 들려주는 것은 관현악이 완벽에 가깝게 통제되었음을 방증한다. '허무의 승리'는 엄청난 에너지로 파국을 그리는 1악장 재현부나 에너지가 들끓는 듯한 스케르초 악장은 완벽에 가깝다. 아다지오의 두 번째 팡파르는 이와 상승하며 광포하게 울린다. 한편 성악진도 화려하기 그지없다. 젊은 디스카우(Dietrich Fischer-Dieskau, 1925-2012)는 싱싱하고, 대표적인 헬덴테너 해플리거(Ernst Haefliger, 1919-2007)는 다소 즉흥적이지만 당당하다. 제프리트(Irmgard Seefried, 1919-88)와 포레스터(Maureen Forrester, 1930-2010)도 거칠지만 훌륭하고 합창단의 기량도 출중하여 빈구석을 느낄 수 없을 정도다.

- 한스 슈미트-이서슈테트
- 빈 필하모니커
- 빈 국립 오페라 합창단
- 조안 서덜랜드, 마릴린 혼, 제임스 킹,
  마티 탈벨라
- 데카
- 1966

추천된 음반 가운데 가장 깨끗하고 정제된 관현악의 어우러짐을 들려주는 고전적인 명연이다. 슈미트-이서슈테트(Hans Schmidt-lsserstedt, 1900-1973)는 최고의 오케스트라 트레이너이자 온화한 카리스마의 소유자였다. 관현악은 축제성에 휘말리지 않는 안정적인 틀을 유지하고 그 위에서 지상 최고의 오페라 스타들이 열광의 도가니를 연출한다. 카라얀 류의 휘황찬란한 색채는 아니어도 관현악은 조화로운 전체를 이루며 전진하다가 성악 피날레에 이르러 가장 장대한 합창을 들려준다. 마치 이 피날레를 위해 에너지를 아끼고 있었다는 듯. 특히 환희와 섭리의 주제가 겹쳐지는 대위법 장면은 감동적이고 그 뒤 들끓는 열광의 불꽃이 마지막까지 계속된다.

- 세르지우 첼리비다케
- 뮌헨 필하모니커
- 뮌헨 필하모니 합창단
- 헬렌 도나스, 도리스 조펠, 지그프리트 예루잘렘,
  페테르 리카
- EMI
- 1987 | 라이브

이것은 오로지 첼리비다케만이 연출할 수 있는 음악적 장관이다. 브루크너에 단련된 뮌헨 필의 두터운 사운드가 태고의 음향을 머금은 듯한 음반이다. 스산한 1악장의 기운, 결코 서두르지 않고 한 음 한 음에 집중하는 스케르초부터가 새로운 세계다. 아다지오는 마치 시간이 멈춘 곳에 있는 이상 세계의 소리 같고 이는 피날레의 섭리의 주제에서 다시 재현된다. 전체적으로 느린 속도는 성악진에게, 특히 '터키행진곡'의 테너 솔로에게 어려움을 야기하지만 그것이 전체의 감동에 해를 끼치지는 않는다. 극단적으로 느리게 전개되는 섭리의 주제는 그야말로 우주의 소리다. 인간보다 큰 미지의 존재를 만나는 누미노제의 경험을 온 관객도 함께한다. 그러한 신비로움은 이 음반에서만 맛볼 수 있다.

- 파보 예르비
- 도이치 캄머필하모니 브레멘
- 도이치 캄머 합창단
- 크리스티네 욀체, 페트라 랑, 클라우스 플로리안 포이히트, 마티아스 괴르네
- RCA
- 2009

우리 시대의 거장 파보 예르비(Paavo Järvi, 1962-)의 베토벤 전집은 얀손스, 샤이와 더불어 최근 나온 가장 뛰어난 녹음이다. 얀손스가 균형미를, 샤이가 생동감을 들려준다면, 예르비는 가장 날선 베토벤을 들려준다. 원전과 현대 악기의 절충적 노선을 채택한 그의 제9번은 장대한 신화적 아우라를 풍기는 첼리비다케의 연주와 극명한 대조를 이룬다. 시종일관 격렬하고도 날카로운 프레이징, 악단의 단단한 응집력 등은 듣는 이를 매료시킨다. 현존 독일어권 최고 가수들로 구성된 성악진도 뛰어나다.

- 레너드 번스타인
- 드레스덴 슈타츠카펠레
- 바이에른방송 교향악단, 뉴욕 필하모니, 런던 심
  포니, 파리 오케스트라, 키로프 오케스트라
- 드레스덴 필하모니 합창단, 베를린방송 합창단,
  바이에른방송 합창단
- 준 앤더슨, 사라 워커, 클라우스 쾨니히, 얀-헨드
  릭 루터링
- 도이치그라모폰
- 1990 | 라이브

한편 번스타인이 베를린 장벽 철거를 기념하여 남
긴 1989년 12월 25일의 역사적인 연주도 언급할 가치
가 있다. 이 음반은 앞서 말한 대로 환희 대신 자유를
노래한다. 서로 다른 여섯 개 단체의 멤버들이 모인 만
큼 완벽한 앙상블을 기대하기는 어려웠지만 그래도 번
스타인은 선이 굵은 해석으로 이 순간에 걸맞은 감동적
인 연주를 선사한다. 특히 아다지오 악장은 전후 푸르
트뱅글러가 그랬던 것처럼 아주 길게 늘어나 있다. 이
것은 아마도 지나간 시절에 대한 추모를 뜻할 것이다.
피날레 악장의 기악 레치타티보도 통상적인 경우보다
상당히 늘어나 회상적인 느낌을 준다. 그저 음악을 감
상하는 것이 아니라 분단과 반목의 시절을 함께 돌아보
고 그것을 깊은 내면에서부터 거부하는 것이다. 마침내
'자유의 주제'와 '섭리의 주제'가 연주되고 둘이 더 높
은 차원에서 종합된다. 음악 속에 나타난 종합은 필시
통일 당시의 독일인들에게 새로운 독일의 의미로 다가
왔으리라. 곡의 마지막 장면은 통일을 맞이한 독일인과
전 세계인에게 바치는 축하의 메시지다. 도무지 자제를
모르는 환희의 불꽃이 온 공간에 불꽃놀이를 일으킨다.
우리에게도 그런 순간이 올까, 부러워질 만큼 말이다.

베토벤 연보

1770년   12월 17일, 루트비히 판 베토벤 출생 후 세례받음

      (기록 불명. 생후 24시간 안에 세례를 주는 관습에 근거 12월 16일로 추정)

      —1769년 나폴레옹 탄생

      —1770년 헤겔 탄생

1773년   12월 24일, 할아버지 루트비히 죽음

1774년   아버지 요한에게 음악을 배우기 시작

      —1774년 괴테『젊은 베르테르의 슬픔』

1778년   3월 26일, 쾰른에서 공공 연주회 데뷔

      아버지가 나이를 한 살 어린 6세로 소개

1780년   네페에게 작곡을 배우기 시작

      —1780년 마리아 테레지아 여제 죽음

1782년   궁정 오르가니스트 보조 시작

      —1781년 칸트『순수이성비판』

1784년   부궁정 오르가니스트 승진

      —1785년 실러「환희의 송가」

1787년   4월, 첫 번째 빈 여행, 모차르트와 수업

      7월 17일, 어머니 막달레나 죽음

      —1786-88 괴테의 이탈리아 기행

1788년   본 대학에 등록, 계몽주의를 내면화

1789년   아버지 요한 알코올 중독으로 은퇴

베토벤이 실질적으로 생계 부양 시작

—1789년 프랑스대혁명

1790년 12월, 하이든과 첫 만남

—1791년 모차르트 죽음

1792년 11월, 두 번째 빈 여행

12월 8일, 아버지 요한 죽음

—1792년 요제프 2세 죽음

1793년 하이든·살리에리·알브레히츠베르거·솅커 등에게

교습 받기 시작

—1793년 공포정치, 루이 16세 처형

1795년 빈에서 첫 공식 공연, 첫 정식 출판

—1794년 로베스피에르 처형, 쾰른 선제후국 와해

1796년 피아니스트로서 프라하, 드레스덴, 라이프치히, 베를린으로

연주 여행

1798년 첫 번째 결실의 해, 초기 피아노 소나타 및 바이올린 소나타 등

—1798 나폴레옹 이집트 원정

1799년 요제피네 등과 피아노 교습

—1799년 나폴레옹 쿠데타 후 제1통령

1800년 4월 2일, 교향곡 제1번 초연

호프마이스터 사와 출판 계약

1801년 3월 28일, 「프로메테우스의 창조물」 초연

1802년 4월, 귓병과 복통으로 하일리겐슈타트에서 요양

10월 6일, 유서 집필

1803년 4월 5일, 교향곡 제2번 초연

1804년 1월, 교향곡 제3번 「영웅」 초연

10월, 요제피네와 다시 피아노 교습

—1804년 나폴레옹 1세 즉위

—1804년 칸트 죽음

1805년　11월 20일, 「레오노레」 초연

　　　　　—1805년 실러 죽음

1806년　9월 4일, 동생 카스파르 안톤 카를과 제수 요한나가 조카 카를을

　　　　　낳음

　　　　　—1806년 신성로마제국 해체

1807년　3월, 교향곡 제4번 초연

　　　　　요제피네와 관계가 냉랭해짐

　　　　　—1807년 헤겔 『정신현상학』

1808년　11월, 베스트팔렌 왕국의 제롬 보나파르트가 궁정악장 자리를 제안

　　　　　12월 22일, 교향곡 제5번 「운명」과 제6번 「전원」 초연

　　　　　—1808년 괴테 『파우스트』 제1부

1809년　2월 26일, 연간 4,000굴덴의 종신연금을 약속받음

　　　　　5월 11일, 프랑스군의 빈 점령, 동생 집으로 피신

　　　　　—1809년 오스트리아 5차 동맹전쟁 패전

　　　　　—1809년 하이든 죽음

1810년　2월 13일, 요제피네가 슈타켈베르크 남작과 재혼

　　　　　5월, 안토니와 알게 됨

　　　　　6월 15일, 「에그몬트」 초연

　　　　　7월, 호프만의 베토벤 평론 발표

　　　　　—1810년 나폴레옹이 프란츠 황제의 딸 마리 루이제와 결혼

1811년　3월 15일, 급격한 인플레이션으로 인한 화폐 개혁

　　　　　4월 12일, 괴테에게 편지를 씀

　　　　　가을, 안토니와 친밀해짐

　　　　　—1811년 오스트리아 국가 부도

1812년　6월 29일, 보헤미아 여행 출발

　　　　　7월 3일, 프라하에서 '불멸의 연인'을 만남

　　　　　7월 6·7일, '불멸의 연인'에게 보내는 편지

　　　　　7월 19일, 괴테를 처음으로 만남

1823년	여름, 갑자기 건강이 나빠져 바덴에서 요양
1824년	2월, 빈 음악계 인사들이 교향곡 제9번의 빈 초연을 요청하는 성명서를 보냄
	5월 7일, 교향곡 제9번 「합창」 초연
	―1824년 루이 18세 죽음
1825년	3월 21일, 교향곡 제9번의 런던 초연
1826년	7월 30일, 베토벤의 조카 카를이 라우엔슈타인성 폐허에서 권총 자살을 기도함
	마지막 현악사중주곡 완성
1827년	황달과 간경변 증세로 수차례 수술 시도
	3월 26일, 루트비히 판 베토벤 서거
	임종을 제수 요한나가 지킴
	3월 29일, 루트비히 판 베토벤 장례식

환희를 기다리며

베토벤을 만난 지도 벌써 30여 년이 되었다. 장송행진곡의 슬픔이 날 끌어당긴 그날 이후, 베토벤이 없는 세상으로 다시는 돌아가지 못했다. 내 삶의 한 자리를 베토벤이 차지한 까닭이다. 훗날 사랑을 경험하고 나서, 나는 베토벤과의 만남이 사랑의 만남과 다르지 않음을 깨달았다. 사랑이란 결국 그 없이도 가능했던 삶을 끝내고, 그 없이는 불가능한 삶을 새로 시작하는 일 아니던가. 이제 나는 베토벤 없는 세상을 상상조차 못한다. 같이 지내는 사람과 이런저런 이야깃거리가 쌓이듯이 나도 베토벤과 추억을 만들었다.

중학교 시절이었다. 방송반이었던 나는 점심시간 15분 동안 클래식 방송을 진행했다. 전 학년에 방송을 내보내는 붉은 버튼을 누르고, 라디오에서 들은 졸린 목소리로 곡 이름을 뜸 들여 읊어준 뒤 플레이 버튼을 눌렀다. 한참을 심취해 있는데 우당탕탕 문이 열리고 누군가 들이닥쳤다. 3학년 방송반 선배였다. "당장 안 꺼!" 사고였다. 그날 3학년은 모의고사를 보느라 점심시간이 미뤄졌는데 그걸 깜박한 것이다. 하필 그날 틀었던 음악이 「운명」 교향곡이었다. 엎드려 얼차려를 받는데 머릿속에서는 방금 끊어진 음악의 뒷부분이 여전히 흐르고 있었다. 고통의 음악과 내 팔다리의 통증이 묘하게 겹쳐졌다. 분명히 아팠을 텐데 기억의 빛이 바래자 내게는 「운명」 교향곡의 울림만이 남아있다.

예술과의 만남은 오래도록 가슴에 새겨진다. 가장 뛰어난 정신을 정갈한 형식 속에 담았기 때문이다. 이러한 만남은 '알레그레토 스케르찬도'가 몇 번의 몇 악장인지 아는 것보다 훨씬 중요하다. 부디 이 책을 통해 독자 여러분과 베토벤의 첫 만남이 시작되고, 평생 가는 추억 만들기가 이어졌으면 좋겠다. 추억은 기념된 시간의 다른 이름이 아니던가.

내게도 이 책과 관련하여 기념해야 할 사람들이 있다. 내 감사의 첫 번째 자리는 두 외삼촌 민병일, 민승우님께 돌려야 마땅하다. 삼촌과 함께 들었던 베토벤이야말로 내 생애 최고의 베토벤이었다. 나를 처음으로 빈에 데려가준 신소영, 강사룡 부부의 애정과 세 번째 여행 때 동행의 기회를 주신 김준식 장로님, 황혜진 집사님 부부의 온정도 내 마음속 평생 감사로 남아있다. 그분들이 아니었으면 빈 악우협회 황금홀에서 베토벤을 만나보지 못했을 것이다. 아들의 별난 취미를 방임해주신 부모님과 내가 지금도 강의 때 사용하는 스피커를 선물해주신 장모님께도 감사드린다.

한방원 교수님은 따뜻한 격려와 관심을 아끼지 않으셨고, 한길사 김언호 대표님은 선뜻 출간의 기회를 주셨다. 무지카미아의 배민수 대표님은 음악에 대한 자부심으로, 『음악저널』 이홍경 대표님은 음악과 음악 바깥을 잇는 열정으로 좋은 자극을 주셨다. 피아니스트 신미정, 바리톤 안민수 부부는 빈에서 이 책의 재료가 된 귀한 자료를 공수해주었고, 피아니스트 우영은과 이홍섭은 벌써 수차례 베토벤 교향곡 포핸즈 공연을 함께 해주었다. 극작가 신영선은 인문학자다운 예리함으로 내 글이 곧잘 빠지는 미궁에 대해 경고해주었다. 비록 이 부족한 지면에 다 적을 수는 없지만 내게는 이름만이라도 읊고 싶은 멘토와 친구들, 내 강의에 과분한 사랑을 보내주신 많은 분들이 있다. 이분들은 모두 이 책의 숨은 조력자들이다. 정성스레 책을 만들어주신 한길사 편집부 여러분께도 고개 숙여 감사드린다.

내가 한 해 가까이 베토벤을 만나는 사이 아내는 여섯 살과 네 살의 순진무구한 아이들과 육탄전을 벌이며 시간을 벌어주었다. 만일 우리 승연이와 승운이가 베토벤을 아는 삶을 살아간다면 그것은 전적으로 나의 아내 이승은의 공로다. 그녀는 나와 고통의 시간을 가장 많이 나눈 사람으로서 이후 찾아올 환희의 시간을 자기 것으로 누려 마땅하다.

누군가 이 책으로 베토벤이 없던 삶에서 베토벤이 있는 삶을 새로 시작하게 된다면 나는 더 없이 기쁠 것이다. 그런 마음을 품고 그랑서울과 갤러리아팰리스와 아브뉴프랑 등지의 스타벅스를 유목민처럼 오가는 도중, 마침내 이 책이 세상에 나오게 되었다.

2018년 7월
나성인

찾아보기

베토벤 아홉 개의 교향곡

자유와 환희를 노래하다

지은이 나성인
펴낸이 김언호

펴낸곳 (주)도서출판 한길사
등록 1976년 12월 24일 제74호
주소 10881 경기도 파주시 광인사길 37
홈페이지 www.hangilsa.co.kr
전자우편 hangilsa@hangilsa.co.kr
전화 031-955-2000-3 **팩스** 031-955-2005

부사장 박관순 **총괄이사** 김서영 **관리이사** 곽명호
영업이사 이경호 **경영이사** 김관영 **편집주간** 백은숙
편집 김지연 노유연 김지수 최현경 김영길
마케팅 정아린 **관리** 이주환 문주상 이희문 원선아 이진아
디자인 창포 031-955-2097
인쇄 예림 **제책** 예림바인딩

제1판 제1쇄 2018년 7월 25일
제1판 제6쇄 2021년 10월 28일

ⓒ 나성인, 2018

값 15,500원
ISBN 978-89-356-6799-4 04080
978-89-356-7041-3 (세트)